教育部人文社科重点研究基地复旦大学信息与传播研究中心资助出版

传播与中国译丛
新闻·新技术·公共生活

主　编◎陆　晔
执行主编◎李红涛　白红义

生于忧患

一项报业民族志研究

［美］戴维·莱夫（David M. Ryfe）◎著
邓　力◎译　　王天娇◎校

中国传媒大学出版社
·北京·

图书在版编目(CIP)数据

生于忧患:一项报业民族志研究/(美)戴维·莱夫(David M. Ryfe)著;邓力译.--北京:中国传媒大学出版社,2025.4.
(传播与中国译丛).
ISBN 978-7-5657-3162-4
Ⅰ.G219.712.9
中国国家版本馆 CIP 数据核字第 2025EW7182 号

Copyright© David M. Ryfe 2012
This edition is published by arrangement with Polity Press Ltd., Cambridge
本书简体中文版专有出版权由 Polity Press Ltd., Cambridge 授予中国传媒大学出版社。未经出版者书面许可,不得以任何形式抄袭、复制或节录本书中的任何部分。
著作权合同登记号 图字:01-2025-1624 号

生于忧患:一项报业民族志研究
SHENGYU YOUHUAN:YIXIANG BAOYE MINZUZHI YANJIU

著　者	[美]戴维·莱夫(David M. Ryfe)
译　者	邓　力
校　译	王天娇
责任编辑	于水莲
特约编辑	张斯琪
封面设计	拓美设计
责任印制	李志鹏

出版发行	**中国传媒大学**出版社		
社　址	北京市朝阳区定福庄东街 1 号	邮　编	100024
电　话	86-10-65450528　65450532	传　真	65779405
网　址	http://cucp.cuc.edu.cn		
经　销	全国新华书店		
印　刷	唐山玺诚印务有限公司		
开　本	880mm×1230mm　1/32		
印　张	11		
字　数	240 千字		
版　次	2025 年 4 月第 1 版		
印　次	2025 年 4 月第 1 次印刷		
书　号	ISBN 978-7-5657-3162-4	定　价	55.00 元

本社法律顾问:北京嘉润律师事务所　　郭建平

目 录

- 总　序 / 1
- 中文版序言 / 5
- 译者序 / 9
- 前　言 / 13
- 致　谢 / 19

- 导　言 / 001
  - 挑　战 / 009
  - 新闻业文化 / 015
  - 习惯、投资与定义 / 027
  - 本书概要 / 035

- 第一章　背景故事 / 041
  - 衰落的行业 / 044
  - 读者为何在缩减？ / 046
  - 行业变化 / 052
  - 行业应对 / 059
  - 转变的文化 / 069
  - 小　结 / 075

- 第二章 习　惯 / 080
    一个实验 / 087
    数　字 / 090
    专线报道：基本的习惯 / 093
    到底怎么做？ / 098
    "感觉有点怪" / 105
    机构文化 / 112
    小　结 / 117

- 第三章 投　资 / 119
    《先驱报》拯救计划 / 123
    新闻业场域与报纸 / 128
    再造电视新闻 / 137
    "就做报纸吧" / 148
    "依旧是报人" / 155

- 第四章 定　义 / 163
    《锡达拉皮兹公报》的超级博客 / 168
    作为新闻业模式的超级博客 / 177
    "你还是记者" / 191

- 第五章 未　来 / 198
    场域的分解 / 202
    良性循环 / 222

- 第六章　担　忧 / 240

　　　　　新闻业与民主 / 243

　　　　　担　忧 / 249

　　　　　应　对 / 262

　　　　　网络化的新闻业与民主 / 273

　　　　　独一无二的革命 / 279

- 第七章　结　语 / 281

- 注　释 / 286

- 参考文献 / 290
- 索　引 / 315

插图目录

图 1.1 美国日报发行量与家庭数量的对比
图 2.1 新闻类型的频率
图 2.2 新闻来源的频率
图 5.1 新闻业场域
图 5.2 作为大众媒介的新闻业
图 5.3 小世界的结构
图 5.4 分解的场域

总　序

二十世纪六十至七十年代，伴随着以新闻编辑部为核心的组织化新闻生产规范化程度的提升，以及以电视为代表的大众传播媒介对社会生活日益深刻的影响，在世界各国媒介社会学领域，诞生了一大批基于经验研究的卓越新闻生产社会学理论成果。其中多部经典著作在初版三十年之后引进中国，如盖伊·塔奇曼的《做新闻》（初版1978年，中译本2008年）、赫伯特·甘斯的《什么在决定新闻》（初版1979年，中译本2009年）等。这些著作在中国的"理论旅行"，嵌入中国新闻传播学科的本土语境，与中国新闻业在社会主义市场经济蓬勃发展引领下改革创新的理论反思和业务实践相互激发，无论对于搭建学科知识地图还是推动原创性经验研究并与国际学术同行展开交流和批评，都起到积极作用。

近年来，信息与传播技术（ICT）革命和以全球化、数字化、移动互联网为标志的新传播形态，极大地挑战了大众传播媒介的组织化新闻生产逻辑。

在线新闻媒体、移动社交平台、短视频平台,各类新型新闻生产和传播模式的快速演化,社会大众从新闻受众到新闻用户的转变,颠覆了传统的新闻生产流程,从新的维度激活和维系社会公共生活,生产出有关数字时代"何为新闻""新闻何为"的全新理解。就像2017年3月,著名科技文化前沿期刊《连线》封面报道聚焦"危机中的新闻业",八篇文章围绕上述主题展开讨论,"新闻业危机"话语一度成为学界和业界的焦点。

21世纪初以来,新一代媒介社会学者围绕数字时代新闻学的理念和实践,展开了扎实的经验研究,力图从对新闻学相关重要理论概念在移动互联网时代的反思和数字新闻生产实践两个维度,批判性地发掘、拓展、阐释新技术环境下新闻和新闻业之于当今世界风云变幻的理论意义与现实价值。这套《传播与中国译丛——新闻·新技术·公共生活》可以说是欧美数字时代新闻生产社会学研究最新成果的集中呈现。

与十多年前引进二十世纪六七十年代美国新闻生产社会学经典著作不同,这套丛书所选的著作与过往相比,翻译引进的时间差很小。这些学术专著所关注的议题,无论是对新闻学核心概念的理论反思,还是对数字新闻生产实践的经验阐释,无不具有强烈的当下性和前沿性,既是对新技术时代"新闻业危机话语"的回应,也强烈地预示着全新的数字新闻业的前景。其中,戴维·莱夫在传统新闻业"日薄西山"的当口踏入田野,记录美国新闻业如何适应变化、求得生存。当然,莱弗的出发点和民族志的焦点仍然是传统媒体机构的新闻编辑部。C.W.安德森则将眼光转向一整座城市,浓墨重彩地呈现出费城新闻生态系统的演变和都市新闻业再造的轨迹。在系统的实证研究之外,本译丛还收录了三种"纯理论"著作,它们立足数字时代,分别对公共性和客观性这两个"古老"概念和公民见证这个"年轻"概念做了历史性、比较性的梳理和阐释。这些理论和实证著作,不仅有助于我们理解现在,也有助于我们想象新闻、新技术与公共生活的未来。

这套丛书的译者和译校,皆为目前国内新闻传播学领域的优秀中青年学者。他们接受过系统的学术训练,理论功底扎实,具有丰富的经验研究积累,在各自的研究领域尤其是新闻社会学相关领域,都完成过有较高学术价值的原创性研究成果。译者的专业素养,加上试译、译校等翻译把关程序,务求让这批著作以可信的面貌呈现在中国读者面前。更重要的是,从翻译开始,我们希望开启并推动积极、有效的学术批评和学术对话。

我们也希望这套丛书能从新技术场景下新闻与社会生活的关系出发,勾连、回望、对话新闻学研究的历史和经典,激励新一代学者立足移动互联网时代中国新闻传播实践的丰富样态,发展出既有现实针对性又有理论阐释力的原创学术成果，为中国和世界留存一份我们的思考，就像波兰诗人米沃什的著名诗篇："书籍将会站在书架上，此乃真正的存在……书籍比我们持久。"

执行主编　李红涛
　　　　　　白红义
主　编　陆　晔
2021年8月23日

中文版序言

对民族志研究有一个常见的批评,那就是它可能很快就会过时。对于本书中 2005—2009 年的某些材料而言,也确实是如此。在 2005 年,对于大部分报社来说,互联网还没有产生重大的影响。比如在我到访的第一家报社里,报纸网站只由两位员工负责:一位是白班,一位是夜班。他们只有一张挤在报社角落的办公桌,大部分时间都在恳求记者提供稿件,好推送到网站上去。而其他的编辑和记者都并不觉得网站和自己的工作有多大的关系。

在过去的十五年里,事情显然有了变化!

尽管如此,民族志对于文化的研究而言有着独一无二的价值——如果做得好,它可以提供更具持久性的洞察。

我的研究是否做到了这一点,就要由读者来评判了。在我本人看来,我会认为书中对新闻业文化三个部分(习惯、投资与定义)的理解,是更具持久性的结论。

如果说过去和现在的新闻学者曾经得出过相同的结论，那这个结论就是记者是常规的动物。这一点在2020年和1970年都是如此。事实上，数字化新闻采集的很多习惯，都和过去的几十年相差无几。这份研究的贡献之一，就是将这一现象与记者难以适应变化的原因联系起来。记者之所以难以适应变化，并不是因为他们无法采用新的常规——他们当然可以——而是因为新闻采集的习惯就是新闻认同的本质：在很大程度上，记者就是他们所做的工作本身。一旦改变工作的方式，他们就会不知所措，觉得自己不再是记者了。正是这种感受，让改变困难重重。

记者们还对自己所偏好的角色、身份、规范和行为有过投资。这些投资往往与报纸直接相关。我认为，记者们不愿放弃这些投资，是出于一种策略性的计算。当时，印刷出版物仍然是新闻机构最主要的收入来源。他们思忖，为何要选择一种会让自己失业的创新方向？难道不是应该加大对报纸的投入吗？这种反应到现在也仍然成立。2020年，印刷版的报纸仍然是新闻机构最主要的收入来源。虽然我这几年没去过报社，但我猜想记者们仍然在进行着同样的策略性计算。

最后，新闻编辑室变革的第三种文化障碍，是对新闻业及其目标的构成性定义。这句话的意思是：新闻业的根本在于告知公众。如果记者被要求去做超出此定义之外的事情，他们就会发现自己无以为继。很多时候，他们不是不同意去做这些被安排下来的事情，而是这些事情对他们而言没有意义。举个例子，去做"社群经理"或"社交媒体协调员",可能会带来新的读者或更多的收入,但对我遇到的记者来说,这并不是在做新闻,无论怎么解释也不能算是在做新闻。

我在书的结尾提出了一个论点,即限制新闻业变革的其实是想象力的边界——记者们可以对自己的工作施展想象,与此同时,他们仍然承认自己是记者,承认所做之事是在做新闻。我认为这一点在现在依然是对的,我还觉得,在这个场域中,想象力的边界在这些年间并没有太大的拓展。

以上这些是想说明,尽管此书完成于十年前,但我相信对于有兴趣了解美国新闻业文化的人来说,对于想知道记者们为何如此应对行业动荡的人来说,这本书并未过时。

我很高兴这个译本可以让中文读者看到我的作品。我希望当读者思考自己所处社会中的记者在如何应对行业变化时,能够有所启发。

戴维·莱夫
艾奥瓦市
2020 年 6 月

译者序

这本书出版于十多年前,因此书的主题看来已并不新鲜——新闻业能否应对新技术带来的各种挑战?这似乎是一个旧问题,但作者戴维·莱夫拆解此问题并给出答案的方式,仍然能为关心新闻业的读者带来不少启发。对于想要了解新闻行业动态的读者而言,这本书奉上了三家地方报社困难重重并皆以失败告终的内部改革的生动故事,以及作者对网络新闻业与公共生活未来谨慎而乐观的预期。对于从事新闻学研究的学者而言,此书则是一份将民族志方法与理论解释追求相结合的社会科学研究范例——莱夫身处报社做田野调查的同时,也不断将所收集的具体材料放置于历时分析与理论阐释的上下文中,来辨析这个有着两百多年历史的现代新闻业在互联网出现之后究竟处于何种现状、未来又有何种可能。

和同样以"新技术冲击下的新闻变革"为主题的其他著作相比,莱夫的切题与写作有其独特之处。首先,他把当下新闻业的挣扎与失落放入更广的历史维度:"专业化新闻业"是在一段有限历史时期中固定下来的形态,自然也存在瓦解的可能。在分析新闻业的衰落时,莱夫没有从它最近的受挫讲起,而是先把时间的镜头拉远,让我们看到这个行业在最初是如何成形并颠簸行进的。视角的拉远也提醒读者去注意一个以往容易被忽视的观点:在互联网降临之前,新闻行业并非一直稳定不变、从未受过冲击。自从现代报业成为一个相对稳定的场域之后,就不断受到各种挑战。20 世纪 70 年代起,报业开始出现关于行业衰落的担忧,随后二十年里又迎来企业化与计算机革命对工作流程的改造,以至于"新闻业处在危机之中"的说法早已存在,只不过那时危机感还尚未成为卷席整个行业的普遍感受。对于似乎总处于加速状态的当下,这种拉长"新闻业变革"时间线的写法,让读者可以减速,来理解此刻的危机或挑战或许不仅来自当下的数字趋势,还有历史性和结构性的原因。

其次,作为新一轮新闻编辑室民族志研究浪潮的一部分,本书并非唯一通过民族志方法来描述传统新闻业如何逐步衰败的著作,但莱夫对这一方法的使用自有其特点:他选取了三家中等规模的地方报社,采用纵向方法组织案例,跟踪了三组创新举措的演变及命运,而不只是描述报社中的日常工作实践。他一方面使用民族志的方法,来扎实描记记者们面对管理层创新计划的不适、困惑与抗拒;另一方面运用一组社会学概念——习惯、投资与定义——来解释为何是新闻业文化阻碍了变革。在这三个田野故事的展开过程中,当然有对报社转型冲突时刻横截面式的生动记录,也有回溯历史为每家报社写下的简短传记，更有作者对困惑与担忧的新闻人所给予的理解上的耐心。作者对概念的使用信手拈来，理论成为串联田野故事情节的线索，因此读来丝毫不显晦涩。我赞同 Anderson 在书评中所说的："据我所知，关于新闻业为何无法改变的文化与职业根源的分析，没有比这三章更好的了"。[①]

在最后两个结论性的章节中，莱夫将焦点从报社移开，记录新闻业这一社会场域逐渐失去其内聚性的分解过程，并尝试在已经碎片化的场域中寻找未来的可能。在网络化的信息环境中，不少地方性新闻机构确已不再能通过原有的工作常规来生产新闻并盈利，但新闻业与公共生活之间的连接仍然是民主社会的必需品。莱夫认为新闻业的未来可能需要提出另一种规范性定义来理解新闻专业，这一定义在强调新闻公共性的基础上，要求将社群参与纳入进来。在网络化的公共领域中，新闻工作者要应对新的参与者在广告和内容制作方面的竞争，也要学习使用新的、小的、不那么正式的组织形式来做新闻。以上是作者从那些对于传统新闻业消亡的担忧中，梳理出的一个关于未来新闻业使命的全新论述，也是译者将书名译作《生于忧患》的原因。

最后，我想感谢丛书主编们的信任，也感谢出版社编辑团队的辛勤工作，感谢王天娇的仔细校译。如果译文中有疏漏错误之处，希望读者能批评指正。

---

① Anderson, C. W. (2014). Book Review: Can Journalism Survive? An Inside Look at American Newsrooms. *The International Journal of Press/Politics*, 19(3), 381-383.

前　言

我从没想过要研究报纸。从研究生院毕业并拿到博士学位后，我在 2000 年找到的第一份工作恰巧是在一所新闻学院——不是因为我想去新闻学院工作，而是因为那里录用了我。像许多新闻学院一样，中田纳西州立大学的教师队伍也主要是由前新闻工作者组成的。由于我从未踏入过新闻编辑室，更没有当过记者，他们都对我疑心重重，我的系主任甚至问我要不要考虑找一家报社实习。

一开始我很不情愿，认为这会干扰我的科研和教学工作。但在 2003 年，我开始教一门叫作媒体与政治的本科课程。为了备课，我重新阅读了媒介社会学的经典著作，如赫伯特·甘斯（Herbert Gans）的《什么在决定新闻》和盖伊·塔奇曼（Gaye Tuchman）的《做新闻》。我又搜索了这方面文献的最新进展，令人惊讶的是，它们基本上没有再被更新过。1980 年以后重要的新闻编辑室民族志研究就再也没有被发表过。尽管从那时起，美国的新闻编辑室又发生了巨变,但研究者们仍然在引用那些已经有二十多年历史的文本。

这时,我有了一个想法。如果我去访问一间新闻编辑室,似乎就可以一举两得:一是消除系里资深教师对我的疑虑,二是写一篇论文来更新这个研究领域急需更新的文献。

2004年底,我带着这个想法去了第一间新闻编辑室。我原本无意停留很长时间。经典的民族志研究作者——比如利昂·西格尔(Leon Sigal)、爱德华·爱泼斯坦(Edward Epstein)和马克·费什曼(Mark Fishman)——实际上并没有在新闻编辑室里待上很长时间。虽然盖伊·塔奇曼为了完成她的权威著作前后花了三年,但平均而言,大多数民族志研究者所花费的时间不超过六个月。我只是要写一篇小文章,应该可以在三个月内完成。

然而,从一开始我就发现,有些事情实在是太有意思了,我只能推迟离开的时间。我和一位新主编同时来到第一家报社,他是带着改造一切的决心来的。当时,每个月都像是一个长篇小说的新章节,而我得看到最后一章才能走。于是我在这里待了两年。在这段时间里,记者们"发现"了互联网。当然,他们不是真的"发现"了互联网。在20世纪90年代中后期,大多数报纸就已经设立了网站。但直到2004年,网站都仍然只是报社顺手一做的东西。在我访问的第一家报社《号角日报》(*The Daily Bugle*)里,他们所谓的"网络团队"只有两个人(一名编辑和一名程序员)。他们被挤到报社的角落,负责把那些为报纸准备的内容"扔到"网站上。虽然编辑们也在记录网站的流量数据,但他们并没有制定出宏大的网络化策略。此外,据我所知,记者们的想法也差不多——这种新媒介只不过是顺手一做的东西。

到了2006年,我正准备为这项研究收尾,这时互联网成了热议的对象。一部分原因是有线宽带的广泛普及,网络触及了更多的用户。另一部分原因是报业的螺旋式滑坡开始加速。不管是什么原因,我都不能在这个新故事刚展开的时候离开新闻编辑室。虽然未经计划,但我拥有了一个前排的座位,得以近距离目睹21世纪初这场伟大戏剧的公演。我可不想放弃这个好位子。于是,我又在新闻编辑室里待了三年,继续观察、记笔记、提问题。虽然本意并非如此,但到最后,我在新闻编辑室里花费的时间(前后一共五年)比以往任何一位民族志研究者都要多。

读者们将会看到,这项研究选取的三间新闻编辑室都属于中等规模的地区性日报。选择这类报纸的理由非常充分:对于它们服务的社区而言,这类报纸是地方新闻和地区新闻的主要来源;对于全美为数众多的日报记者而言,它们是最主要的雇主。总之,这类报纸是美国新闻业的主力军。无论是好是坏,新闻业的命运都与这些报纸的命运息息相关。

不过,人们可能想知道,这些报纸在多大程度上代表了新闻行业的总体趋势?人们可能还会发问:它们在多大程度上反映了那些全国瞩目的精英都市报[例如《纽约时报》(*The New York Times*)、《华尔街日报》(*The Wall Street Journal*)、《华盛顿邮报》(*The Washington Post*)]

的状况？

在这里，我们可以讨论一下民族志研究的代表性问题，即这一研究方法意在用深度来换取广度。然而，在本项研究中，我完全有理由给出这样的结论，即我在这三家地区性日报中所目睹的变动，足以反映新闻业的整体动态。首先，地区性日报所面临的经济趋势（例如，市场渗透率下降，广告收入减少等）也在困扰着其他的日报，包括那些大型的都市报。互联网为新闻业带来的挑战也是如此。在线传播的网络结构挑战的是每一位记者，无论他是在大型的都市日报工作，还是在中型的地区性日报工作。此外，四十年来的学术研究也表明，井然有序的新闻业文化已遍布整个行业。无论是在小镇报纸、地区性日报还是都市日报，记者在社会化的过程中都会经历同样的规范、实践方法和原则。因此，大多数记者的应对方式，可能和我在这几间新闻编辑室里看到的情况差不多。简而言之，虽然民族志研究不具有完全的代表性，但我这份研究的代表性，足以保证本文中关于新闻业场域的普遍结论是成立的。

讲述故事之前，我想先简单说一下研究方法。这项研究的大部分数据来自我在这五年内对三家报纸的田野调查：《号角日报》《先驱报》(The Herald)和《锡达拉皮兹公报》(The Cedar Rapids Gazette)。我对《号角日报》的田野调查是在 2005 年 1 月到 2006 年 8 月进行的，《先驱报》是在 2008 年 7 月，《锡达拉皮兹公报》是在 2009 年 7 月。在《号角日报》，我平均每周有两天（有时是三天）待在报社。这段时间里，我参加了他们的预算会议和其他的新闻例会,观察记者和编辑之间的互动,对本市新闻部的每一位记者和编辑作了正式的访谈,也多次和他们即兴讨论正在发生的事件,并跟随记者走访了不同的专线。我对卡尔文·托马斯(Calvin Thomas)作了四次正式的访谈。此外,2006年5—7月,我还在该报任实习记者。这十二周里,我每周工作两天,为本市新闻部采访并撰写了二十七篇新闻报道,其内容包括了政府的新闻发布会、学术研究成果发布现场以及州议会的活动等等。

为了对《号角日报》的新闻作内容分析,我收集了该报周一到周五的头版及地方版报纸,时间段分别为2005年1—2月和2005年7月到2006年1月。我和一名研究生对出现在报纸头版和地方版头版的所有文章进行了编码,编码时按照以下类别来分类:记者、版面位置(核心报道、头版或地方版头版)、报道篇幅、新闻类型(每日新闻或企划新闻)、框架(硬新闻或软新闻)和新闻来源(一次性事件或发展性事件)。我们在 Excel 电子表格中一共生成了1369条记录,并使用这一软件将新闻类型和新闻来源随着时间变化的趋势进行简单汇总,生成了图2.1和图2.2。

在《先驱报》和《锡达拉皮兹公报》,我分别进行了为期四周的田野调查。在此期间,我每周七天都待在报社。和在《号角日报》时一样,我参加了他们的预算会议和其他的新闻例会,观察记者和编辑之间的互动,对本市新闻部的每一位记者和编辑作了正式的访谈,也多次和他们即兴讨论正在发生的事件。我还对主编汉克·卡林(Hank Carlin)和史蒂夫·巴特瑞(Steve Buttry)作了多次访谈。有些访谈是在我去报社之前进行的,有些是在之后进行的。在去这两家报社之前,我花了几个月的时间对这两份报纸作了历史考察,还对它们的新闻网站在2008年5—6月的首页作了内容分析。此外,在离开报社后的几个月里,我一直和多位记者、编辑保持着联系,以了解报社的后续情况。

经与各位主编商定,我没有对任何谈话或访谈录音或录像。我将观察和谈话的内容整理成了十个活页本的田野笔记。这些田野笔记成为我撰写此书的核心数据来源,书中提到的所有观察都来自这些笔记。有时,我需要转述某些受访者的个人化表述,但所有加了引号的文字都是对受访者的直接引用。

根据托马斯、卡林和我之间的协议,以及我所在大学的伦理审查委员会的规定,本书中每个人的姓名和报纸名称都已作匿名处理。然而,查克·彼得斯(Chuck Peters)和史蒂夫·巴特瑞希望我使用他们的真实姓名和报纸的真实名称。我尊重他们的意愿,但对报社其他员工的名字都作了匿名处理。我在访问报社时,也向编辑们和记者们告知了这些处理方法。

现在,开始我们的故事吧!

致　谢

我花了很多年才完成这本书，而且一路上还欠下了不少人情债。我要感谢我的前系主任理查德·坎贝尔(Richard Campbell)让我走上了开始写这本书的道路，还要感谢我的两位前院长科尔·坎贝尔(Cole Campbell)和杰瑞·赛普斯(Jerry Ceppos)让我在这条道路上坚持走下去。我和很多人都讨论过这个项目。我要感谢以下诸位为我提供的意见和信息，这些内容都出现在了我的书稿当中。他们是艾伦·德科曼(Alan Deutschman)、比尔·温特(Bill Winter)、马丁·兰格维尔德(Martin Langeveld)、菲利普·梅耶(Phillip Meyer)、盖伊·塔奇曼(Gaye Tuchman)、美国新闻学会的卡罗尔·里尔丹(Carol Riordan)、美国报业协会的约翰·穆雷(John Murray)、艾伦·穆特(Alan Mutter)、厄尔·威尔金森(Earl Wilkinson)、亨里克·博德克(Henrik Bødker)、马克·布拉切-厄斯滕(Mark Blach-Ørsten)、艾德·

莱内特(Ed Lenert)和沃德·布希(Ward Bushee)。另一些朋友则阅读了部分章节或章节某些部分的草稿。他们包括多米尼克·博伊尔(Dominic Boyer)、艾里克·克里南伯格(Eric Klinenberg)、马克·德乌兹(Mark Deuze)、蒂莫西·梅杰里班克斯(Timothy Majoribanks)、丹尼尔·哈林(Daniel Hallin)、迈克尔·舒德森(Michael Schudson)、罗德尼·本森(Rodney Benson)、理查德·卡普兰(Richard Kaplan)、蒂莫西·库克(Timothy Cook)、巴塞洛缪·斯派罗(Bartholomew Sparrow)、盖伊·塔奇曼和维吉·梅尔(Vicki Mayer)。另外,我的研究生助理大卫·弗洛雷斯(David Flores)和艾比·史密斯(Abbey Smith)在项目的各个阶段都提供了宝贵的帮助。我还要感谢政体出版社(Polity Press)的匿名审稿人,他们为书稿提供了十分可贵的建议。特别感谢我的同事多尼卡·门辛(Donica Mensing),她不仅阅读和评论了我的大部分书稿,还在多年的午餐时间里帮助我充实了关于此书的想法。最后,《新闻学:理论、实践与批评》(*Journalism: Theory, Practice and Criticism*)上曾发表了我的两篇论文,这两篇论文后来构成了本书第二章的内容。文章链接如下:http://jou.sagepub.com/content/10/5/665.full.pdf＋html 和 http://jou.sagepub.com/content/10/2/197.full.pdf＋html。这两篇论文分别发表在该期刊第 10 卷第 2 期和第 10 卷第 5 期上,赛奇出版公司(SAGE Publications)保留所有权利。

导　言

从某些指标如就业率来看,美国报业开始衰退的时间并不太长。但若从广告支出比率这一指标来看,这个行业从20世纪20年代就开始衰退了;而如果从市场渗透率和发行率等指标来评价,衰退则发生在20世纪70年代。到了近年,几乎所有指标都开始加速衰退。2000年之后的报纸发行率与1984年的全盛时期相比下跌了31%。在我写作此书的2011年,住户订阅报纸的市场渗透率徘徊在40%左右(这意味着平均每家住户订阅了不到半份报纸)。25岁以下的人群中,只有不到20%的人还在读日报。更危险的是,广告收入断崖式下跌。报业的广告收益在2000年是200亿左右,到了2009年则减半至100亿——大约回到了1965年的水平。除了收益下降,一些大型报业公司还在2008年和2009年经历了股价跳水,某些股票甚至跌到了每股几美分。到了2010年,尽管这些公司的股票价格有所回升,但也只是因为报业在系统性地削减开支,尤其是劳动成本。根据"裁纸"(Paper Cuts)网站的数据,2007—2009 年,被买断工龄或解雇的报业记者共计 33,000 名。事实上,从 2001 年起,新闻行业削减了超过四分之一的劳动力。[1]

行业情形每况愈下,记者们猝不及防。多少年来,他们宽慰自己说"报纸总会在的",不少记者也对我一字不差地说过这句话。但到了 2006 年,他们开始忐忑。为何是 2006 年?那一年,奈特·里德新闻公司(Knight-Ridder)突然关张了。这所公司由奈特和里德这两家受人尊敬的新闻公司合并而成,其历史可追溯至 20 世纪伊始的现代新闻业诞生时期。在记者们看来,奈特·里德公司是业界的一把好手。它旗下的报纸在公司出售时多达 32 家,组成了全国第二大新闻集团,皆以办报品格而著称。这些报纸不取捷径,而是尽量抵御商业主义的诱惑。报社鼓励记者依照新闻专业主义行事、致力于服务当地社区。从 1974 年公司合并时算起,奈特·里德的新闻集团共获得过 84 次普利策奖,其中 14 次是公共服务奖。而此刻,像是一眨眼的功夫,奈特·里德公司就不复存在了。

它的出售引发了新闻工作者的集体恐慌。行业各处似乎同时浮现出了一个念头:"连奈特·里德都会如此……"那下一个会是谁?我们会怎样?我会怎样?我们得做点什么了!新闻业像是一个被刺破的气球,上一秒还稳定向上,下一秒便失控倾斜。上一秒"所有人都知道"报纸总会在的,下一秒记者们已经开始想象一个曾经无法想象的情形:一个没有他们的世界。奈特·里德的关张似乎终于让记者们脱下眼罩,开始看清自己和所在行业有多么脆弱。

在奈特·里德公司出售几个月后出版的《美国新闻评论》(*American Journalism Review*)的一篇期刊文章中,作者雷切尔·斯莫尔金(Rachel Smolkin,2006)提到了这种新的行业氛围。她历数了一系列存在已久却被忽视的事实("发行量在降低,印刷费用在上升,零售、汽车和电影广告都在锐减,分类广告则转向了 Craigslist① 等免费网站"),并提出目前情势危急,报业只有两种选择:要么"适应",要么"死亡"。适应或是死亡,这句话从此成为大部分新闻从业者的共识。新闻业要么去适应,要么就得重蹈打字机厂、铁路局或电报公司的覆辙。到如今,我很少再能遇到认为新闻业并不"必须"做出这个选择的记者了。

他们成功了吗?开始适应了吗?能躲过自己的职业死亡吗?我们应该在乎吗?最后一句很值得一问。不少人对于报业陷入困境这件事只是说:"谢天谢地!谁还需要报纸!"面对这样的反应,我每次都会用这两个观点来回应他们。第一,正如亚历克斯·琼斯(Alex Jones,2009)所说,报纸(主要是都市日报)生产了70%—80%在大多数社区中传播的新信息。如果这些都市报不复存在,如何找到这些信息的替代品便会成为很大问题。这一点应该能阻止我们在报纸的集体墓场前起舞。第二,

---

① Craigslist(克雷格列表网站)是由创始人克雷格·纽马克(Craig Newmark)于1995年在美国加利福尼亚州的旧金山湾区地带创立的一个大型免费分类广告网站。——译者注

暂且假设这个世界没了报纸会更好,即使这样,这仍然是个值得一讲的故事。一个行业的衰败并非人们司空见惯之事,即使仅出于好奇心,我们也想知道它为何发生。

这样看来,新闻从业者是适应还是死亡,构成了一个至少是有趣的,或许还很重要的问题。带着这个问题,我从2005年1月开始造访新闻编辑室。到了2009年夏天,我到访过三家都市报社,观察了其中的记者如何想方设法以免被淘汰(关于这些田野工作的讨论可见序言)。当时,这些新闻机构正在实施一些新试验。我访谈了其中几十位记者,旁听了他们的会议,观察了他们如何发起新计划并重新构造新闻编辑室。当他们开设新的报道专线、学习新的工具,并运用新的词汇来谈论其工作时,我也在观察着这些进展。你也许能猜到,我常常听到难堪的对话和激烈的争论。不止一次,我的访谈变成了人们发泄积郁的"吐槽"环节。有好几次,也够奇怪的,我发现自己在给别人提供职业发展的建议,或是试图安慰那些受够了并最终辞职的人,以及更多的被辞退的人们。

我发现了什么?长话短说,记者们适应得并不好。他们的大部分工作仍然是从同样的人们那里收集来同样的信息,并用数十载未曾改变的新闻体裁来呈现它们。报纸的样式和感觉自从20世纪30年代起就没变过,而报纸网站看起来也令人不安地和报纸雷同。新闻从业者试图打破传统,但他们的努力却付之东流。我未曾听闻最近有任何一个新闻创新来自都市报的新闻编辑室;据我所知,没有任何一间新闻编辑室全面采用了新的创新技术。

得出此结论的人并非只有我一个。帕布洛·波茨考夫斯基(Pablo Boczkowski)最早于20世纪90年代后期开始研究技术对新闻业的影响。他完成了三个案例研究，其中包括对《纽约时报》"网络技术"部门的考察。波兹考夫斯基(2004)发现，在线新闻一旦进入传统的新闻编辑室，就看起来没那么有创新性了，而记者在面对变化时，往往显得"被动、防御和务实"(p.48)。许多研究者在后来的研究中也得出相同的结论。德波拉·钟(Deborah Chung,2007)访问过22位于2002年获得在线新闻协会(Online News Association)奖项提名的在线新闻网站编辑。你也许会认为这些编辑既然得到协会认可，一定更能适应变化，但事实并非如此。德波拉·钟发现这些编辑抗拒为在线新闻加上互动元素，总体上对于创新也持"迟疑"的态度(p.57)。简·辛格(Jane Singer,2004)同时考察了四间新闻编辑室的在线新闻记者如何工作。她发现即使是在线新闻记者，也仍在使用"我们"和"他们"来严格划分印刷媒体和在线新闻的阵营。他们不仅无法完全接受数字媒介，还"尽可能地抗拒融合"(p.846)。其他国家和地区的研究也印证了辛格的观点。大卫·多明戈(David Domingo,2008)调研了四家加泰罗尼亚的报社，他认为在线新闻网站可以有效实现互动性的说法只是个迷思。在他调研的所有报社中，"起主导作用的仍然是传统新闻业的专业文化"(p.680)。约翰·欧苏利文(John O'Sullivan,2008)和阿里·海诺宁(Ari Heinonen,2008)在一篇文章的标题中总结了这一批文献的主旨——"旧观念，新媒体"。

不难想象，对在线新闻网站的内容分析也得出了类似的结论。考察了十一个国家（包括美国）的十家新闻网站之后，索斯顿·昆特（Thorsten Quandt, 2008）宣称由互联网为新闻带来的"革命并未发生"，起码在传统新闻机构里没有发生，"在线新闻业……基本上还是原来的新闻业"(p. 735)。大卫·多明戈及其合作者（2008, p. 339）对欧洲和美国的数家新闻网站作了相似的内容分析，他们也认为"核心的新闻业文化没有变化太多"。得出同样结论的还有威尔逊·罗瑞（Wilson Lowrey, 2011）对美国报纸网站的研究，他认为"这些报社的势头更像是止步不前而不是创新变化"(p. 75)。在《公报》(Gazette)期刊所推出的一辑专刊的序言中，理查德·梵·德·沃夫（Richard van der Wurff, 2005）写道，"在线新闻仍从属并服从于印刷报业"(p. 107)。

　　结局似乎已经明了：即便在今天，记者仍然依赖于同一批信源——尤其是政府部门——来生产大部分新闻。他们对新闻的定义和对新闻价值的判断，如时效性、重要性、特殊性、趣味性等这些在新闻学导论课堂里所讲授过数十载的内容，仍在发挥着作用。他们对自身职责的理解，仍然离不开客观性、真实性、平衡与中立这些存在已久的理念。当然，这并不是说新闻业没有发生任何变化。现在的新闻写作风格不如以往正式，更强调对话性，也越来越多地采用了多媒体元素。但这些更多是形式上而非本质的变化。越来越多的证据表明，在线新闻和印刷新闻看起来极其相似，至少在都市报社是如此。也正因如此，新闻业即使（可能）不会死亡，也会在未来一二十年里急速衰减。证据已经比比皆是:几家大型都市日报停刊了、报纸越来越薄但越来越贵、报纸不再每日投递,而有些报纸只有线上形式了。

要证明报业适应得不太好这件事很容易,但究其原因却并非易事。接下来的大部分章节将尝试回答这个问题。一言以蔽之,在我看来,阻碍变革的主要原因来自新闻业文化的内部。"新闻业文化"不是个小词,但幸好从大卫·曼宁·怀特(David Manning White,1964)的把关人研究开始,社会学家就长期致力于研究这个议题。半个多世纪以来,学术界已对新闻业文化在 20 世纪的起源和发展有了诸多讨论。他们辨析了新闻业文化的各个要素,梳理了这些要素在新闻编辑室中的生产与再生产,并试图理解记者如何被这一文化所牵绊。这些文献虽然未曾直接回答我们想要从中讨教的问题,但已经完成的大量杰出研究可以帮助我们对记者为何难以适应变化这一问题作出文化层面的解释。

在此篇导言的余下部分,我将从一个更大的知识语境出发来讨论新闻业文化,以便为接下来的具体分析提供一个整体背景。

在此首先需要交代的是我对研究对象的定义。你会发现此书通篇都是"记者"和"新闻业"等词。我在使用这些词时,指的是"在都市日报社工作的记者",我关注的是报社新闻业,尤其是由中型与大型的都市日报社所实践的新闻业。我简略称之的原因之一是为了效率——"在都市日报社工作的记者"这个全称读写起来都太笨拙和啰唆。但我如此简写也有词源学上的实质原因。根据

《牛津英语词典》,"新闻"(news,意指"对新近发生的事件或情况的报道或描述")一词有着古老的起源,可追溯至14世纪。最早将"新闻"一词用于描述"新事物"的做法,则可再往上追溯至10世纪中叶。17世纪初,英语中最早有了"记者"(journalist,意指"以写作公共刊物为生的人")一词,当时也正是小册子作家开始出现之时。而"新闻业"(journalism,意指"以从事记者为职业")一词直到19世纪30年代才首次出现。它一开始被用来指代法国和英国的"寒士街"①,以及美国的"便士报"(penny press)——都是现代商业新闻机构的前身。顺理成章的是,随着新的组织形式出现,"商业化报纸"一词也被组合而成。

我将从词源出发来使用这些词汇。"记者"一词用来指代"在都市日报社工作的人"非常合适,因为最初的"新闻业"正是出自这一群人的实践。但是在这里,"新闻业"并不等同于"新闻",而各类"报道者"(reporter)的工作也并非都属于新闻业的范畴。我们常听到有人说"新闻一直都存在",似乎在暗示新闻业也早已存在。但新闻和新闻业并非一回事——新闻早就存在,但并不总由记者来报送。而在由记者报送新闻的这四百年间,他们的工作也不一定属于新闻业的范畴。事实上,由商业新闻机构内的记者来主导新闻生产是相对新近的现象。如果说在此之前曾经有一段时间,新闻生产并不由记者在新闻业的范畴内进行,那么按道理讲,在此之后,这种情况也可

---

① Grub Street,原意是指伦敦西区墨菲尔德的一条具体街道"格拉布街",是为生计挣扎的独立作家、新闻记者和出版商的聚居地。——译者注

能会再次出现。换句话说,新闻总会存在,但新闻业就不一定了。

挑 战

开场白之后,我们可以来看看新闻业到底面临哪些致命威胁,以至于我们已经在设想一个没有它们的世界。许多观察家认为罪魁祸首是互联网[2]或是"新传播技术"。例如尤查·本科勒(Yochai Benkler,2006)就认为互联网对于新闻业和各类大众媒体而言都极具冲击力,因为它威胁了新闻业作为公共信息的首要过滤器的地位。本科勒写道:"大众媒体的核心特征本是如此,内容先是在一些相对为数不多的中心生产出来,然后再被传播到消费这些内容的大众读者那里。"(p. 209)而在网络上,所有人都似乎成了"用户",他们既是信息的消费者,也是生产者。作为用户,"不论从生产行为来看,还是从消费内容和方式来看,我们显然都是更为投入的参与者"(p. 138)。这个观点简单却深刻。互联网让个体对自己的信息环境有了更多的掌控,也从而稀释了职业记者的把关权。

对新闻业的挑战也部分来于此:个体在网络上有了更多选择权。他们有了更多自由,来绕过职业记者设立的信息过滤器,他们还可以选择去创造并散布自己的信息。而记者也常常绕过这个事实,声称由业余者生产出的文化大多不怎么样。他们当然没错。关于这个问题,科幻小说作家西奥多·斯特金(Theodore Sturgeon)曾经创造了一个著名的定律:"所有事物中的 90% 都是无意义的。"大多数人,即使他们在生产新闻,都没有这方面的天分。但另一个"大数定律"则告诉我们,这无关紧要。如今,接近十亿人能够使用互联网(根据互联网数据中心的数据,其中五亿多是英语用户),而这个数字还在与日俱增。假设这其中仅有 1% 的人拥有文化生产的天分——他们写得不错,或拥有视觉品味,又或者对某个特定主题知之甚多——那么十亿人的 1% 就是一千万人。这些人拥有和一般记者差不多的天分,人数加在一起又大大超出了新闻专业人士的总和。那么即使网络上的内容大多是"废话",但从绝对值来看,在这些远远超过了专业人士生产数量的内容当中,会有一部分相当不错。因此,人们不仅在网络上有了更多的选择权,他们还有了更多的选项。

近年来,研究者们致力于分析人们如何在互联网上行使他们新获取的自由。研究发现,人们并非随意地与他人互动,而是聚集成许多个"小世界"(参见 Barabási,2002;Ferguson,2002;Schnettler,2009)。小世界是一种联网结构,是由多个个体通过桥接(bridges)或连接器(connectors)互联而组成的高密度的群集。在这些高密度群集当中,个体就像在真实生活中那样开展自己的虚拟生活:他们与熟识的人交往,或者和兴趣相似的人交流。的确,有关互联网的一种观点是,它促进了人们与相似的人互动这一社会倾向,并让这种倾向形成了相当大的规模。但这并不是说人们在网上完全与其他人隔绝。就像在现实生活中那样,他们仍然通过参与桥接的各种活动与其他群集的人们相连。这些桥接就是那些和不止一个高密度群集相连的个体。高密度群集加上这些桥接就等于小世界。科研人员表示，这类结构兼顾了持久性与有效性，因此也出现在大量不同的环境中：从人类大脑、蚁群到电力网，皆可发现此现象。不论何时，小世界中的个体都能感受到与其相熟个体的深入互动所带来的亲密感，但同时仍与其他个体保持着仅仅相隔六步的距离（著名的"六度分隔"理论常和小世界理论联系在一起）。

研究者还对我们在互联网上所安身的小世界作了其他分析。他们发现小世界中的纽带分布会向着那些高度活跃、受欢迎的个体倾斜。其原因很容易说明。假设有三个人分别是"A""B"和"C"，A和B相连，A和C也相连。如果另一个新人"D"要进入这个网络，她与谁相连的可能性最大？答案显而易见是A，因为A给了D与B和C都相连的机会。再假设"E"也进入这一场景。既然A能提供与网络中所有其他人相连的机会，那么E与A相连的机会更大了。以此类推，A可能会变得越来越受欢迎。这种现象被称为"幂律"（power law），它造成了以下状况：一个网络中的节点（node）在初始时刻（T0）越受欢迎，它在下一个时间点（T1）有可能更受欢迎，在下下个时间点（T2）更有可能更受欢迎，如此递进。换句话说，它创造出了一些"中枢"（hubs），即在网络中拥有高于平均数量的连接关系的个体。

中枢在小世界中扮演着特殊角色。事实上，他们的角色特殊性使其与所在群集的其他人都全然不同。为了说明此观点,科研工作者常常会使用身高的例子。将所有人的身高数相加再除以人数,便可得到一个特定人群的平均身高。统计结果呈现为一个钟形曲线——近一半人在一侧,另一半人在另一侧,而平均身高的人数则在中间。幂律分布(power-law distributions)则以另一种形式出现。因为幂律描述的是个体之间的关系,它表现为一少部分人累积起其所在体系的大部分特质,而这些特质在其他人身上则不那么明显。仍以身高为例,幂律分布便意味着大多数人的个子很矮,而只有一少部分人的个子很高。

再以互联网上的中枢为例,幂律分布体现为:那些最有热情、最感兴趣、最在行的个体,完成了绝大部分在线沟通的工作。这些中枢最有可能去发布内容、参与合作,并与其他人互联。更精确的数据是,大约20%的网络用户(中枢)完成了80%的工作。这个"80/20法则"几乎是在线互动的铁律。如果一个网络社群以篮球为主题,那么其中大多数的成员只是对篮球稍有兴趣,只有绝少数人非常热衷。如果一个网络社群由邻里关系形成,那么其中大多数人对所在社区只是略加关注,只有绝少数人极富热情。发生在这些网络社群中的多达80%的互动,便由这20%的最有热情、最感兴趣、最在行的个体完成。这看起来似乎有些不公平,为何这20%的成员要承担起一个社群内的大部分活动?但实际上,这种劳动分工恰恰是小世界成功的关键。高度活跃人士乐意去完成一个群集的大部分工作,使其他人只需少量付出。如果他们没有这种意愿,在线群体会很快消亡。

互联网的节点、链接、中枢、桥接等结构，都让我们得以从另一个侧面来理解它为新闻业带来的挑战。想象一下你是一个想要为新闻找到受众的专业记者。在大众媒介系统中，你或许可以用两种方式来实现目标：通过电视将新闻广播给所有人（也因此不能传播给特定某人），寄希望于通过蛮力来吸引大量观众的注意力；或通过报纸汇集大量新闻报道，寄希望于通过每则报道能吸引的不同人群来累积起大批读者。互联网的小世界结构戏剧化地改变了上述场景。在网络上，个人对信息有了更多的选择，而这些信息也越来越多地来自与自己有个人关联或兴趣相近的人（和自己处于同一个群集中的人）。可作为一个记者，你却站在这些活动群集之外。如何变成局内人？答案显而易见，进入一个群集最高效的办法即是求助于中枢，他们是少数与群集中其他人有着大量联系的人。如上文所述，在一个偏重于个人兴趣与个人选择的系统中，只有比群集中一般成员表现出更多兴趣或热情的人才会变成中枢。比如在一个皮艇相关的在线群组中，中枢便很有可能是一个对此主题有着极大热情或丰富知识的人。其他人都会和这位充满热情的人有所联系，因为她就像是一个以皮艇为主题的"一站式服务专营店"。

因此，如果要打入群集内部，你需要吸引中枢的注意力。如何才能做到呢？既然中枢一般都很热情或很在行，那么只要你也同样热情或在行，他们便有可能回应你。在小世界里，幂律分布存在于其网络结构之中。与其他人相比，中枢去回应和自己相似的人——对特定主题有着同样热情或知识的人——的概率要高得多。换句话说,拥有热情与专业知识能够在网络上获得回报。

新闻行业的问题在于,自20世纪20年代以来,它就一直以超脱、独立和客观原则为基础。新闻从业者确立自己职业身份的方式恰恰就是拒绝过度的卷入。一些政治记者因为害怕其主观选择会影响客观报道,甚至不去参与选举投票。这在网络上就行不通了。想要接触那些热情或在行的人,假装不感兴趣可不行。当每个人都更愿意与自己认识和信任的特定某人互动时,为所有人写作便毫无意义,因为这意味着不为任何人写作。要在网络上成功,记者需要将支撑新闻行业近一个世纪的理念——客观性——搁置一旁。这就是记者们要面对的问题。如果记者想要在高密度群集组成的在线互动世界中生存下来,他们就必须与他人形成私人的甚至是亲密的关系。他们得学会去爱(也就是热衷)他们要报道的话题和他们要互动的社群,程度要大过爱自己的职业认同。

总结一下:在线上,个体有了更多的选择自由和更大的选择范围,这让新闻业不再扮演它原有的公共信息首要过滤器的角色。此外,人们在做选择时,会和日常生活中的社会交往一样,更倾向于和自己想法接近的人聚拢在一起。群集中的纽带分布,向着那些非常受欢迎的个体(即"中枢")倾斜。这些中枢是在线群集中最活跃、最在行、最有热情的人。要想在网络上获得成功,记者需要呈现出和中枢——那些站在记者和群集中所有其他人之间的人——同等水平的知识、热情和兴趣。同时记者还需要不再做不偏不倚的观察者,而是要变成投入、积极的参与者,这一要求便让新闻业文化的核心内容受到了挑战。

新闻业文化

如前文所说,互联网对新闻业所形成的挑战,其实质并非技术或经济层面的,而是本体论层面的。它事关新闻业是什么,新闻业在做什么,以及新闻业做这些事的原因。也就是说,这一挑战直指新闻业的文化。从这一点出发,我们才能找到这一行业难以改变的根源。为了说明这一点,我们不妨先来了解新闻业文化:它的起源与历史、它的构成、它的运作方式,以及记者如何被困在其中。

文学学者雷蒙德·威廉姆斯(Raymond Williams, 1976)曾说,"文化"(culture)是英文里最复杂的两三个词中的一个(p. 87)。它来自拉丁词根"cultis",如它在"培育"(cultivate)一词中的用法,意指"使事物生长"。这一含义和我对新闻业文化的想法完全一致:在新闻业的内部和周围,有一些符号逐渐形成,并将其定义为一个独特的社会领域。目前尚未有人将组成新闻业文化的符号全部编录成册,这似乎也无法做到。但这些符号一般呈现为以下三种形式:一是原则,比如"报道新闻,而不是成为新闻";二是达成共识的规范,比如"客观性"——尽管任意两名记者都会对这个词有不一样的定义,但所有人仍然都以之为共同的参照;三是实践,比如核查信息等。新闻业文化仿佛地心引力一般,把记者们尽可能拉到一处,使他们彼此之间越来越相似，同时与从事其他职业的人区分开来。

关于新闻业文化，首先要说的是它相对比较新，而它的构成要素当中却有不少历史悠久。没有人知道第一个新闻专线（news beat）是何时形成的，但詹姆士·戈登·班尼特（James Gordon Bennett）早在19世纪20年代就在华盛顿开创了可以被称之为新闻专线的服务。新闻定义中"趣味性"的说法可追溯至19世纪30年代（参见Hughes，1940；Schudson，1978）。与客观性相关的规范如超脱、独立、平衡等，也差不多在同一个时期出现（参见Kaplan，2002；Mindich，1998；Schiller，1981）。首例新闻采访则发生在19世纪60年代（参见Schudson，1995a）。尽管如此，直到19世纪末、20世纪初，这些元素才组合成为一种独特的文化。

在那之前，生产新闻的人认为自己的主业是其他事务。比如在殖民时期的美国，大多数记者首先是印刷工，他们也如此自称（参见Botein，1975；Pasley，2001）。19世纪大部分报纸从属于政治党派体系，记者也大多是党派雇佣的写手（参见McGerr，1986；Schudson，1998；Smith，1977）。最早的商业化报纸"便士报"大约在19世纪30年代出现，但其创办人也与现代记者毫不相关。不少人仍然和政党有着直接或间接的关系。而与政党无关的人，也都认为自己首先是生意人，然后才是记者。比如，在前门卖报纸的人，可能在后门卖着干货。那时候的新闻业尚未定型，新闻也是如此，它们有可能来自任何地方、由任何人加以传播。19世纪中叶，做新闻生意的人经常从刚下火车的旅行者那里得到新闻,并刊出以下句子:"某某人刚从波士顿行至此地,他告诉我们……"在19世纪的大多数时间里,做新闻和做别的事之间并没有太明显的分界线。

这种情况在美国内战之后发生了改变。几十年过去,几大社会趋势开始交汇。北部的自由派政治改革者——其中许多人是报纸编辑——开始反对政治党派和党派报纸。各类职业(法律、医务、学术等)在同一时期出现。公司的规模也越来越大。当全国性的市场出现之后,这些公司开始将大众媒体(包括大型都市报)视作一种能够在全国范围内营销自己产品的途径。相应地,都市报纸的所有者也看到了满足这些公司需求的商机。19世纪80年代发明的新印刷技术,让出版商能够以日报的形式接触到大量读者。1896年总统选举之后,三大党派的体系不复存在,从19世纪30年代起就附属于当时公共文化的报纸,突然发现自己自由了。

这种自由为报纸带来了新的机会,也引发了新的问题。商业化报纸与广告商签订了合约,承诺每天刊登他们的广告。但如今报纸不再与政治党派绑定在一起,那它们怎样才能日复一日地找到足够多的信息,来填充广告周围的空白?另一个问题是,这些信息的成本必须低廉。从字面上就能看出,商业化报纸是一种以营利为目标的企业。他们需要的是低成本的信息,不能依赖成本过高的信息来源。解决这些问题的方案,就是将记者安排在能够低成本生产可靠信息的地方:各个政府部门。市政厅、州政府、法庭、警局以及其他政府部门,开始组成现代报业的核心新闻"专线",因为它们能够稳定地向报社提供低成本的信息。

然而,在解决问题的过程中,这些与政府相关的新闻专线也造成了新的问题,即可信度的问题。政治党派式微后,记者变成了官员与公民之间信息流通的首要过滤器。但这一角色并非民选。是什么让记者有权决定公众所接收的信息,以及呈现这些信息的框架?除了第一修正案(First Amendment)中含糊地提到的新闻自由之外,新闻业在政府之中并无正式职责。但记者们仍然发现自己身处政府的各个部门,置身在政治喧嚣的显要位置。那么,记者该如何应付那些认为自己偏爱政客胜过民众、偏心某一个政客,或偏向某一个政府部门的指控呢?

这即是社会学家盖伊·塔奇曼(Gaye Tuchman,1972)在20世纪60年代中期开始造访新闻编辑室时问自己的问题。她的发现如今广为人知:"新闻人通过强调'客观性'来应对这些压力,他们认为,如果新闻人遵照'客观报道'的新闻工作策略,便可将危险降至最低。"(p. 664)这些策略包括忠于事实、平衡对立观点、标明重要事实的出处,以及依靠惯用的写作模式如"倒金字塔"结构等等。如果这样还不能够彻底解决记者的可信度问题——人们从未停止对记者的偏向性的抱怨——那么这些操作至少让记者能应付它。记者们采用"客观的"新闻报道手法,来树立自己在公共生活中的新角色,"我们不像其他人那样,我们尽力做到客观、独立、超脱、平衡,这让我们顺理成章地成为公共信息的过滤器"。

这似乎就是现代新闻业文化的源头。报纸一和党派体系分离，就开始面对新的问题。不同的报纸选择了不同的解决方法，而其中一些方法似乎更加管用。成功的方法又会被其他报纸复制，这个过程被社会科学家称之为"同构"(isomorphism)。办报的企业家把在某一家报社里行之有效的方法移植到其他报社里。行业协会与新闻学院开始传授那些"最佳策略"。职业化道路的第一步迈出之后，剩下的就由路径依赖(path dependency)来接管了。根据政治科学家保罗·皮尔森(Paul Pierson, 2000)对路径依赖的定义，一旦社会行动者走上某条特定的道路，相较于其他做法，在这条道上继续下去的"相对收益"会不断增加(p. 252)。例如，让记者驻守在政府各部门的做法就开创了一个重要的先例。此后，与所获收益相比，采用并维持这一做法的成本逐渐降低，因此这一操作最终在整个新闻业普及开来。路径依赖一旦开始发挥作用，新闻业便凝聚起一种相对一致的文化。到了20世纪20年代，多数报纸都有着同样的新闻实践手法和目标，而多数记者都在为这些报纸工作。就像正在烤箱里烘焙的面包一样，新闻业文化开始膨胀成形。

当然，在那以后，就像所有人都会做的那样，记者们为这些做法赋予了高尚的动机。在教科书、目标宣言、伦理准则之中，各地的记者都将他们此刻报道新闻的方式宣扬成为理应如此的方式，甚至是一直以来就存在的方式。一个著名的例子即是沃尔特·威廉姆斯(Walter Williams)所著的《报人守则》(*The Journalist's Creed*)(1906)，也是密苏里大学新闻学院的首任院长在这一新

领域中提炼意义的早期尝试：①

- 我们相信，新闻事业为神圣的专业。
- 我们相信，报章为公众信托之所寄，凡与报章有关之人，就其全部职责而言，均为公众所信赖者，因此，不为公众服务而仅为小我驱策者，均为背信之蟊贼。
- 我们相信，思想清晰，说理明白，正确而公允，为优良新闻事业之基础。
- 我们相信，新闻记者，只须写出心目中认为真实者。
- 我们相信，压制新闻实属错误，除非为国家社会幸福而设想者。
- 我们相信，出言不逊者，不适宜从事新闻之写作。受本身偏见所左右及受他人偏见之笼络，均宜避免，绝不因威逼利诱而逃避本身之责任。
- 我们相信，广告、新闻与评论，均应为读者之最高利益而服务。因此，一种有益处的至真与至纯实优于一切，为唯一的标准。新闻事业之良窳，视其对社会服务之多寡而决定。
- 我们相信，新闻事业之获最大成功者，亦即最应该获得成功者，必使上苍与人间有所敬畏。它独立不挠，故舆情傲慢、权势之包揽，均不足以移之。重视建设性、宽容性，而不取粗率性。

---

① 以下译文来自：李瞻.新闻学[M].12版.台北:台湾三民书局,1994:197-198.——译者注

自制而忍耐,经常尊重读者,而始终无所恐惧。勇于打抱不平,但不为特权者的要求或群众的吵闹所惑。在法律、忠诚及互相的认识下,尽量给予人人平等的机会。深爱我们的国家,但诚心促进国际善意,加强世界友谊。此一全人类的新闻事业,为今日世界所共有,亦为今日世界所共享。

威廉姆斯的信条全面展示了新闻业的新文化:专业主义、托管权、真相与独立。记者有着重要的公共服务使命,作为尽责的专业人士,他们力争实现这一使命。然而就在威廉姆斯写下此信条的二十年前,新闻业还完全不符合其中任何一则信条的描述。但如今,威廉姆斯已经把这些信条的诞生变成了神话:这是一个记者说给自己听的、关于自己的故事,这个故事解释了他们是谁、如何行事、所为何事。

尽管大多数人都接受了这个神话,但奇怪的是,记者们发现把新闻业文化说清楚并不是件容易的事。就像某一自然语言的母语使用者一样,记者说着新闻业的语言,却不清楚这门语言的规则。最早探寻新闻编辑室文化的研究者们也对这个现象印象深刻。他们发现,记者对于自己行业文化的再生产普遍没有太多反思。大致在1970—1980年,学术界出现了不少于十五个对新闻编辑室的观察式研究。研究者们认为,新闻业文化通过未经察觉的惯性得到了延续。利昂·西格尔(Leon Sigal,1973, p. 101)写道,新闻常规"有着自己的生命……它们在学徒时期被习得,在日常工作中被加强,逐渐成为'应当如此的行事方式'"。盖伊·塔奇曼(1978, p. 186)认为,记者在对待自己工作时采用的是一种"自然态度",依靠的是大量心照不宣的日常性理解来指引行动。赫伯特·甘斯(Herbert Gans,1979, p. 82)将新闻决定比作"迅速的直觉判断,可被称作来自某种'感觉'"。

这些观察从某种意义上来讲是对的,这也是这些文献直到现在都仍有其价值的原因之一。记者们的确不经反思地再生产着他们所共享的文化,这也使得这一文化看上去是统一且持续的。然而对于任何文化而言,相反的结论也是对的。只要是去过新闻编辑室的人都知道,记者们常常处于争论之中。他们争论一个故事是否有新闻价值,如果有,那么它应该被刊发在报纸版面的哪个位置;他们常常对某个故事的写法各执一词;他们会讨论一则报道要采访几个信源才能达到平衡。从这些争论中可以看出,新闻业文化并没有想象中那么统一或持续。换句话说,对于新闻业文化的再生产而言,意见分歧可能和意见一致同样重要。

于20世纪80年代和20世纪90年代开展的民族志研究的"第二波浪潮"也得出了以上的结论(参见Cottle, 2009)。查尔斯·班茨(Charles Bantz,1985)在历次造访新闻编辑室时观察到,记者们和同事及上级之间有着持续的冲突与协商。尼娜·埃利亚索(Nina Eliasoph, 1988)在一家非传统广播新闻台也有类似发现。为了将这些观察与已有的社会学文献结合起来,她只能总结说,不同的常规"在不同的语境中达成了不同的目标"(p. 315)。马克·比德尔特(Mark Pedelty,1995)也得出了同样的结论,他认为外事报道的核心是一场永无止境的游戏,需要时刻处理贯穿于常规之中的矛盾。罗纳德·雅可布(Ronald Jacobs,1996,p. 375)总结了这一批研究的主旨:"在新闻机构之中和机构之间,都存在着程度显著的争论与异质性。"

这两批研究有相关联的地方,其中之一即是记者总处于证明自己正当性(justification)的过程之中。第一批研究表明,记者们在从事新闻实践时往往不经反思。在大多数情况下,他们注重新闻报道的公平,但并不谈论为何公平地报道是必要的。只有当他们被要求证明某一做法的正当性时,文化才开始发挥作用。例如,如果我被问到为何这样来写一个故事时,我可能会用平衡这个词来回应:因为我想写一篇平衡的报道。如果我被问到为何问消息源这样一个问题时,我可能会回答:因为我想要保持自己的独立性。如此这般,新闻业的各种核心文化元素,就像一个贮藏着"意义"的仓库,当记者需要证明其行为合理性时就会光顾一番。且他们往往在被要求证明某个特定行为的正当性时,才来求助这一意义的贮藏所。因此,分歧对于新闻业文化而言至关重要,因为它为记者们提供了一个机会,去再次确认这些让他们汇聚成群的准则与实践的重要性。

部分研究者就此止步,转而去探究新闻业中正当性证明的界限(limits)何在。但是,如果我们花点时间想一想,就会发现,这些界限体现为承认的边界(boundaries of recognition)。假设我草草写下几个句子,描述我昨晚做的一个梦,想把它当作新闻发表出来。我的编辑自然会

17 发问:"这也算新闻?"新闻业的界限就体现在证明这些句子是新闻的能力之上。如果我没办法说服编辑这些就是新闻,我就触到了新闻业文化的界限。不论我在写下梦境时如何妙笔生花,如果我说服不了任何人去承认它是新闻,那么它就不是新闻。这一事实的结果之一是,新闻业的边界从未稳定过,它们取决于特定情境下的互动。话虽如此,这些边界也确实存在,一旦遇到它们,我们就能识别出来。当我们不再承认某个行为属于某一类有意义的实践实例时,边界就产生了。

在继续阐明这一观点之前,请允许我先说完对新闻业文化的最后一点观察。尽管当时无人察觉,但在20世纪50—70年代,新闻业享受到了不受其他社会领域(如经济、政治)干涉的最高限度的自主性。那些年间,记者无须顾虑经营者、消息源,或是读者,享有为了做新闻而做新闻的最高自由度。但即使在那些时候,新闻业也只是处于半自主的状态。首先,它受到了新闻机构的商业需求的强力形塑,这一点从现代商业化报刊诞生以来便是如此。然而,从根本上说,政治文化对于新闻业形式与内涵的影响更为深远。媒介学者詹姆斯·凯瑞(James Carey, 1989)早在二十多年前就提出过关于报纸的这一观点。报纸"使人得到戏剧性的满足感,这并不是说它使人愉悦,它呈现的也并不是这个世界的根本面貌……而是一种赋予生活以整体的形式、秩序和基调的,对现实的呈现"(p. 21)。凯瑞的意思有些晦涩,于是我参考了他这个观点的原始出处,即人类学家克利福德·格尔兹(Clifford Geertz)的文章《作为文化体系的宗教》(1973)。

在文中，格尔兹提出了如今已广为人知的观点，即文化有着双重属性，它既是一种"为了"现实的模板（a model "for" reality），也是一种"关于"现实的模板（a model "of" reality）。当文化被用作行为的样板、向导或地图时，它便充当着"为了"现实的模板。以房屋的蓝图为例，它是一组按某种特定方式组合在一起的符号集，它能告诉人们如何做一件事，即如何建造一所房屋。但"为了"建造房屋的蓝图同时也是一个"关于"房屋具体是什么样子的模板——它是一个至少有着四面墙、一个屋顶、几扇窗户等结构的建筑物。在此意义上，房屋的蓝图就像所有文化一样，通过"另一种媒介"来"表现"（express）某一个事物（在此例中即是房屋）(1973, pp. 93-4)。凯瑞告诉我们，新闻也是如此，它通过另一种媒介（新闻）来表现某一个事物（公共生活）。从此种意义上讲，新闻业从根本上与公共文化紧密相连。

这是一个关于新闻业的深刻洞见。新闻业总是在表达（express）它置身的公共文化里最为普遍的感受。例如，在殖民时期的美国，公共生活倾向于恭顺与一致，当时的新闻也表现出这种感觉。用一位印刷商人的话来讲，当时的报纸力求"讨好所有人，不得罪任何人"。以此类推，19世纪时期的新闻表现出了当时公共文化中社团化与党派化的倾向。殖民时期印刷新闻的人尽量避免的政治纷争，恰恰是后来的党派报刊所赖以生存之物。再往后，我们目睹了现代新闻在进步主义文化中诞生，又成为这一文化的表现。现代新闻拥抱客观主义、重视专业主义的超脱与独立性，以使公众知情为己任，这些全都是对于科学、专业知识与劝服等进步主义旨趣的表现。需要指出的是,并不仅新闻业如此,全国性杂志、广播、电影、广告等大众媒介都在差不多的时间段先后出现,也都受到了公共文化中最为显著的进步主义准则的形塑。用詹姆斯·贝尼格(James Beniger,1986)的话来说,大众媒介其实是为了满足精英阶层通过操纵公共信息来统治大众的这一需求而被创造出来的。到了19世纪末,工厂已经能够生产出大量的产品,但并不能保证它们的销售;政府能够为公共问题提供解决方案,但并不能保证公民买账。这些机构的负责人急需新的工具,用来联络、组织、劝服和控制各方群众。大众媒体,包括大量发行的报纸,就成了这种工具。

凯瑞的见解为我们提供了另一种思考新闻业所面对挑战的路径。历史学者已经表明,新闻业是进步主义公共文化的产物。它生于斯,长于斯。然而,在过去的半个世纪中,这一文化已然分裂。如今,我们生活在一个愈发个体化与私人化的文化之中,这种文化不再易于受到精英的掌控。有太多的群体彼此竞争,太多的专家发表着对各类议题的见解,民众也拥有了大量的私人空间可以用来逃避,而精英则在制定更为完整的解决方案,并为了实施这些方案来引导舆论。这并不是说进步主义文化已经被完全破坏了。起码技术与专业知识在今天受到的盲目崇拜比以往更甚。应该这样讲,对个体自治与自由的重视与进步主义观念相融合,共同塑造出了一种更为混乱和断裂的公共生活。当然,随着公共生活的变化,新闻也发生了变化。野蛮粗犷的在线新闻业的世界,也在表达着当下新的公共文化中的感受。然而实话实说,新闻业却并未与它同步。她仍然装扮成一个专业的过滤器,来参加大众媒介的舞会,却发现自己只能随着愈发网络化的世界所弹奏的旋律起舞。

习惯、投资与定义

我们现在可以得见新闻业文化如何阻碍了变化。据我观察,这一文化中存在着三组与之相关的动态。我将其分别命名为:习惯、投资与定义。

如上文所述,第一批研究者在20世纪60—70年代进入新闻编辑室,他们被新闻生产的高度常规化与官僚化的本质所震撼。常规化意味着新闻实践类似于习惯,记者自然地、无意识地、习惯性地再生产着他们的文化。而社会化是这个过程的关键。这一视角认为,记者是在新闻编辑室中"沉浸式"地形成了习惯。沃伦·布里德(Warren Breed,1955)的文章是这批研究中的经典,他分析了报社政策传达到记者的途径:记者在"潜移默化"中学会如何做事,"他们开始社会化,通过厘清并内化其岗位的权利与职责、规范与价值来摸清其中的门道"(p. 328)。其他研究也得出相同的结论,李·西吉尔曼(Lee Sigelman,1973, p. 137)发现,记者在学习如何报道新闻时的状态"十分松散、极不正式",基本上就是靠观察老记者们如何做事。约翰·约斯通(John Johnstone,1976)则描述了较为正式的机制,如主编在记者的社会化过程中起到的作用。当然,社会化过程有一些发生在新闻编辑室之外,比如在新闻学院里,但大多数记者是靠在新闻编辑室里工作才开始"摸清门道"的。

新闻实践的"不证自明性"(taken-for-grantedness)对于这一行业如何面对其前景变化而言非常重要,因为常言道,积习难改。这主要有四个原因。第一,习惯往往是不言自明的,因此难以被根除。即使在今天,新闻业的许多传统手法已不再适用,但不少记者仍然用"做新闻就该如此"来简单描述标准的新闻常规。这一"自然态度"妨碍了他们为其职业当下所处的新环境作出改变。第二,因为做新闻和做记者这两件事情紧密相关,习惯的改变可能会引发一场认同危机。如果一名记者被要求用另一种方式来做新闻,他/她可能会觉得自己越来越不像记者。而要解决这些身份认同的问题,需要的是时间、注意力与反思,可这些都是当代新闻编辑室中的稀缺之物。记者们不止一次地告诉我,他们多么希望自己在每天的日常工作中能够奢侈地思考。但他们每天必须交出一份报纸,要完成这个目标,就得依赖标准化的常规。最近这些年里,任务变得越来越重,记者们必须做到事半功倍:新闻编辑室里的记者变少了,而需要填充的东西变多了,除了报纸,还有网页、博客、推特等。最后,就算记者们能找到时间来处理由于习惯改变而引发的焦虑与紧张,他们还需要和管理者之间建立起相当的信任。记者们需要能够轻松地坦白自己在面对工作常规变化时的感受,并相信管理者会认真倾听并有所行动。然而,如果说时间是新闻编辑室中的稀缺之物,那么信任就更难觅芳踪了。总之,积习难改,其根基难以动摇,而记者们又缺少时间和信任来解决由改变所引发的问题。

新闻常规并不仅仅是记者学到的规则,这便引发了新闻业文化中的第二组动态。借用社会学家安东尼·吉登斯(Anthony Giddens,1979)的说法,新闻常规是"规则和资源"的组合(pp. 62-4)。就以记者驻守在政府各部门的做法为例,专线报道的确由规则组成:所有记者都明白,做专线报道需要定期联络负责信息发布的官员,参加他们的部门会议,收集并查阅公开文件等等。但是,这些做法只有在累积起物质与象征性资源后才行之有效。物质资源包括了办公空间、联络名单、网站,还有能回答记者问题的专职人员。象征性资源则包括了机构工作人员和记者间的友谊、角色观念、诀窍、地位、认可等诸如此类的东西。假以时日,这些资源逐渐汇聚在专线报道实践的周围。如此一来,规则和资源便开始相互牵连、彼此再造。于是,在专线报道领域,指导其实践的规则自然而然地再生产出相关的资源,而围绕这些实践所累积起的资源也同样地再生产出相应的规则。

新闻实践包含了规则和资源,这给我们带来以下几个方面的启示。其一,对记者而言,新闻实践之中的规则并非戒律,而是行动的策略——更好的说法是,它们是可以解决问题的资源。我在《号角日报》(*The Daily Bugle*)六个月的实习经历就可以说明这个道理(关于这段经历的讨论见前言)。在我快要离开报社时,我问负责本市新闻的编辑,能否允许我每周跑几天新闻,感受一下记者的工作。当然,我对做新闻知之甚少。尽管如此,编辑在第一天就派我去报道一个新闻发布会。为了完成采访和写作的任务,我不得不向新闻编辑室的同事们寻求帮助。然而,几个月之后,我摸清了门道,学会了独立报道,写出了简单的新闻稿件。但这并不意味着每次我用的都是同一套做法。说来奇怪,我学会了不能依赖常规,而这也正是一种常规。有的时候,你很难知道在一个特定情况下哪种做法是最合适的:应该打电话问这个人还是那个人;应该问这些问题还是那些问题。有的时候,我和编辑会对某个故事的新闻价值各持己见,我需要想办法说服他我才是对的。还有些时候,我在报道过程中遇到阻碍,不知道该怎样推进。在这些时候,我会寻求他人的建议,追溯之前的操作,试着另谋他法。自始至终,我都在积极地阐释着实践的规则,以解决手头的问题。

我的经验可以说明一个道理:新闻实践中所蕴含的规则难以成为行动的指南,因此记者们必须创造性地将其运用到特定情境之中。这一点也说明了新闻生产的述行性(performative)特质:不同记者可能会使用不同方法来应对同一种情况,同一个记者也可能会在不同时候使用不同的方法来应对同一种情况——这恰恰是民族志研究的第二波浪潮所得出的结论。这些行动策略无法详尽到能为每一种情况提供解决方案,也没有足够的一致和连贯性,能以不同的方式组合在一起。每个记者都处在不同的位置,需要处理不同的问题。从某个视角出发而认定的好办法,可能从另个视角来看并不恰当。最后,每个记者都掌握了各式各样的策略,他们会在特定情境下拿出几招。这样一来,实践(practices)被付诸实践(be practiced)的方式便无从确定了。

正因如此,新闻实践为记者带来的不仅是机会,还有限制。有些记者在利用这些机会方面更有技巧和创意(更懂得操纵策略),他们也就累积起比别人更多的资源(例如财富、地位、自主性等)。这意味着新闻生产的实践不仅是临场发挥,其实践,顾名思义,还是政治性的。当记者们因地制宜地使用并调整新闻规则时,论资排辈便开始了。少数记者会成为"明星",积累起大量资源,并将其转化为新的机会。其他人只能获得较少的资源和有限的选项。同样的事情也发生在新闻机构之间:在新闻场域中,不同机构所累积的资源有多有少,最后机构间也会出现等级排序。

这一点对于行业如何应对变化也非常重要,因为记者在沿用实践惯例时所累积起的资源,就相当于对现状的"投资"。我们可以想象一个工作了好几年,辗转了数个新闻机构的资深记者的情况。她可能从一家不起眼的社区报纸起步,换过几家报社,最终找到一份地区性报社记者的工作。她为了精通新闻业务所花费的时间、精力与注意力,就等同于一份投资,我们也能理解她有多不情愿放弃这笔投资。在考虑要不要改变实践方法时,她的本能会是维护与捍卫。这一面对变化的保守姿态,并非源于缺少对自身实践的反思,恰好相反,这是她对在实践中的投资将会承担多大风险的战略计算。

习惯的拉扯,再加上记者对现状的深度投资,已经可以解释新闻业难以适应变化的大部分原因。但它们并不能解释一切。2007年起,报业缓慢但持续的衰落开始急剧加速。一些报社彻底关张,比如《落基山新闻》(*Rocky*

Mountain News）。在美国国家公共广播电台（NPR）的一期节目中，哥伦比亚大学的"庞奇·苏兹伯格"新闻媒体行政领导力项目（Punch Sulzberger News Media Executive Leadership Program）负责人道格·史密斯（Doug Smith）对媒体记者大卫·佛肯非立克（David Folkenflik，2009）说："到处都混乱无章，而且毫无疑问有一种恐怖感。"这种集体的"恐慌"意味着，近些年来维持现状的成本较收益而言明显攀升。一些事实也证明了这种感觉，比如各个地方的记者都在谈论改变，还比如国内几乎所有的新闻编辑室都谋划出了某种应对改变的策略。但时至今日，还没有任何一家都市报的新闻编辑室真正彻底地改造了它的标准化操作方式。这就造成了一种奇怪的局面。记者们显然能够"想象"出新闻业的各种新面貌，但让他们采用新的实践方法"做"新闻却极其困难。

为了解答这一谜题，我使用了凯瑞（从格尔兹那里借用）的概念，将新闻定义为一种"关于"文化的模板（a "model of" culture）。作为关于文化的模板，新闻常规在定义何为新闻业时发挥了构成性规则（constitutive rule）的作用。"构成性规则"的概念来自语言学家约翰·瑟尔（John Searle, 1969），他认为诸类实践——比如婚姻、庭审，或是新闻业——都有其内在置入的规则，这些规则在形式上表现为"X 在语境 C 之下等同于 Y"（pp. 33-4）。这些规则定义了某事在特定社会领域中等同于某事，而在其命名过程中，这些规则也使之成了现实。

举个例子，就拿记者的采访本来说吧。我们可以把采访本看作一种与收集信息相关的资源。当然，开展这项活动也有其规则：收集哪些类型的信息、以何种形式来收集等等。这样说来，采访本便内置了一种"为了"做新闻的模板（a "model for" doing journalism），即开展此项活动的方针。然而，采访本同时还包含了一种"关于"新闻业的模板（a "model of" journalism）：它预设记者需要从信源（那些掌握了具有新闻价值的信息的人）那里收集信息，并传递给消费者（那些觉得此类信息有用，但如果没有记者的努力就无从获知的人）。如此一来，记者的采访本就在定义新闻业是什么：它是从某个群体那里获得信息并在过滤之后散布给另一个群体的行为（换成常用的说法，就是做信息的把关人）。这一构成性规则提供了背景语境，它让记者的采访本具有了意义。如果想感受一下这个规则是如何发挥作用的，很简单，当你去参加市政厅会议时，试着不要每次都带采访本，然后比较一下别人对你的出现有哪些不一样的反应。

诸如"记者是信息过滤器"这样的构成性规则之所以持续存在，是因为它们起到了协调记者与其他人日常互动的作用。每一天都有信源、编辑，甚至读者找到记者，因为他们相信记者是信息的过滤器。正是这一类互动让现状得以再生产，即使记者不停地说着要作出改变。

我们再来想象另一个记者的情况。我们假设他二十多岁，入行不久。因为对旧的行事方式投资不多，他愿意并热衷于尝试新的新闻报道形式，也总是和编辑、记者同事们谈起这个话题。然而，尽管表现出对改变的兴趣，他还是会发现，在新闻编辑室里，自己总是在用传统的方法来做新闻。为什么？因为新闻业作为过滤器的理念，仍然是他与其他人日常互动的核心依据。在他负责的新闻专线上,这位记者几乎每天都要做以下这些事情:检视各个政府机构的会议议程;发邮件和政府内外的消息人士保持联络;采访官员和专家以便引用他们的话;核查那些将要写进报道的事实,最后,如果时间允许,还要去参加政府的会议。在上述每一项互动中,他与信源皆假定了记者是通向报纸的过滤器(或把关人),也是通向公共对话的过滤器(或把关人)。这一假设存在于一切之中:他的质疑态度、他提的问题,以及他对信源所提供信息的即时判断。换句话说,在记者和其他人互动时,其一举一动都彰显着新闻业作为过滤器的理念。这一理念也同样贯穿于信源的态度与行为之中,他们努力管理好自己的信息与观点呈现在记者故事里的样子。

这样看来,变革的阻碍并非来自记者们相信什么或偏好什么,而是来自他们在做什么。在日常实践中,记者与他人之间所形成的关系就像引力一样,推动或拉扯着他们的行动,让已确立的新闻业定义得以再生产。换句话说,变革的关键阻碍来自认可:即记者、信源甚至新闻的消费者是否将新的实践方式认可为新闻工作(并将从事这些新实践的人认可为记者)。以博客写作为例,这算是新闻业最为常见的新兴实践之一。根据我和记者们的交谈,大多数人都将写博客描述为编辑要求他们做的新闻工作之外的事情。有位记者的评论非常有代表性:"我不介意写博客,但有时候它妨碍了我的工作。"看来,不愿采用新实践的原因并非"应然性"的("我们不应该做某事")或认识论层面的("我不知道怎么做某事"),而是本体论层面的("为什么我要做某事?")。对于写博客这件事,这位记者并没有抗拒到否认它是一种新闻形式的程度。这只是为了说明这个道理的一个小例子。在某种程度上,记者们觉得难以适应新情况,是因为那些嵌入行业之中的构成性规则,又在他们的日常互动中被仪式性地再生产了出来。

本书概要

如上所述,有三组文化动态阻碍了新闻业的变化。第一,新闻生产被根深蒂固的习惯结构化。试图改变这些习惯往往会引发认同危机,而记者们很难在新闻编辑室日常的混乱与嘈杂中来解决这个问题。第二,记者们过去的成功是一种投资,他们极不情愿在无法保证实际利益的前提下放弃这些投资。最后,新闻业由"构成性规则"所定义。这些规则定义了记者是谁,他们做的事,以及做事的原因,这些规则之所以是构成性的,是因为他们结构化了记者与信源、编辑与读者的日常互动。即便记者愈发频繁地谈起变化,但新闻业中的日常交互仍然让这些构成性规则得以再生产。在新闻编辑室里,这几组动态相互重叠、彼此加强、两两混合,但为了更好地分析,我将之分为不同的章节来作讨论。

我最初的想法是,根据我在三个新闻编辑室所观察到的全部数据来组织以下章节的内容。但是,如此一来,我故事里的时间元素会有被模糊掉的风险。在我造访过的新闻编辑室里,诸多事件发生在2004—2009年之间。

在那段时间里,新闻业的处境以及新闻记者对于这一处境的阐释,都灰暗了许多。不出所料,随着情况日益严重,2008年的报社开始尝试在2005年难以想象的试验。我不想摒弃故事的时间视角,还因为我想在写作中呈现出时间与文化之间的关系。习惯与投资这两个概念,描述了记者如何用多种方式来抵抗对其职业的改造。在我看来,这一抵抗在起初几年最为激烈。大概在2006年以前,新闻业还算是一个相对稳定的行业,许多记者表现得好像互联网只是一个在他们新闻工作中碍手碍脚的事物而已。如今,情势急转直下,几乎每一位在职记者都认识到,互联网戏剧性地改变了新闻业的格局,这个行业必须顺应新环境作出改变。然而,尽管变革的意识增强了,但新闻生产模式依然和以前一样。新闻实践的构成性更能体现出这一点:尽管新闻记者表达了改变的愿望,但新闻生产本身并没有改变。这多少说明,新闻业文化的构成性日益成了其变革路上最大的绊脚石。

为了保留故事中时间与文化之间的关联,我将按照时间顺序来组织以下章节。第一章将从互联网登场前的场景讲起,我会描述过去四十年里报业的逐渐衰落,以及记者对此作出的反应。第二章到第四章将分别描述三组文化动态。第二章从新闻业中习惯的本质出发,探讨习惯如何限制新闻编辑室的变革。这一部分将讨论2004—2006年发生在《号角日报》的试验。那是一份由大型连锁企业所有的中型地区性报纸。当时该报纸有一个网站,但包括新来的主编卡尔文·托马斯(Calvin Thomas)在内,新闻编辑室里几乎没有人认为网站对报纸的未来而言至关重要。托马斯尝试扭转报纸长期以来的衰退状态,但他想到的办法是把地区新闻做得更广更深。这一如今看来并不过分的改变,却在当时的新闻编辑室里激起了强烈抵抗。记者们一开始倒是踊跃地尝试了托马斯的新方法。然而很快,新的实践方法让他们感觉不适,这种不适感最终演变成断然的拒绝。这一事件的来龙去脉,很好地说明了习惯在新闻生产中的作用,也证明了哪怕只对新闻常规稍加改变,也会引起激烈的反应。

第三章讲述的是投资如何限制了变革。这一章的主要内容围绕着2007—2008年《先驱报》(The Herald)的试验展开。这是一份由家族所有的中型报纸。当时,主编汉克·卡林(Hank Carlin)就已经坚信报纸正在消亡。在他看来,《先驱报》不会再达到以前的发行量水平,利润也不会像过去那么可观了。于是,就像全国各地的许多新闻管理者一样,卡林启动了一个"多平台"战略,试图创造新的收入来源。他的想法是削弱报纸在新闻编辑室里的工作占比,再把失去的利润从电台、移动端和互联网那里找回来。为了实现这一目标,他要求记者针对不同类型的平台来定制新闻。当然,这种做法假设了新闻实践是互通的:记者们可以毫无差别地为电台、报纸、电视、智能手机和网络来生产新闻。但这一假设被证明是错误的。《先驱报》的记者对职业的核心技能、实践方法和理念有过投资,而且他们认为这些投资与这家报纸有着很深的关系。在他们看来,卡林尝试削弱报纸的做法无异于是在削弱这份职业。而收获又在哪里?卡林顶多只能说,这个试验在未来可能会盈利。但于记者而言,相比这些假想的益处,卡林的战略将会带来的损失要大得多。他们对于多平台战略的反应,说明了记者对于变革的抵抗可以是策略性的、深思熟虑的、有意识的。

第四章从一件与如今的日报新闻编辑室有关的趣事说起:到处都能听到记者们在谈论着需要改变,但我们却看不到真正意义上的改变发生。2009年夏季,我目睹了发生在《锡达拉皮兹公报》(*The Cedar Rapids Gazette*)的这一现象。当时,报纸的所有者,公报通信公司的CEO查克·彼得斯(Chuck Peters)和公报的主编史蒂夫·巴特瑞(Steve Buttry),都坚持让我在研究中使用他们本人和报纸的真实名字,这或多或少也说明了彼时新闻业的一些状况。彼得斯和巴特瑞当时正站在思考如何进行新闻改革的最前线。其实,这二位最初就结识于一个以新闻改革为主题的会议上。彼得斯聘请巴特瑞到公报任职,也是想让他全盘改革新闻编辑室。这一改革过程中,透明性非常重要。他们表示自己没有什么需要隐藏的(或许也没有什么可以失去的),因此拒绝了我在研究中对他们作匿名处理的安排。

两年来,他们对新闻编辑室的改革围绕着一个核心想法推进:内容必须与平台分离。从逻辑上看,这个想法是卡林的多平台战略的下一步。他们计划将新闻生产从报纸剥离开来,记者们便可以纯粹、简单地只去生产内容。编辑们的任务则是将这些内容导向到最为匹配的平台(移动端、网络、印刷版等)。这一策略需要对新闻编辑室进行近乎全盘的改革。而大多数公报员工都愿意,甚至迫切地想要配合。当时的报业状况已经严重到记者们都乐于见到自己的老板尝试一些做法——任何做法——来挽救颓势。但是,尽管关于改变的讨论持续不断,巴特瑞和职员们却发现要做到他们所宣扬的东西并不容易。最主要的原因是,他们需要每天出一份报纸。这就要求他们和可靠信息源往来、回答编辑的问题、接听读者的来电——每一次互动都让新闻业的传统定义得以再生产。因此,尽管他们精通了谈论新闻的新方法,却还是难以掌握做新闻的新方法。到头来,记者们所做的一切只是让自己变得更加困惑。

第五章和第六章提供了一个更加宽阔的视角。如果第二章到第四章的内容说得没错——记者们似乎根本不可能成功适应新的环境——那么新闻业至少会缩减规模。在日益收缩的专业性的新闻编辑室中工作的专业记者也会越来越少。第五章讨论的问题即是,这为新闻的未来带来何种征兆?新闻业将何去何从?记者将何去何从?如果众多都市报消亡了,那么将由谁——如果还有人的话——来填补新闻报道的空白?在这一章中,我将简要描述新闻业在不远的将来可能会出现的局面。

第六章将从克莱·舍基(Clay Shirky, 2009)的观察说起,他发现当革命发生时,旧模式的死亡速度比新模式的诞生速度更快,而其中的空缺便会造成一段时期的不稳定。对于我们正在步入的新闻业新阶段而言,这是一个很贴切的描述。旧的职业模式迅速瓦解,但新模式却迟迟不出现。这让不少观察者开始担心,新闻业是否还能继续在民主制度中发挥其传统功能。不少记者将这些担忧转换为呼吁重建传统新闻的机会,也有人将其视作创建公共利益新闻之新形式的动力。梳理这些担忧可以给我们以下启示:通过将新闻业的过去与未来连接起来,可以加深我们对新闻业前景的理解。

这样的章节安排,意在为读者提供灵活的阅读方式。如果你想要按照时间顺序了解新闻业是如何以及为何走到悬崖边上的,最佳阅读方式是按照章节顺序来读。如果你更为关心新闻转型过程中浮现出的某些议题,可以在读完第一章之后阅读第五章和第六章。如果你愿意反思新闻业的文化,想知道它如何阻碍了变革,可以在导言之后阅读第二章到第四章。总之,我的写作意图,是想要解释新闻业为何难以应对互联网所带来的挑战,以及这对于新闻业的未来而言可能意味着什么。

第一章 背景故事

每个伟大的故事都有一个背景故事。如果电影开始时,银幕底部没有向上滚动的那一句"很久以前,在一个遥远的银河系……",《星球大战》将不再是《星球大战》;如果不交代超人出生于氪星,原名叫作卡尔·艾尔,被飞船送到地球之后被堪萨斯州的一对农场主夫妇收养,《超人》的故事会让人费解;如果不提玫瑰花蕊,《公民凯恩》也会索然无味。对于演员来说,角色的背景故事相当重要,重要到如果剧本里没写,他们会自己编一个。背景故事之所以重要,是因为他们让角色变得立体可信。过往事件的引入,可以让情节与冲突变得易于理解,也更引人入胜。简言之,它们为接下来要发生的事设立了场景。

我接下来要讲的故事也有一个背景故事。从 2004 年末到 2005 年初的那个冬天起,我开始造访各个新闻编辑室,我所描述的事情大部分发生在那时和 2009 年夏天之间。但我所遇到的人和他们所在的新闻编辑室,在我的贸然闯入之前就早已存在。为了更好地了解这个故事——这些人的动机与行动,新闻编辑室里存在的冲突与偏见——我们需要知道一些关于他们的背景故事。

我们可以从《洛杉矶时报》的这篇文章开始。它的标题是《报业遭遇前所未有的挑战》，导语里问，"你手里是否正捧着一个濒临灭绝的物种？"文章接下来陈述了报业的艰难处境，包括发行量减少、市场渗透率骤降、广告收入下跌，以及多家报纸关张。文章作者总结说，整个行业就此消失，也并非不可思议之事。他引用一名编辑的说法："稍有不慎，我们可能就会发现自己做的是已经过时的生意，我们可能很快将不复存在。"（Shaw，1976）就新闻业目前所处的困境来看，你可能会认为这篇文章发表于近些年。但实际上，它发表于 1976 年，二十年后，互联网才出现在大多数的新闻编辑室里。这即是当代新闻编辑室背景故事的核心内容。在互联网出现在新闻编辑室之前的二十年时间里，记者们就一直在为自己的未来担忧，不知道报业能否生存下去，并为扭转自己的命运而拼命工作。

现代报业的背景故事还有另一个核心情节，那就是记者们曾经经历的报社的企业化过程。连锁企业大约出现在 19 世纪 80 年代，但很晚才在新闻产业中小规模发挥其作用。20 世纪，大多数都市日报都是家族生意。1960 年，由企业运作的日报只占 30%。但是，到了 20 世纪 90 年代中期，由连锁企业运作的报纸占到了 75%，而大部分家族报纸都消失了。企业化报纸与家族报纸是截然不同的。最明显的一点区别是，对于企业化的报纸而言，报社的底线常常就是账本的底线。有一个真伪不明但常常在记者口中流传的故事是这样说的，在 20 世纪大部分时间里经营《路易斯维尔快报》(*The Louisville Courier*)的宾厄姆家族,曾经靠着5%的薄利勉强过活。而到了1990年,没有一家像样的连锁企业获利少于20%,不少企业的年利润甚至到了30%—40%。

盈利的压力深刻地改变了新闻业文化。在市场渗透率长期下跌之时,报纸还被新的企业老板要求为公司赚取此前闻所未闻的巨额利润。为了解决这些问题而作出的尝试给新闻业文化带来了巨大裂痕。记者应该在新闻中提供读者想要的一切吗?是否要顾及读者在新闻中真正需要的是什么?提供读者想要的一切会不会变成一味迎合?这会对新闻业的公共服务使命造成怎样的影响?这些议题应该由谁来做决定,是企业老板还是记者?这些年里此类问题一直困扰着记者。而这些问题的紧迫性也让人们开始选择立场。一方面,企业管理者向记者施压,让他们多考虑读者兴趣。另一方面,编辑与记者则坚持要以公共服务为使命。对相关人士而言,这是一场事关此职业根本核心的战争,而斗争双方也各有其利害考量。这也是我想要讲述的背景故事的核心情节之一。

长期的衰落、商业化以及企业化都是当下新闻业背景故事的核心元素。本章余下内容将更为细致地描绘这些元素。如果你认为你已经了解了这部分的历史,或许可以跳到第二章。但对于不太了解这个背景故事的读者来说,此刻请先坐好,准备进入现代新闻编辑室的故事吧(想象一下文字开始从此页底部向上滚动)。

衰落的行业

从20世纪70年代就开始折磨都市日报的问题,相对而言很易于描述:美国人口剧增,而报纸发行量却不见起色。根据美国报业协会(Newspaper Association of America)收集的数据来看,1960—1995年,全美国所有日报的平均日发行量从未高于62,000份,也从未低于58,000份。[1]换句话说,这个数据基本持平。然而在同样的时间段内,美国人口数量几乎翻倍,从1940年的132,165,000增长到2000年的281,422,000。当然,并不是每一位新美国人都会买报纸。比如,儿童并不会订阅报纸,监狱或心理健康机构里的人也订不了报。因此,行业专家使用以家庭而不是个人为单位的订户,来作为衡量报纸消费的基本单位。结合报纸发行量与家庭数量的历时变化来看,趋势就很清晰了(如图1.1所示)。日报发行量不见增长,而家庭数量却迅速攀升,从1940年的3500万涨到2000年的1亿多。1940年几乎每个美国家庭至少都会买周日版的报纸。到了2000年,这一数据减半了,并在21世纪持续下滑。也就是说,在过去的半个世纪里,报纸失去了一半的市场渗透率。

这些趋势并没有被行业所忽视。其实,有人早在20世纪60年代初期就开始担心这些问题了,报纸受众研究的开拓者里奥·博加特(Leo Bogart)就是其中之一。博加特为报刊发行审计局(Audit Bureau of Circulation)工作,这是一个创建于1916年的组织,负责追踪各类印刷

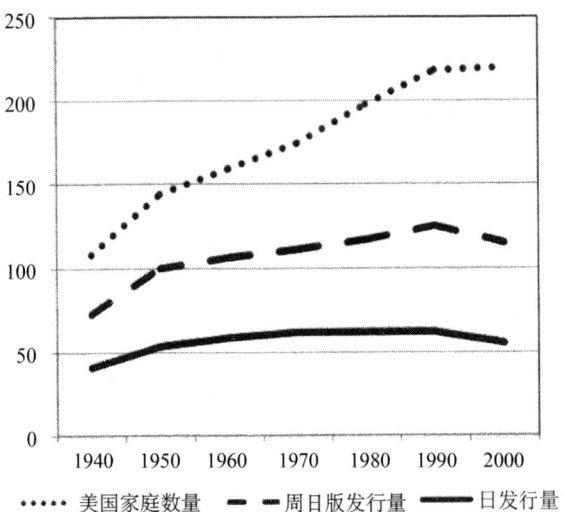

图 1.1　美国日报发行量与家庭数量的对比（单位为百万）

出版物的发行量数据。博加特在当时对报纸发行量进行了最早的几次全国性系统审核。从于 1961 年开始的早期调查中，他发现 80％的美国人一般都会在工作日读报。很自然地，报业开始向广告客户宣扬这个数据。几乎所有人都在读报！但是，博加特在后来几年的持续调查中发现，发行量的数据很快开始趋于平稳。报刊发行审计局想方设法来解释这种相对下降的状况。他们开始以"活跃的"成年人口数量而不是人口总数为基数，来重新统计发行量。他们将度量标准从发行量转换成读者数量。但是，不论他们如何修正这些数据，图表上的曲线仍然朝着相似的方向变化，"在家庭数量持续递增时，报纸发行量的增长减缓了"(Bogart,1991,p.36)。1964年,博加特提议由审计局召集一场为时两天的"高水平研讨会",让发行人等各方可以思考一下行业中正潜伏着的困难。他的提议未被通过,一部分是因为发行人对于将自己的困难公之于众这件事非常敏感。但十年之后,博加特在报告中说:"发行量与读者数量下跌的问题已经达到了顶峰。"(p. 66)这些趋势已经无法再被忽视了。

读者为何在缩减?

20世纪70年代中期,行业与学术界的研究者开始对探究日报为何衰退这件事认真了起来。由美国报纸广告局(Newspaper Advertising Bureau)和美国报纸发行人协会(American Newspapers Publishers Association)联合推出的"报业读者研究项目"在其中扮演了重要的角色。1977—1983年,包括博加特在内的项目研究人员收集了海量数据。他们调查了读者与非读者人群。从按关键人口统计学特征①分类的不同群体中,他们询问人们想从报纸当中得到什么。他们考察了不同类型的新闻内容,检查它们如何吸引不同的读者群体。他们跟编辑和记者讨论。他们研究了各类事项——从送报员到报纸设计——对于读者数量的影响。最后,他们建立了一个"新闻研究中心",来存储这些数据。

这些数据显示,发行量的下跌很大程度上是一个结

---

① 常用的人口统计学特征包括:性别、年龄、收入、受教育程度、职业等。——译者注

构性的问题,它和数十年来的社会趋势有关。郊区化是问题的主要根源。都市日报的兴起曾经与20世纪前半叶的城市发展同步。但到了20世纪50年代,不少人开始搬到郊区居住,城市居民的数量下降。菲利斯·卡尼斯(Phyllis Kaniss,1991)在报告中说,1940年费城的城区居民占到了该地区总人数的60%,但到了1980年,这个数字跌至36%。1940年,68%的底特律地区居民在城区安家,但到了1980年,只有28%的人仍然留在市区,其余的人都搬到了周围的郊区居住(pp. 23-5)。各个地区的情况都差不多,尤其是南部与西部的城市(比如亚特兰大、休斯敦、拉斯维加斯、圣地亚哥、凤凰城),与此同时,还有更多的国内人口正在向这些地方迁移。

城市郊区化的影响波及了报业。在某种层面上,这意味着对城市新闻感兴趣的人变得越来越少。当我住在离城市中心三十公里开外时,我还会对城市犯罪感兴趣吗?当我所在的郊区有着自己的地方政府部门时,我为何还要关注市长在做什么(或者没做什么)?郊区化还改变了读者的通勤习惯。越来越多在市区上班的郊区住户开车上班,而不再使用公共交通,这也意味着他们读报的时间越来越少。城市的经济活动也在向郊区转移。工作机会随着人们迁往郊区,消费者也随着这些工作岗位离开了城市中心,而他们曾经经常光顾的那些城区生意,恰恰是报纸所依赖的广告收入来源。尽管郊区经济在发展,但都市报却未能很好地找到定位来为这里的新需求提供服务。报纸面向的是分散在整个区域中的读者群体,而郊区生意却更多只想吸引附近地区的特定人群。

34 最终,都市报在日益郊区化的前景中愈发显得不合时宜,难以满足读者的兴趣与商业需求。

新的郊区报纸和周刊出现了,来填补这些空缺,这些竞争者进一步削减了都市日报的市场渗透率。以费城为例,都市报的发行量从1940年的130万份降到了1988年的76.3万份,郊区报纸的发行量则从14.7万份涨到了46.1万份(Kaniss,1991,pp. 30-1)。在一项很有影响力的研究中,詹姆斯·罗斯(James Rosse,1975)发现旧金山地区的报业市场至少存在着四个层面的竞争:除了都市报[《旧金山纪事报》(*San Francisco Chronicle*)和《旧金山考察家报》(*San Francisco Examiner*)],卫星城报纸[《圣荷西水星报》(*San Jose Mercury News*)和《奥克兰论坛报》(*Oakland Tribune*)]和郊区报纸[海沃德《每日评论》(the Hayward *Daily Review*)、圣拉斐尔《独立报》(the San Rafael *Independent Journal*)和《伯克利公报》(*Berkeley Gazette*)]之外,第四层面还包括了"单周刊、双周刊或三周刊、半新闻性的购物手册、免费报、分区发行报刊或传单式出版物等"(p. 149)。作为该地区规模最大的日报,《旧金山纪事报》和《旧金山考察家报》在每个地理区层都占有市场份额,但它们在地方市场的渗透率却落后于直接服务本地社区的报纸或周刊。例如,尽管《旧金山纪事报》也在圣荷西发行,但《圣荷西水星报》在这里有着更高的市场渗透率。尽管《奥克兰论坛报》在海沃德有一些读者,但也未能匹敌海沃德《每日评论》的发行比例。罗斯用"伞状结构"来描述这一格局:每种类型的报纸都繁荣生长在悬浮于上方的大型报纸的阴影里。与其说这些报纸相互竞争,不如说它们将这一地区切割成了或大或小的领地。最终的结果是,大型都市日报在获取郊区消费者注意力上有了更多的竞争对手,最终却得到更少的总体市场渗透率。更不妙的是,都市日报需要花更高的成本才能到达郊区消费者。郊区的地理位置都离城区很远,报纸要送往这些地方就需要更多的卡车、司机、汽油和时间。

这样,郊区化通过种种方式削弱了都市日报对读者和广告商的强大影响力。但扼杀报纸发行量的并非只有郊区化,还有其他社会趋势与之共同发力。其中最重要的一种趋势,可能要算是从 20 世纪 60 年代就开始了的对报纸的代际远离。菲利普·梅耶(Phillip Meyer, 2004)在报告中说,从 20 世纪初开始,每个年龄段的人都比上一代人更少读报。"伟大的一代"(Great Generation)①大概有 70% 的人在年轻时每天都读报,而他们的子女只有 30% 的人还读日报,到了他们的孙辈,这个数据下跌到了 20%。现在,只有不到 20% 的千禧一代(millennial generation)②还在读日报。对梅耶而言,这些数据的含义很清楚,他认为,"读者数量下降的真正根源是世代更替。自从婴儿潮一代(baby boomers)③成年之后,我们就知道年

---

① "伟大的一代"指二战期间(1939—1945 年)步入成年的年轻一代美国人。这个名称与美国新闻记者汤姆·布罗考在 1998 出版的一部畅销书《最伟大的一代》(The Greatest Generation)相关。这一代人中很多人经历了战争,后又继续投身国家的建设事业,也被称为"大兵的一代"(G. I. Generation)。——译者注

② "千禧一代"指 20 世纪 90 年代初期出生,21 世纪初期进入成人期的一代。——译者注

③ "婴儿潮一代"指二战后随之而来的生育大潮中出生的一代,通常是指 1945—1960 年出生的人。——译者注

轻人比年长者更少读报"(p. 17)。[2]很长一段时间以来，行业领军人士都说，等年轻人变老、生子、扎根社群之后，也会培养起读报的习惯，但这件事从未发生。相反，对于任何一个世代而言，读报的年轻人都越来越少，而且，如果他们年轻时没有养成读报的习惯，以后也不会去读。

造成这种代际流失的因素很复杂，但其中一个确定的原因是信息的选择变多了。婴儿潮一代是第一批拥有电视的一代。"X一代"(Generation X)①能看到数百个有线电视频道，也是最先接触电子游戏的一代。很快，可供消费的电子游戏、电影和音乐数量激增，攫取了人们越来越多的注意力。凯撒家庭基金会(Kaiser Family Fund)主持的一项研究(2010)发现，如今，8—18岁的青少年每天花在娱乐性媒体上的时间多于7小时——除了睡觉，这个数字超过了他们在任何一项其他"活动"上所花的时间。显然，年轻人在花费7个小时听音乐、看电视、上网和玩游戏之后，为读报所留下的时间已所剩无几。但这个问题不仅仅与数字有关。大卫·明迪奇(David Mindich, 2004)在他对青少年的访谈中发现，如果把新闻和电子游戏或电视节目放在一起，他们只当它是另一种形式的娱乐(pp. 47-8)。如果这样比较的话，报纸根本没有《使命召唤》或是《奥普拉秀》有意思。更多人会自然地偏向于那些需要较少付出，而且看上去更好玩的信息选项。那么，也许该问的问题并不是为何年轻人不再读报，而是为什么还有人在读报。

还有另外两个社会趋势影响了报纸的读者数量。第

---

① "X一代"通常指出生于20世纪60年代初至70年代末，在20世纪八九十年代进入成年期的一代。——译者注

一个是在20世纪后半叶,女性就业人数的增多。在20世纪50年代,只有34%的女性在工作,到了2000年,这一数据翻倍至接近70%(Toossi,2002,p.18)。女性加入劳动大军,获得了更多的自由和机会。与此同时,男性的收入不再上涨,甚至开始小幅下降。许多家庭开始维持一种中产阶级的生活方式。而这对于读报来说并不是件好事。女性就业的增长,加快了家庭生活的节奏,人们如果还有时间坐下来读报,也是件奢侈的事。一些在20世纪80年代开展的报业研究表明,女性读者数量急剧下降。根据美国报纸广告局的数据,每日读报的女性读者比率在1970—1990年下跌了18%(男性读者则下跌了12%)。其他报告所显示的跌幅则更加明显。一名在奈特·里德新闻集团工作的记者称:"如果我们能够保持和1970年时一样的女性读者比例,那么我们今天的读者数量将会多出一千七百万。"(Harp,2007,pp.53-4)

公共文化的变化也导致了读报人数的减少。特别是从20世纪60年代开始,公众对于重要公共机构的信任度显著下降。问卷调查的数据显示,美国人民对政府、企业、银行、工会、律师、医生、高校和公立中学的信任度普遍降低(参见Lipset and Schneider,1987)。其中,政府受到了最大的冲击。约瑟夫·奈伊(Joseph Nye)的报告显示,1964年,75%的美国人说他们相信联邦政府"在绝大多数时候都在做正确的事"。到了20世纪90年代末,这一数据下降到35%,而另一些民意调查的数据比这更低(1997,p.1)。在此我们不必深究何种原因造成了这种普遍且持续的怀疑态度。观察家们做过一些解释:国际经济竞争日渐激烈、社会资本减少和"后物质主义观念"崛起。不难发现,新闻业也并未远离这些趋势。皮尤研究中心(Pew Research Center)在2009年发布的《媒体评估报告》显示,公众对新闻业信任度的下降幅度和对其他机构的差不多。1985年,55%的受访对象认同"记者们报道的事实是可靠的",而这一数据在2007年下降到了35%。公信力的下降造成日报的衰落,这种关联合乎情理。当人们觉得公众人物不值得信任、报道他们的记者也不可靠时,他们订阅报纸的可能性也降低了。

以上各类趋势的组合,代表着美国社会发生的一种深刻的结构性变化。与20世纪前半叶相比,现在的美国人工作得更多,流动性更强,居住在更为离散的市郊社区。他们更加注重私人事务与闲暇时光,更少关心公共事务与正式的政治事务。都市报难以适应这些社会变化,于是从1975年开始,都市报的发行量每年都下降1%,市场渗透率的跌幅就更大了。

行业变化

当记者们忙着描述并阐释报业之外的种种变化时,他们自己脚下的地面也开始变形,出现了深刻的裂变。这些裂变大致可分为两类:一个是企业化,一个是数字化。以下将分别予以讨论。

对于新闻业而言,连锁企业当然并非新事。我在导言中提到过,报业的连锁企业出现于19世纪80年代。事实上,新闻业最为迅速的集中化过程发生在1910—

1930年,报业集团持有的日报数量上升了400%(参见 Compaine and Gomery, 2000, p. 22)。但是,在20世纪八九十年代,出现了一轮买进卖出,最终剩下四分之三的日报为企业所有——这个数字是1960年的两倍多——从此,行业转型开始了(同上,p. 12)。

　　这场转型面临着一个悖论:报纸的盈利从此再也没有超过20世纪70—90年代时的情形,但恰恰在这段时间里,报纸发行量不再上涨,市场渗透率也开始下降。这似乎是反常的,人们一般会认为下滑的读者数量和下跌的市场渗透率自然会导致利润降低。而结果是,报纸成了"现金牛"①。这个故事要分为三个部分来讲。故事的第一部分,来自哈佛大学尼曼新闻实验室的马丁·兰格维尔德(Martin Langeveld)所收集的数据。[3]根据这些数据,报纸占据广告总支出的份额从1940年的35%下降到了21世纪初的不到15%。电视与直邮夺去了大部分报纸所失去的广告份额。事实上,1990年时电视超越了报纸,成为广告商更为青睐的媒介。但故事还有第二个部分。根据道格拉斯·加尔比(Douglas Galbi, 2001)的研究,美国的广告支出总额从20世纪70年代中期开始陡增。他发现,1970年,广告的总费用只有190亿美元,到了2000年,这一数据上涨到接近2500亿。大幅上涨的广告支出,也是20世纪下半叶美国经济急速增长的表现。罗伯特·皮卡德(Robert Picard, 2008, p.707)的报告就显示,1950—2005年,美国的国民生产总值从

---

① "现金牛"指那些在成熟市场已经取得可观市场份额,利润丰厚稳定的公司,或能够持续创造出现金、资产或价值的公司或产品。——译者注

2930亿美元上升到了124,450亿。到这里,故事的第三部分便呼之欲出了。尽管报纸能享有的份额变小了,但广告支出的整块蛋糕变得很大,报纸最终盈利不菲。皮卡德的数据显示,报业的广告收入在1980年在100亿美元左右,1990年就已经超过了200亿,2000年则高达400亿。一名新闻主管说,这些年里有无数的现金涌进了报业,报社老板就算再愚蠢也能挣到钱(Paterno,1996)。

这些利润使得报纸成了众多买家的青睐对象。一些买家寻找的是安全的投资,而没有什么行业能比一个几乎不需面对竞争还能获取大量现金的行业更加安全的了。另一些买家是新闻公司,它们将极高的毛利率视作一种为自己的资产加杠杆、变大变强、寻求规模经济效益、挤走同行业小型竞争者的手段。20世纪80年代,这些买家找到了不少愿意出售的卖家。这些卖家通常是管理家族报纸的第四代或第五代传承人,他们可能正遇到了经济问题,或需缴纳遗产税,或是和同辈家族成员发生了争吵。还有一些卖家是小型新闻公司,他们发现这是靠资产获取大笔收益的机会(参见 Morton, 2006)。需求与供给一旦汇聚,便在报业掀起了一股买卖的风潮。仅在1997年,就有125份日报易主。这意味着在很短时间内,不少重要的家族报纸——《路易斯维尔快报》《得梅因纪事报》(The Des Moines Register)和纳什维尔的《田纳西人报》(The Tennessean)——都被连锁企业买下。

大部分大型连锁企业的买家都是上市公司,这让报业的快速集中化所造成的影响变得更大了。1963年上市的道琼斯公司（Dow Jones & Company）是第一家上市的报业公司。其后，甘尼特公司（Gannett Company）在1967年上市，奈特和里德这两家新闻公司也在1969年上市（它们在1974年合并为奈特·里德新闻公司）。到了20世纪末，一共有17家大型报业连锁公司公开上市交易，它们拥有全国五分之一的日报（参见Cranberg et al., 2001, p. 25）。这些公司包括了报业中最大型和最重要的一些成员：《华盛顿邮报》《纽约时报》、甘尼特公司、麦克莱奇公司（McClatchy）、李氏企业公司（Lee Enterprises）、斯克里普斯公司（Scripps）、论坛报业集团（Tribune Company）等。通常来讲，它们之所以上市，是为了筹集资金以购买更多资产，同时也是为了自保，以避开自己不喜欢的收购者。但是，选择上市也让报纸受制于机构投资者的季度业绩要求。对于这些所有者或投资者而言，报纸就是一种投资，其业绩以股价来衡量，而股价又取决于季度回报，而季度回报又取决于利润的稳定增长。

盈利的压力动摇了报业的根基。仅举一例，就拿主编的职位说明来说吧。在家族报社里，他们通常既是主编，也是报纸的出版人。这种双重角色意味着他们是要为报纸底线负责的人，但这也让他们不用对其他任何人负责。正如一名作者所言，那时的主编"像君王一样统治着他们的王国"（Overholser, 1998；还可参见Jones, 1989；Kwitny, 1990）。但这一切在新的新闻企业王国里被全盘改变。主编不再像君王一样统治着他们的王国，而是成为营销委员会与管理团队的一部分。随着对利润的愈发重视，主编的职责也在发生变化。他们需要负责的不仅是新闻，还有报纸的营销、新闻产品的开发、以及履行报社对股东的义务。事实上，通过股票期权等激励计划的形式，他们的个人成功开始和公司的季度业绩目标直接相关。公司越繁荣，他们便越成功。似乎就在一夜之间，主编们都变成了合伙人。

这些变化还与另一股破坏性的力量交织在一起——报业的数字化。说来奇怪，20世纪70年代生产报纸的方法仍然和17世纪差不多，和19世纪末相比则几乎没变（参见Smith，1980，pp. 83-4）。报业好像是错过了整个太空时代。19世纪90年代开始，记者就在打字机上打出新闻报道，把稿纸交给编辑。编辑在稿纸上修改，用的东西只有铅笔。修改完毕后，稿件被送到排版工人那里。20世纪50年代以前，排版工人的工作方式都是将稿件固定在工作台上方，再用铸字排版机将整篇报道（编辑修改后的版本）重新排好。50年代后，大多数报社开始使用另一个系统，先将稿件打在一种穿孔纸带上，再将穿孔带输入铸排机中。无论使用哪种方法，稿件一旦进入铸排机，都会有一份铅制的版本被制造出来，并接受校对。更改任何错误，都需要将整个过程重来一遍，而一旦定稿，铅制活字会被排列在一个像报纸页面的金属框中。熔化的铅液被浇入框内——"热拷贝"一词就来源于此——如此制造出一份模制印版。每一份模制印版都会被放进一台旋转着的印刷机当中——那是一个庞大的机器，放置在一个大型工业建筑内，而当天的报纸就从里面源源不断地涌出。

如前所述,这一生产体系自19世纪90年代起就基本上没再变过,许多关键操作从17世纪开始就已经有了。这是一种劳动密集型和时间密集型的生产体系,而且不甚灵活,用今天的标准来看,它不仅效率低,成本还高。

然而,就在数年间,计算机革命性地改变了这一生产过程。有了计算机,记者们可以直接把新闻报道录入到中央系统中——这同时也是在为稿件排字。编辑不再需要用铅笔在稿纸边缘涂抹修改。他们可以从中心服务器上下载稿件,在自己的台式机上修改,然后将修改稿送返至中心服务器。20世纪80年代初,完成的稿件会先被记者们用纸带打印出来,再贴在和报纸页面一样大小的版面上。现在,这些版面也已经数字化了,不再需要裁剪或粘贴。每个版面都要被拍一张照片,然后制作出一个胶制印版。这些胶版再被送到旋转着的印刷机那里。

计算机革命对新闻编辑室造成了许多影响——这些影响有大有小。它先是立马让新闻编辑室变安静了,因为啪嗒啪嗒的键盘声取代了咔哒咔哒的打字机声。记者和编辑更倾向在电脑上互动之后,新闻编辑室也变得没那么吵闹了。编辑们在办公室另一头大喊大叫、送稿小工在楼道里狂奔的日子,已经一去不复返。渐渐地,计算机改变了记者收集和报道信息的方式。以往的调查意味着卡片目录和布满灰尘的文件夹,现在则越来越多地由搜索引擎和计算机数据库来完成。新闻报道曾经诞生于记者的采访本中,如今则在记者和编辑们储存于中心服务器里的文件中展开。

然而，最直接和最剧烈的变化，则来自计算机对企业管理者利润需求的满足。简而言之，企业管理者开始使用计算机系统之后，不仅新闻生产过程所需要的劳动力变少，还变得更为快速高效，因此成本也开始下降。至少在初期，大部分利润来自生产端的转型：数字化整体性地淘汰了若干工种，比如排字工人和排版工人。这一过程并非未经抗争。1970—1989年，工会和行业协会一次次地发起罢工，来抗议这些工作的消失，但这些努力都无济于事。据估计（Squires，1993，p. 24），1975—1990年报业连锁公司的生产成本降低了50%，几乎都来自工作岗位的削减。在这一过程中，大型连锁公司的工会大多也都解散了。

还有一部分利润来自编辑部。有了计算机，记者的工作更容易被监督了。如果一家公司的业绩目标要求记者每个月要完成多少稿件，那么用计算机便可追踪这些数据。计算机还能让管理者聘用更少的记者来完成同样多的新闻。比如，新闻专线可以被重新组合，记者也可以少采访几个信源，以便更快地完成更多的报道。提升生产力之后，企业化的新闻编辑室还可以精简记者队伍，但发行出同样厚度的报纸。报业的裁员风潮在1990—1991年的经济衰退中达到高峰，其余威在整个20世纪90年代也仍似乌云般笼罩在新闻编辑室的上空。

几乎在眨眼之间，企业化与数字化就戏剧性地改变了新闻业的面貌。新闻编辑室变得更加注重专业和管理。职位说明和工作流程也都发生了改变。报纸的经营部门与采编部门之间也出现了混淆。记者们被要求用更少的资源完成更多的事情,但自主性却减少了。这些改变发生得不仅广泛,而且迅速,所以早在互联网问世前,就有许多观察家开始谈论新闻业的"革命"。

行业应对

这场新闻革命极大地影响了记者在面对行业长期衰退时的应对方式。至少它保证了记者还会有所应对。毕竟,总还有一种选择,那就是什么都不做。如果研究者没有弄错,报业衰落的根本原因是记者无法控制的那些社会趋势,那么,什么都不做或许才是理智的选择。反正他们也对付不了那些削弱了报纸地位的各种势力,那又何必要尝试呢?这种应对方式,或者说,这种不去应对的方式,看上去毫无斗志,但是乌云也镶着金边:一旦不再需要吸引大众,记者也许可以将精力集中在自己和更小规模的读者群体更为关心的事情上——去生产人们需要的新闻和信息,帮助其作出知情的政治选择。不少记者都准备接受这种安排。一名记者告诉研究者(Kodrich,1998, p. 86)"报纸的领导地位已经一去不复返了"。因此,他认为,记者应该集中精力生产"优质新闻"。

我遇到了不少持相同观点的记者,也看到过几家报社至少在一段时间里将其作为明确的策略来实施。但从行业的普遍情况来看,这一做法并未被充分采纳。事实上,作为一个整体,报业的做法与之恰恰相反,它急切地想要扭转颓势,吸引读者回归报纸。在某种程度上,记者们也支持这一做法。在他们看来,如果大多数人在大多数时间里并不读报,他们也就无法实现让公众知情的使命。然而,报业在应对衰退时的急切态度,更多是由企业所有者来决定的,后者巨大的利润需求要求报纸维持其大众媒体的地位。甘尼特公司的一名新闻主管在接受访谈时引用了这样一句俗语:"和买家步调不一致的商品总是卖不了太久。"(Bagby,1991,p. 20)

因此,公司主管开始给记者们施加压力,推动新闻的商品化——这意味着要了解受众对报纸的需求,然后满足这些需求——而这也成了行业中最普遍的应对方式。

为了实现这一目标,报社主管们请来了新的咨询队伍。队伍的规模很难判断。我没有找到记录了报业咨询业务增长过程的研究。但是,应该可以说,咨询师从20世纪70年代中期开始初现影响力,到了20世纪80年代中期就已经是普遍现象了。其中拥有较大影响力的咨询师们包括了厄本事务所的克里斯·厄本(Chris Urban)、顶峰咨询公司的艾伦·韦斯(Alan Weiss),以及塞尔瑟公司的安·塞尔瑟(J. Ann Selzer)。他们接受过调查研究方法以及组织和企业管理理论的训练,就组织效率和文化转型的相关问题向管理层提供咨询服务。比如,在他们的帮助下,报社在新闻编辑室的工作流程中引入了新的计算机系统。但咨询师同时还为管理层提供市场分析报告,其中包括了读者群(与非读者群)的人口统计数据,以及不同人群感兴趣的新闻类型。这类研究逐渐进入新闻编辑室,并开始对新闻决定产生影响。

用市场调研指导新闻决定的后果是可以预见的。媒介经济学家詹姆斯·汉密尔顿(James Hamilton,2004)

提出，市场导向的新闻决定一定会造成软新闻增多、硬新闻变少。"硬新闻"和"软新闻"很难界定清楚，不同的人有不同的划分方式。但通常来讲，硬新闻事关公共事务，尤其是与政府相关的新闻，它包括了来自市政厅、警察局、法庭、议会和其他政府部门的新闻报道。而软新闻就是其他的报道类型：新闻特写专题、消费及娱乐新闻、生活方式和健康资讯等。20世纪30—70年代，远离了商业压力的记者们拥有了更多的自主性，当时硬新闻几乎占据了全国各大报纸的头版。但是，当记者试图提供更多读者想读的新闻时，软新闻便随之而来。

　　汉密尔顿认为，是经济的逻辑导致了这一结果。首先，大多数人在大多数时候更爱看软新闻。硬新闻的读者数量相对较少，因为阅读硬新闻的成本要远大于收益。汉密尔顿用选举新闻的经典案例来说明上述道理。从选民个体的角度来看，阅读选举信息的成本包括了阅读或浏览的时间和订阅报纸的花费。我们可以认为，阅读这些信息能够让某个选民作出更为明智的投票选择。但针对这一收益还需考量的是，单个选民对整体选举的影响力几乎为零。也就是说，从统计学角度来看，一张选票无法影响一场选举的结果。汉密尔顿的总结是，"因为几乎不会对结果产生任何影响"，所以对每一位选民而言，消费这些信息的成本将会超过其收益(p. 11)。按照这个逻辑，选举新闻的读者数量很少，将来也不会变多。这一逻辑同样适用于其他与公共事务相关的新闻，这意味着大多数人在大多数时候就是对硬新闻不感兴趣。

　　从经济学的角度来看，硬新闻还有其他劣势。它的生产成本往往要比软新闻大。虽然并不总是如此——有的记者可能要一边报道食品新闻，一边报道市政厅新闻——但也常常如此。对于调查报道与解释性新闻而言更是如此，这些报道类型需要花费大量时间和专业经验，因此所需经费远远大于其他类型的新闻。对于广告商而言，硬新闻也缺乏吸引力。汉密尔顿提供的数据显示，硬新闻的读者群更多是年长的白人男性。而广告商却想要吸引年轻人，尤其是其中的女性读者，因为年轻人（在广告商看来）还未形成品牌忠诚度，而且家庭购物的决策者通常是女性。与年长的白人男性相比，这些人群对软新闻更感兴趣。因此，广告商愿意支付更多的费用，来争取那些对软新闻感兴趣的读者。

总结一下：大多数人在大多数时候更喜欢软新闻，它的成本更为低廉，广告商也更想争取那些喜欢软新闻的人。这一逻辑的最终结果是，如果新闻议题由市场因素来主导，报纸所生产的软新闻就会变多，硬新闻则会变少（参见 Patterson，2000；Stepp，2002）。

这恰恰是企业管理者想要传达给记者的信息，传话人通常就是报社新来的咨询师。当郊区读者告诉咨询师他们不太想看关于市政厅和州议会的新闻，更想看关于市郊社区的新闻时，记者们便开始为报纸定制不同的"地方"版本，以刊登能够吸引各个社区读者的地方新闻。20世纪 90 年代末，对于一家都市日报而言，拥有 30—40 份地方版并至少在每个地区派有一名记者，并不是什么稀奇事。这些地区新闻有时聚焦公共政策，但更多关注的是轻松的话题：毕业舞会与高中足球联赛、教堂与学校活动、杰出的小型企业,还有本地名流。同样,当年轻读者告诉咨询师,他们对消费和娱乐新闻更感兴趣时,记者们就开始开设或增加这类新闻的版面。有时,这类新闻的版面太多,最后变成了独立的专刊,在城市各处的报刊亭免费供应。当女性读者告诉咨询师,她们感兴趣的新闻话题是家庭生活、健康、亲子教育和职业建议时,记者们便增加了有关生活方式、家庭和食物的版面。一位前编辑告诉我,在 20 世纪 90 年代,他所在报纸的食品版扩大到占据了两个整版。每个人都在对咨询师说,报纸看起来太呆板、太无聊,而且他们几乎没有看报的时间,于是,记者们开始重新设计报纸版面,让它们更有趣、更易读。他们开始采用彩色印刷,还在"提要"部分使用图表、照片、花边和索引,将其扩展成了报道。他们减少了每个版面刊登的故事数量,也减少了跨页刊载的次数。他们加强了写作,还增加了一些可以"速读"的特写(参见 Stepp,1991)。当时的报纸太专注于满足读者的需求,以至于有一位观察家将 90 年代命名为"报纸以读者为导向的十年"(Bagby, 1991, p. 20)。

必须得承认,不少记者是支持这些转变的。有些记者觉得这很有必要,因为他们认为新闻业的状况最终取决于报社公司的状况。《圣彼得斯堡时报》(*St. Petersburg Times*)的编辑尤金·帕特森(Eugene Patterson)说:"报社里有些纯粹主义者看不到问题在哪儿,我开始对他们有点不耐烦了。"(Jones, 1989, p. 24)还有一些人更超前,他们主张新闻工作的要义就是吸引读者的兴趣。《圣荷西水星报》的前编辑鲍伯·英格尔(Bob

Ingle)说:"最好的编辑是销售人员……我希望我的员工在评价我的时候说,'他是个挺棒的销售'。我们干的就是这个啊!"(Overholser,1998)

然而,平心而论,大多数记者还是认为这是一种对读者的错误执念,他们对此更多持恐惧甚至敌对的态度。这种反应不全来自对软新闻本身的敌意,而是更多源自一种感觉——他们觉得自己的专业新闻判断受到了质疑。基本上,在记者们看来,他们并不需要读者或企业主管来告诉自己应该去报道哪些新闻。毕竟他们才是专业人士,有能力在不受外界干扰的情况下作出这些判断。除此之外,这些记者认为新闻业拥有着更高的使命,它不仅要提供读者想看的东西,更要提供读者需要的信息,使其行使民主生活中合格公民的权利。所以,当老板开始倚重市场研究而忽视记者的判断时,他们便认为这是对其职业自主性的一种挑战,也是对其社会角色的一种威胁。一位编辑在总结行业形势时,将这种普遍的恐惧表达了出来:"最大的威胁在于,影响报纸内容、员工等一切的所有决策,往往都是从营销的角度出发的。经营策略主宰了新闻报纸,这就是威胁所在。"(Jones,1989,p. 24)值得注意的是,在这位编辑看来,威胁并非来自软新闻本身,而是来自"经营策略"对新闻判断的侵蚀。在执迷于迎合读者的报社里,许多记者开始觉得自己仅仅像一名"职员",他们的新闻判断不再受到尊重。于是,反抗便开始了。有位记者是这样说的:"如果这就是报纸的未来,那我不想干了。"(Columbia Journalism Review,1991,p. 15)

对新闻决定掌控权的持续争夺,让企业主管与记者们都感到愤怒、疲倦、挫败和困惑。问卷调查的结果也显示出愈来愈多的记者对此感到失望。1971年，约翰·约斯通首次对记者群体开展了科学的问卷调查，75%的受访者认为，他们"在写稿时几乎完全是自由的"，60%的受访者同意他们"在选择新闻选题时几乎完全是自由的"这一表述(1976，p.8)。自主性与工作满意度之间有着很高的相关性——记者们越是只做他们自认为应该做的工作，就越对自己的工作满意。事实上，49%的记者认为他们对工作"非常满意"，还有40%选择了"比较满意"。十年之后(1982—1983)，大卫·维沃(David Weaver)和克利夫·威尔霍伊特(Cleve Wilhoit)的调查结果也基本相同：大部分记者仍然表示满意自己的工作，因为大多数人在工作中仍然相对自主(1986，pp.76，89)。然而，维沃和威尔霍伊特(1996)的后续调查显示，在经历过企业化与数字化这两大革命之后，工作满意度显著降低。在1991—1992年的问卷调查中，只有27%的记者说他们对自己的工作"非常满意"(pp.64，100)。两位研究者认为，造成工作满意度降低的主要原因是记者们感受到的工作自主性降低了。用他们的话来说，这些年来，新闻编辑室的自主性"在以惊人的速度减弱"。1992年，只有40%的记者认为他们在选择新闻选题时"几乎完全是自由的"(1982年的数字是60%)，而只有大约一半人相信自己在写稿时"几乎完全是自由的"(1982年的数字是70%)。

有一个例子可以让我们更好地理解这些数据。甘尼特公司从1991年开始实施"新闻2000"项目，它是连锁企业对报纸进行读者导向改造得最早也是最全面的项目之一(参见 Gissler，1997；Presstime，1991；Underwood，1993)。企业主管之所以要启动这个项目，主要原因是他们不再信任编辑与记者的新闻判断。一名主管说，如果只相信记者的"直觉"，会带来太多的风险。[4]再往前进一步，企业主管还希望确保新闻决定要依托于市场调查的数据。收集了几个月的数据之后，企业决策者们提出了"十层新闻金字塔"的说法，意在为甘尼特公司旗下的82家报纸提供一种生产新闻的模板。金字塔的底座是"社区兴趣"。在企业管理者看来，发行量的降低，就是记者不再清楚什么能够吸引读者兴趣的初步证据。因此，他们为编辑和记者布置的第一个任务，就是调研本地市场，弄清读者想要在新闻中看到什么。以此为基础，记者们再堆积出金字塔的其他部分，其中包括：尊重美国宪法第一修正案，保证员工构成的多样性以及对所在社区多样性的再现，用吸引人的方式呈现新闻，为人们提供所需要的信息，保持稳定的品质与价值观，回应社区的即时需求、保持互动，最后，还要能够随机应变。

　　记者们无法对这些标准提出反对意见，尤其是更好地服务本地社区这一目标。但被要求对照着一个由总部提供的模板去做新闻，他们难免心烦。举个例子，不论某个社区的读者想看什么，模板都要求记者写出更短的故事，还要提供图示、花边和照片，可如果读者更爱看长篇叙事新闻怎么办？此外，记者们还担心市场调研将会取代他们的专业地位。在他们看来，谁又能比常驻社区的记者更了解这里的需求呢？在记者眼里，甘尼特公司的编辑们在编前会上总是先钻研市场数据,然后再对新闻内容作出各种决定,而这些决定应该由记者来作才对。最后,让记者气愤的是,公司对他们提出了新的期待,却并未配给更多的资源。记者们被要求做更多的社区报道,与此同时,报社却常常放出裁员的消息,编辑因为经费原因否定新闻选题的事也并不鲜见。

也有一些编辑和记者支持"新闻2000"项目,也相信这样会让报纸变得更好。马克·西尔弗曼(Mark Silverman)在20世纪90年代中期是《路易斯维尔快报》的主编,他说:"当时,我的工作就是让一份有着伟大传统的报纸变得更好。"甘尼特公司另一份报纸的记者在谈到他的经历时说:"刚开始的时候,我和其他人一样,都是怀疑论者……但后来我成了追随者。因为归根结底,这个项目让这份报纸变得更好了。更重要的是,我觉得读者也认为这份报纸变得更好了。"证据显示,的确如此。在"新闻2000"项目实施之后,甘尼特公司的报纸的确变得更好看了,它们的版面和设计都更加清晰简明,彩色部分变多,版块也增加了。报社还提升了员工构成的多样性,报纸也更好地再现出多样化的声音。而且,许多读者似乎也注意到了这些变化,并表示赞赏。一位读者告诉记者:"甘尼特的例子说明,你可以办一份有品质的报纸,同时还能赚不少钱。"事实上,在项目启动几年之后,甘尼特公司一些报纸发行量的下降速度确实有所放缓,少数报纸的市场渗透率甚至还增加了,尤其是在人人垂涎的郊区。

然而总的来看,"新闻2000"项目也在甘尼特公司的各家报社中造成了不少恐慌与焦虑。记者们对新的利润

48

要求感到忐忑不安,随着裁员风潮的出现,他们还开始担心自己的工作。他们注意到,虽然新闻洞(news hole)[①]整体变大了,但软新闻占据了大部分新出现的空间。许多记者都表示,他们所在的报纸"锋芒不再"。正如西德·吉斯勒(Sid Gissler)所说,在"新闻2000"项目之后,甘尼特公司报纸的"头版似乎不再有那么强的好胜心,社论的力度和水准也下降了"。不过,记者们最普遍的感受还是愤怒。由模板决定的新闻伤害了他们的职业感情。"新闻成了饼干模具,"一名记者说,"而用来评价我们的标准,居然是我们有多吻合于一份在美国东部预先定好的配方。"记者们感到愤愤不平,因为对记者工作的监管增强了,他们的自主性降低了。例如,"新闻2000"项目有提升多样性的要求,记者们便需要在新闻报道中采访更多的少数族群信源,以促进其主流化。这看起来是个不错的想法,但是,为了保证记者达到要求,管理者会统计每篇报道的信源数量,将其作为考核记者年度绩效的标准之一。记者们十分反感这种对自己工作习惯的侵扰。《奥林匹亚人报》(*The Olympian*)——甘尼特公司在华盛顿州奥林匹亚地区的一份报纸——的一名记者说,这个项目对许多记者而言就是"绝对的压迫"。

在20世纪90年代,报业的其他连锁企业开始推行类似的项目,而同样的恐慌、焦虑和抗争也在他们的记者群体中出现。其结果并非是对传统职责、理念和责任的

[①] 报纸的版面大小通常是稳定的,在留好广告的位置之后,报纸余下可以用于新闻报道的版面空间就是新闻洞。这一概念也可以指新闻工作者在每个出版周期内需要创造的内容。——译者注

全然抛弃。在一些报社,记者们成功地抵御了市场需求的侵蚀,起码在一段时间里是成功的。而且,无论如何,大部分每日新闻仍然来自原来的信源(比如法庭、市政厅和警局),其写法也沿用着数十年不变的惯例。换句话说,面对这些外来的压力,记者们没有保持静默。相反,最终出现的是一个有着不少斗争和辩论的环境。当企业化报纸要求记者提高销量,当新闻的采编与经营部门开始混淆时,编辑和记者们发现自己身处一场与企业上司的消耗战之中,而这是一场争夺新闻控制权的日常斗争。

转变的文化

在互联网出现之前的二十年里,这些斗争搅乱了整个行业,也深刻地改变了新闻业的文化。最明显的是,经过与管理层的持续斗争,记者们开始更加怀疑企业所有者的动机。记者和报社所有者之间,很少存在称得上健康的关系。但在企业化报社,这一关系更是彻底恶化了。对记者而言,将"精打细算的账房先生"引入报社,不亚于直接摧毁新闻业。《芝加哥论坛报》(*Chicago Tribune*)的前编辑詹姆斯·史奎尔(James Squires, 1993)著有《尽览一切!》(*Read All About It!*),这本书最后一章的标题就是"新闻业之死"。死亡原因是什么?对于史奎尔来说,答案很简单:新闻的企业化。

在过去十年间(20 世纪 90 年代),报业的文化开始发生改变,它原本是致力于教育公众的机构,后来却为了利润而去讨好消费者。同时,新的企业所有者还将新闻内容的决定权从久经训练、富有经验的专业记者手中夺走,交到了同样久经训练、富有经验的专业经营管理者手中。(1993,p. 211)

按照史奎尔的叙述,当时的记者们身处激战之中,对战双方是企业所有者的贪婪和新闻业悠久的公共服务传统。不少人都同意史奎尔的观点。《华盛顿邮报》前编辑伦纳德·唐尼(Leonard Downie)和副编辑罗伯特·凯泽(Robert Kaiser)有着相似的表述:

在美国历史的前两个世纪里,报纸基本上都是扎根本地的机构。连锁企业的发展改变了报纸的性质。控制权从报纸所在的城镇转移到了遥远的总部。关于报纸预算和报道内容的各类决策,也越来越多地受到企业主管与总部的影响。如今,企业所有权的新模式为经营者提供了一套新的激励机制,由此也彻底改变了新闻机构的本质。(2002,pp. 23,26)

吉恩·罗伯特(Gene Roberts)[《费城问询者报》(*Philadelphia Inquirer*)前编辑]和托马斯·昆克尔(Thomas Kunkel)(《圣荷西水星报》前副主编)用更简单的方式讲述了这个故事:"所有的迹象都表明,当对股权的考量取代了对公众的关照时,新闻业便离它的重要使命越来越远。"(2002,p. ix)詹姆斯·法洛斯(James Fallows)在其著作《破解新闻》(*Breaking the News*)中列举了几个导致新闻业恶化的因素,其中包括政治与技术方面的变化。随后他对企业所有者作出如下描述:

> 记者们开始觉得自己像是被困在"夕阳产业"的雇员。和钢厂工人或机床工一样,许多人感到不得不争抢并小心保护自己的经济利益。连锁企业所有权还带来了一种"账房"意识,从此,报社开始缩小规模、削减支出,以满足季度收益的要求。(1996,p. 70)

到了20世纪90年代中期,报社里充满了对企业所有者的质疑。当记者谈到报业的衰落时,他们很少谈到郊区化或代际流失等结构性因素。相反,他们责怪的是企业所有者。在记者眼中,后者只图利益,不求新闻品质,而这种做法正在毁灭整个行业。

记者的防御性变强了,也更容易应激。至少从20世纪30年代开始,记者就自觉其公共角色是重要且有价值的。记者的角色及其在报社的地位从未被挑战,所以他们对此也只是轻描淡写。而在新的企业环境中,他们开始强调这一身份。以往只是随便说说的话——"我们为伤痛者疗伤,让安逸者不安""我们为黑暗的地方带来光亮""我们无惧权力,只说真话"——如今则变得语气坚定了起来。记者们开始更大声、更频繁地向社会宣告自己的重要性，而且口吻常常是沉重的。"记者们坚信，他们的事业对于民主而言至关重要"，亚历克斯·琼斯（Alex Jones, 2009, p. 32）这样写道。科瓦齐和罗森斯蒂尔（Kovach and Rosenstiel, 2001, p. 18）则说："新闻业是建立社群与民主的基础，若欲扼杀社会自由，先得禁止新闻自由。"看起来，企业所有者越是不重视新闻原则，记者就越重视自己作为民主生活捍卫者的身份认知。

最能体现出报社新氛围的是，有越来越多的人因为坚持原则而辞职。在企业老板施加的商业压力之下，许多编辑和记者选择了离职。这段时间出现了不少著名的辞职事件，包括詹姆斯·史奎尔从《芝加哥论坛报》离开，比尔·科瓦齐（Bill Kovach）从《亚特兰大宪章报》（*Atlanta Journal-Constitution*）离开，杰伊·哈里斯（Jay Harris）从《圣荷西水星报》离开，其中最著名的恐怕得算是吉恩·罗伯特从《费城问询者报》的离开。这些离职常常伴随着对这份职业未来命运的告诫。《洛杉矶时报》的前主编约翰·卡罗尔（John Carroll）在辞职后对同行们说："新闻业——真正敬业实干的新闻业——对于一个自治的国家而言至关重要。这是一个超越了我辈、也超越了这几份报纸的使命。这让我们的劳动产生意义。"在向同一群听众解释自己的辞职原因时，杰伊·哈里斯说自己"已经活得够久了，信条与行动（creed and deed）之间的裂缝也慢慢变大了"。[5]

讽刺的是，记者们也没有更多的理由来为自己的职业感到自豪了。几乎所有我访谈过的人都说，如今的记者受过更好的教育和更好的训练，他们比过去的记者更强。从报社更新换代的速度来看，他们也必须更强。在现代报社中工作,记者得敏锐、灵活,还要会多项技能。在某位主编负责时,报社可能会专注于某种类型的新闻,但可能一年之后另一位主编上任,他又会重新规划报社的工作重心。某位报社老板可能会为了筹划报纸的地方版,招聘来四名新记者,但下一任老板又可能会把他们调到生活版块。企业总部可能会在第一年启动一个新计划,无论结果如何,第二年又有另一个新计划开始了。对于记者来说,第一年被要求多做特写报道,第二年要多做实用性新闻,第三年又开始做和以前完全不一样的东西,这样的事并不鲜见。记者经常是每年换一条新闻专线,或者被重新规定其所在专线的范围,以适应报社最新实施的改造计划。为了在新环境中生存,记者必须得受过更好的教育和更好的训练,得保持更为职业化的习惯,也得比以往更加尽职尽责。

然而,现代报社就像一个承受着商业与技术双重压力的压力锅,其中的新知识与新技能只是让新闻业文化愈发定型。记者们开始对自己偏好的理念与实践方法产生了迷恋。也就是说,在他们看来,这些理念与实践方法不是生产新闻的方法之一,而是生产新闻的唯一方法,现在如此、过去如此、应该如此、永远如此、处处如此。最能说明这一点的是科瓦齐和罗森斯蒂尔所著的《新闻的十大基本原则》(*The Elements of Journalism*, 2001),这本薄薄的册子曾被称作是当代新闻业的"圣经"——这听上去也很自然,因为科瓦齐就时常被称作是新闻业的"祭司长"。作为哈佛大学尼曼基金会的主任,科瓦齐在1997年召集了一个由广受尊敬的新闻人、教育者与作家组成的小型会议,探讨危机中新闻业的未来。会议的成果之一是成立了"关切的新闻人委员会"(Committee of Concerned Journalists),委员会花了两年时间来探寻新闻业对公共文化的独特贡献。在举办了 21 场公共论坛,听取了 300 多名记者的发言之后,委员会还对记者群体进行了深度访谈与问卷调查,并对新闻报道的内容进行了十多项内容分析。《新闻的十大基本原则》一书就是这些研究结果中提炼出的精华。

书的开头就将新闻业锚定在所有从业者都推崇的理念之上,这意味着问卷调查中 100% 的记者都对其表示赞同。作者写道:"我们发现,新闻工作的目标是一致的,那就是向公民提供其所需的信息,以实现其自由和自治。"科瓦齐和罗森斯蒂尔从这一目标出发对新闻实践展开描述,在他们的描述中,这一实践不会随着时间空间的不同而产生差异。他们将这一实践统称为"核实的纪律"(discipline of verification)。它包括了各种"技术"和"手段",比如寻求多方线人、对采访的地点与方式保持透明公开、恰当地解释信息并提供语境、注明报道中的利益相关者并保证各方都有表达意见的机会,以及绝对不在报道中增添(或删减)关键事实。它还包括了严谨的、"检察官式的"编辑过程,编辑要"逐字逐句"核查报道中的每个关键事实。只有遵守了这一纪律,或者说,只有采用了主流媒体的专业记者都在使用的基本操作时,新闻工作才称得上是新闻工作。

当然,科瓦齐和罗森斯蒂尔的这一论述是有问题的。通过历史和比较的视角明显可以看出新闻业曾经拥有许多不同的理念、实践、目标和程序（参见 Hallin and Mancini, 2004; McGerr, 1986; Schudson, 1998）。但其结论的历史准确性并非重点。我们不应将其论述看作对新闻业真相的探索，而应将其视作一种持续斗争的手段。和许多记者一样，科瓦齐和罗森斯蒂尔也认为，技术与商业的因素势必"将原本独立的新闻业消解于商业化传播和行业的自我宣传之中"。他们想要保护新闻的独立性，使其免受这些因素的影响。方法之一，就是将本领域中备受推崇的理念与实践，论述成是显然和必然的，从而也是无懈可击的。这一招的确在修辞上起到了效果，但它也造成了一种后果，那就是只能总结和截取对新闻工作的某一种诠释方式。

科瓦齐和罗森斯蒂尔的偏向，代表了这一危机四伏的行业中存在的普遍倾向。在商业化和新技术的双面夹击之下，记者愈发觉得自己珍视的理念与实践方法受到了攻击。他们无法阻挡这些侵袭新闻编辑室的势力，因为那样只会丢了工作。但他们可以抵抗，有时是积极抵抗，但更多的时候是消极抵抗。他们可以抱怨，很多人抱怨的声音还不小。更常见的是，他们还可以下蹲防守，保护自己偏爱的理念与实践方法，并满怀希望于自己在职业之路上能经受住风雨的洗礼，最终留住自己认可并看重的新闻业文化。

小　结

一个思想实验：假如你是一名在 1995 年左右任职于

某大型都市日报的编辑。试想在当时,哪件事情会让你更着急,是长期的发行量下降,还是网络的出现?如果可以增加员工人数,你会聘请软件程序员来建设报纸网站,还是会让在过去几年中被你无奈解聘的记者们复归原职?你更有可能在何处找到较高的收益来源,是新增的每周娱乐版块,还是报纸的网站?哪件事情会对报社前景造成更大威胁,是企业施加的商业压力还是Craigslist?如果你难以给出这些问题的答案,那我的目的也就达到了。你开始理解记者最初接触互联网时的情形。在那个时刻,记者正处于防守状态,他们更担心的是如何保护并守住那些他们觉得重要的东西,而不是去拥抱一个重要性尚待明确的新媒介。

请允许我再用一个例子来说明这个观点。这和1987年美国报业编辑协会(ASNE)年会上的一次讨论有关。此年会是来自全美顶尖报纸的数百位编辑难得一聚的机会——他们在此加深友谊、聆听重要人物对时事发表意见、进修自己的新闻技能,并听取专家对行业趋势的看法,如新技术出现的影响。你可能会惊讶于编辑们早在1980年就开始讨论这一话题,而且年会的分组座谈会上就有不少人预测出了将来会出现的一些情况。以下即是在20世纪80年代的几次座谈会上出现的部分内容:

> 未来会出现新的竞争者,可能会有我们意料之外的公司来侵袭我们的后院。其中有些已经从栅栏底下爬过来了——比如华纳传播公司(Warner Communicatins)、布洛克税务公司

(H & R Block)，还有通用电话电子公司（GTE）。(Robert Marbut，1980)

我所构想的终极系统，可以让读者或观众或消费者直接和我们对话，让消费者与编辑之间的互动变得非常便捷。如果能做到这一点，那么人们在索取信息时会指向非常详细的信息。(Max McCrohon，1981)

在我们今天所讨论的各式系统之中，你（读者）都可以屏蔽一切，只留下你想要的东西……再也不用费事去看别的信息了。(James Batten，1982)

很有可能的是，(在20年内)我们将能够预订一份精确满足我们需求的定制化报纸。麻省理工学院媒体实验室已经在实验一种个人化的报纸，一种可以为我们每一个人量身定制的报纸。(Katherine Fanning，1987)

毫无疑问，当时的编辑们专注地聆听了这些意见，但他们在听的时候，仍然保持着下蹲防守的状态。在1987年年会的一场座谈会上，两位与会者断然声称，新技术威胁的是报纸的存亡。"不论如何保证质量，或用尽全力做好我们日常工作的每件事，"《华尔街日报》的诺曼·珀尔斯坦(Norman Pearlstine)说，"如果谈到大众媒体的未来，我认为报纸的处境会很艰难……我们需要把握住新技术将会造成的实质性影响。"换句话说，我们周围的世界正在发生改变。我们需要去适应，而且我们要从此刻开始。

参与这场座谈会的其他人却并不这么认为。其中一位说:"在未来二十年里,我们将要做的事当中最重要的一些,就是我们现在正在做的事。如果我们能把这部分做好,这就是我们的优势。"他还补充道:

> 我很难想象如果你在地铁或公交上不拿着报纸,手里还能拿什么别的东西……现在人们有一种对技术的过分重视,还有一种观点是我们到了某个文明的分水岭。当然,我们周围总是危机四伏,但我并不赞同这种出现了根本性威胁的末世论观点。我们做的是报业,我们出的是报纸……如果我们关心的东西离报纸太远,同样也可能导致关系到我们生死存亡的问题。

另一位与会者附和:

> 每家报社都应该成立一个由资深人员组成的小组,来研究如何将新技术应用到报纸的生产与发行当中。但是,从长远来看,如果编辑过于投入关于技术前景的问题,他可能是在犯错。我们应当关注的是自己精通的东西。不论技术如何发展,不论是现在还是未来,成败始终由内容来决定。只有做出最为详尽、最为公正、最有见地的新闻报道,报纸才能成功。

第三位主讲用这段话来结束这场对话："只有一件事需要向员工强调。不论我们用何种方式来完成工作,最重要的事情是专注于品质——写作与编辑的品质、摄影与版式的品质、所有新闻工作的品质。"这些编辑似乎在说,我们周围的世界在变,但新闻就是新闻。我们需要保护并培育它。他们互相告慰,如果我们做到了这些,应该就不会有什么问题。

这次交流展示出的防守状态,与记者们在20世纪90年代面对互联网进入报社时的反应如出一辙。这种防守状态并非来自对技术的排斥,或是对变化的拒绝。从某种意义上讲,这些在20世纪70年代中期之后成年的记者们,为了"拯救"这一行业几乎完全改变了自己的整个职业生涯。相反,这种防守状态是因为记者们早已认识到,新闻业处境危险,而且已经有一段时间了。对于大多数记者而言,这才是他们更为担心的事情,而不是一个意义尚未明确的新技术。在这样的情形之下,正如上述某位与会者所言,"关注自己精通的东西"似乎才是稳妥的做法。

当然,这位与会者没有预料到,当时的他只是身处于行业转型的故事背景。不论20世纪80年代以及90年代早期是如何讨论革命的,在那时,真正意义上的行业变革其实才刚刚开始。

我根本不知道自己在做什么。我的确已经在一个新闻学院工作几年了,但我的同事乐此不疲地提醒我——我从没做过记者。我从没赶过截稿时间(唔,真正的截稿时间),从没被采访对象挑衅过,从没想象过如果报道中的错误被数万读者看到会是什么感受。实际上,在我一年多前造访这家报社之前,我从未踏入过新闻编辑室一步。在2006年1月的一个早晨,我忐忑不安地以新实习生的身份来到《号角日报》,完全没有准备好。当然,我非常清楚自己缺乏经验,但我当时想,能有多难呢?我平时大量阅读新闻,刚刚花了一年时间观察记者如何工作,我名字后面还有个博士头衔。这样的开工准备应该足够了吧。

然而并不够,但负责本市新闻的编辑罗依·欧登(Roy Olden)无所谓。他得出报纸,而帮他的人实在太少。对他而言,我只不过是又一个填充岗位的人。那天早上我刚坐下没几分钟,还没拿到自己的证件和电脑密码,就听见他在走廊那头喊:"戴维,我这儿有个选题。"我奔到他办公桌前。他说:"市长要召开一场新闻发布会,关于图书馆要推出的新 wi-fi 系统。三十分钟内开始。"他一边送我出门,一边告诉我回来时要交一篇八英寸长的故事,明天见报。二十分钟后,我发现自己站在市长面前,手里拿着记者用的采访本(还有新闻通稿),完全不知道下一步该做什么。

我很快发现,我的最大问题在于不会区分有用和无用的信息。再短的新闻发布会都会出现大量的信息。其中哪部分内容应该被刊登在报纸上?我对这个问题还没有确定的答案,于是便自然地将听到看到的所有内容都记在采访本上:市长说的话、图书馆员说的话、其他记者问的问题、房间里家具的样子、那天的天气——全部记下。接下来几周里,这成了我的惯用方法。我的采访本上记满了一天之中的各种细节——从采访对象的衣服到房间的布置。当然,这个方法极其缓慢低效。我先是创建了一份关于事件的逐字稿,再回到办公桌前盯着这些记录来寻找新闻故事,然后从这些材料里费劲地组合出八个、十个或十二个段落。

尽管我这么努力,但除了文字中伤别人以外,我还是犯了任何缺乏经验的记者可能犯的几乎所有错误。我拼错了信源的名字;我向错的人问出了错的问题;我没赶上截稿时间;我的导语老是写不好。我的错误堆积如山,其他的实习生——有的还是我自己的学生——都开始同情我了。

接下来的几个月里,情况慢慢好转。接到选题时那种恐慌感开始减轻了。我学会了写导语和单句段落。我学会了快速写作,有时边写编辑边在背后看着。我学会了不同新闻故事的不同写法，还弄明白了哪种写法对应的是哪类新闻事件。我学会了从源源不断经过办公桌的信息流当中提取有新闻价值的信息，并对剩下的置之不理。我的笔记不再那么详尽，但更有用了。我学会了一些好用的方法，比如向采访对象要名片，这样能保证文章里的名字拼写是对的。我学会了依靠自己的判断，甚至还向编辑报了几个选题。我学会了从小小的胜利当中获得巨大的满足：让信源开口说话；找到一条从未被人发现过的信息；写出一篇带来一些网络流量的报道。

几个月后，我能够感受到自己的工作方式有所变化。有一天我在采访一名美国同性恋团体的代表，询问其如何看待一项禁止同性恋成人收养儿童的州立法提案。这是个热点话题，肯定能吸引大量关注。如果是以前的话，我会让采访对象滔滔不绝地谈论他所在的群体有何想法，并在采访本上记下他发表的每一条意见。但现在，我已经准确地知道自己要写一篇怎样的报道，也知道这则报道只会简短地引用这位信源的一句话，而且这句话可能只会出现在报道的中间段落里。于是，他继续说着，我却发现自己在无视他所说的大部分内容。我想的是怎样才能让他说出那句我需要的引语：一句关于为什么同性恋者应该被允许收养儿童的简短声明。换句话说，我的视野已经变窄了不少。几个月前我还分辨不了不同用途的信息，现在我已经可以作出明确的新闻性区分：我只去搜寻那些可以让我写出报道的特定信息，而其他事情几乎都不会进入我的视野。

简而言之，我在成为一名记者。但准确地来讲，我身上究竟发生了什么?社会科学家可能会说我经历了一个社会化的过程。"社会化"一词颇有些历史,在社会科学的发展初期就存在了。如今,几乎各个学科都有一个关于它的定义。一般来说,社会化指的是个体获取所在群体的态度、观念和实践的过程。由此,个体通过社会化变成某些群体中的一员,成为可被识别的美国人、女性或中产阶级。这一过程可以是明显的和有意识的,比如父母教导孩子行为要得体,比如编辑用红色墨水修改记者的稿件。但许多时候,社会化会以非正式的方式发生,只需个体沉浸于某种生活方式之中就可以了。正是这一沉浸过程,使得"习惯"拥有了不证自明的特质。对于一个已经社会化了的人来说,习惯就是一种"做事的方法"。

我从未接受过关于如何成为一名记者的明确指导。没有人上前来递给我一本标题叫《傻瓜如何报道新闻》的参考书。我也没有通过测试或拿到证书以认证我是一名记者。相反,我只是沉浸在新闻编辑室里。通过完成选题;问其他记者各种问题;和新的办公室伙伴一起吃午饭;在公共活动里和其他记者打成一片,我被社会化了。渐渐地,我的行事方式和自我感觉都更像个记者了。这并不是说我变得多么在行或多么称职。这些经历只是让我部分地被社会化了。但是,当我尽可能地培养起新闻业的习惯时,我越来越感受到职业归属感,也开始对记者这一群体的各种习惯视之如常。

我的经历并不鲜见。各个地方的记者都是这样在这份职业中被社会化的,从而也都认为成为记者的最佳方法就是实践。在《号角日报》,我也见证了几名年轻记者是如何开始职业生涯的。像我一样,他们每个人在拿到证件和电脑系统的用户名和密码之后,就被赶去外面的世界。这种操作方式甚至延伸到了新闻学院。新闻学的基础课程常常一开课就把学生扔到外面的世界,命令他们如果没有"找到一个故事"就别回来。看起来,新闻业的第一个习惯,就是不去明确地教导别的习惯。

新闻编辑室的社会化是个非正式的过程,因此它也常常是随意的。但不可否认的是,这样的确行之有效。各地的记者对这份工作都持有相同的观念和态度,也采用相似的方法来采访和报道新闻。举一个例子,科瓦齐和罗森斯蒂尔在问卷中询问记者,他们认为"最重要的"观念是什么,结果100%(!)的人都同意是"得到正确的事实"(2001, p. 37)。采集事实并尽力保证其准确性的习惯,在这份职业中已根深蒂固,所以对大部分(几乎是全部)记者而言,它就是"新闻业(必须如此)行事的方法"。

不难看出这类习惯对记者而言的价值。最明显的是,习惯让他们可以快速工作,无须太多思考。当我学会了区分在何种情况下应该寻找哪些采访对象,我就开始不假思索地运用这一知识。我不用去思考应该给谁打电话——我知道应该给谁打电话。习惯的广泛普及,可以让记者在几乎没有监督的情况下工作。当记者着手工作时,编辑不会在他们身后盯着。习惯还可以让记者们形成相对良好的合作关系。但这并不是说编辑从不干涉记者的工作,或者说记者之间完全没有分歧。任何在报社工作过的人都知道,记者之间的争论从来就没停过。但即使在争论中也形成了一些习惯：记者和编辑总是在争论同样的东西，而解决方法也总是相同。最终，是习惯保证了工作得以完成。

话虽如此，正如许多批评人士所说，记者的习惯可能是改变的障碍。在一封要求保密的邮件中，一名记者告诉我："挑战在于，我们无法打破这些文化的桎梏，再让这艘船加速前行。"彼德·普雷斯顿（Peter Preston，2008，p.318）也谈到了这个问题，他引用了另一名记者的话：记者们"对待任何变化、任何创新都保持怀疑态度，甚至接近于恐惧"。记者们困在想法和实践的习惯之中，不愿去改变，或者来不及改变，赶不上整个行业的变化速度。在学术文献中，相应的批评常常呈现为新老记者之间的"文化冲突"。老记者陷在旧的习惯之中，不愿也无能去改变，其程度之深阻碍了新闻业走向革新之路（参见 Bardoel and Deuze，2001；Hermida and Thurman，2008）。

这些论点最终归结成了一句陈词滥调：积习难改。尽管这样说没错——积习确实难改——但我们想知道的是为什么。既然新闻业环境的变化如此之大，为何做新闻的习惯仍然不变？

这就是我尝试在这一章中回答的问题。

我在《号角日报》的经历提供了三种答案。首先，我的亲身经历证明，新闻业几乎没有正式训练或是深刻反思的传统。新手通过实践来学习新闻业的习惯，而不是通过一整套正式的规则，或是对于应该做何事的反思。在通常情况下，这种训练方法没有问题。但它导致记者在身处新环境时,未能作好充分的应对准备。社会化让记者们相信,他们做事的方式就是应该如此做事的方式,这也让他们几乎没有设想过用其他方式来完成新闻工作。的确,绝大多数尝试改变新闻实践的想法并非来自记者,而是来自管理者。即使是现在,我所遇到的大多数记者仍然坚信,他们的传统观念与实践是对的,也应当得到延续。当报社出现新的实践方法时,缺乏正式训练的记者便不为所动。然而,当主编宣布要开始一个新的方向时,最终还是要由记者们来运用那些新的实践方法。

积习难改的第二个原因是记者的认同与其实践紧密相连。人们是通过从事新闻工作来学会做记者的。这也就意味着,当记者被要求去做不一样的事情时,他们会不知所措。《号角日报》的记者们就被要求作出一些改变,他们对此的感受是"不自在"或是"古怪"。记者们经常将这种不适感转换成一种道德上的恐慌:"这样做不对!"在这种情况下,只有记者之间、记者与管理者之间存在着相当的信任,才能处理好这些情绪。积习难改的第三个层面就与此有关:如今,在几乎所有的新闻编辑室里,信任都是稀缺物品。记者与其所在机构之间的关系一直很紧张,现在则更为极端。三十年的新闻商业化过程,让记者完全不再相信自己老板的动机。过去五年里的大型裁员和离职买断,更是加剧了这种不信任。即使记者们可以发明出一种新的做新闻的方法,并训练其他记者采用这些新的实践方法,我们也无从确定,新闻编辑室的机构文化能否克服那些随之而来的不适感觉。

一个实验

我在《号角日报》的经历很好地说明了上述主题。像其他大型都市报一样,《号角日报》也曾处于艰难的时期。在20世纪六七十年代,它是一份非常重要的地区性报纸。当年在这里工作的记者,有不少都去了重要的新闻机构,在业内颇具声望。但今天,一个简单却明显的事实说明了这份报纸的状况:从20世纪70年代中期开始,它的发行量就停止了增长。根据《艾耶尔出版物目录》(Ayer Directory of Publications),1974年这份报纸的日发行量是141,957,周日版发行量是242,834。到了2005年,这两个数字分别是170,000和230,000。换句话说,在那段时间里,这所城市的人口已经翻倍了——到现在它也是美国发展最为迅速的城市之一——但这家报纸的发行量却几乎没有变化。此外,报社的固定开销明显上涨,除了要面对周末版和地方报纸的竞争以外,它还需要面对互联网新闻出版物带来的激烈竞争。可以确认的是,在2006年(那一年我离开了这家报社),它还在赚钱。虽然难以获取准确的数据,但当时编辑们告诉我,报纸的利润率在25%甚至以上。然而,这些利润是以员工为代价的。不论数字如何浮动,负责头版和地方新闻版块的本市新闻部大约只有15名记者。但1970年,这个数字是其两倍。有些前辈记者还记得,有段时间,本市新闻部曾经有7名综合报道记者。但现在,报社已经没有了综合报道记者。总的来看,报社雇用了更多新闻员工,但这些员工被分配到了那些新增的部门，比如每周的早间新闻版块，或是针对青少年的免费周刊。无论如何，在2004年底我的研究启动之时，企业的决策人相信，根据当时的经济与人口趋势，报纸的发行量与广告收入还会持续增长。

62   2004年底，卡尔文·托马斯被任命为执行副总裁暨新闻主编，其任务就是实现上述指标的增长。托马斯有他的计划。他认为要让发行量上涨，就要让头版变得更强，因此也需要改变记者采访和报道新闻的方法。按照他的想法，在每日新闻或突发新闻方面，《号角日报》本来就竞争不过电视或者互联网。报纸的竞争优势应该在于，整个社区没有别的新闻机构还能拥有这么好的资源，来生产高质量、有深度的新闻。托马斯的想法是要利用好这些资源，超越日常性的新闻报道：要提供语境、点明趋势、展开调查。他最爱用的一个说法是，记者应当"爆出新闻"（break the news）而不是"报道突发新闻"（cover breaking news）。托马斯想要传递的观念是，记者应该赶在事件的前面。他们应该在某个委员会召开会议之前来报道会议；他们应该揭露相关信息，迫使某些机构作出回应（否则被动的就是记者了）。托马斯还认为，和其他大型都市日报一样，这份报纸也应该更加重视为郊区读者服务。《号角日报》的一半发行量来自郊区，而且城市周边地区的人口增长率近乎城市中心的两倍。托马斯试图将新闻地区化（regionalize the news），以赢得这些市场。这意味着，如果城市中发生了一个新闻事件，他会让记者去寻觅城市周边地区是否有相似的事情发生，然后再写出一个更具广泛性的故事。最后,根据市场调研,托马斯知道了读者对"过程性"新闻不感兴趣。比如市政厅召开了最新会议,或是某个事务局召开了一次规划会议,读者认识不到这些新闻对自己生活的重要性或相关度(这个观点已经被新闻行业普遍接受,因此印刷媒体与广播媒体都纷纷开始做"实用性新闻")。托马斯希望记者写出的故事有很强的影响力,用他和某些人的话来说,要能一把揪住读者的领子。

在这些想法之下生产出来的新闻是什么样子?托马斯发布了三个指令,后来它们成了新闻报道的指导规则。在报纸的头版(仅仅只在头版),他不想看到这三类新闻:关于政府或政治的进程性新闻、每日跟踪报道的新闻、特写类的软新闻。相反,他希望看到的头版内容是更具广泛性、更有深度的报道,以及为一些议题、事件或趋势提供"深刻分析"或"详细评述"的分析性文章。对于记者而言,这就意味着不能再用日常报道来填满版面了。在托马斯的任期内,报社里常常能听到的几个词是"深度、广度、影响力"。

在新闻实践中,这些指令意味着记者再也做不到每日造访其所在专线的各个社会机构了。约翰·罗比是负责联邦法院的记者,他被简单告知以后不用再去法院了,因为托马斯对过程性的法律新闻不感兴趣。玛丽亚·洛普是报社唯一负责报道州议会的记者,她被告知托马斯不想要立法会议的新闻。桑迪·海克尔是新来的负责交通新闻的记者,她被要求不用报道也不用出席交通部召开的公开听证会。安娜·舒尔特是资深的教育记者,她被告知不用报道教育听证会的新闻。她举过一个例子,在市政府与教师工会的协商过程中,双方每周会面一次,舒尔特被要求不用去报道这些会面,除非双方协商出了结果。她告诉我:"主编们不想刊登任何没有结论的内容。"负责警局新闻的塞巴斯蒂安·巴顿被要求,不要再做"本日谋杀案"这样的新闻。负责市政厅的记者凯特·兰德斯和汤姆·坎贝尔则被要求,不要再去报道市议会的会议新闻。

这些要求看上去古怪,但确实与托马斯的想法一致。编辑们担心,如果允许记者每天造访所在专线的各个机关,他们就会继续生产发展性新闻和每日新闻。要杜绝这一点,就得要求记者停止日常造访它们,这听上去也合情合理。

数　字

根据报纸头版和地方版头版的内容来看,托马斯的实验失败了。一年多来,我对出现在这些版面的每一则报道都进行了编码,将其标记为"每日新闻"或是"企划新闻"(enterprise story)。如图 2.1 所示,在托马斯任期早期,记者们为了头版的企划新闻下了不少功夫。事实上,在 2005 年 1 月,他们生产出的企划新闻比每日新闻数量要多;2 月,两者的数量也基本相当。然而到了 7 月,每日新闻的比例显著上升,到了 9 月,已经有超过 90% 的新闻版面都是每日新闻。我在 2006 年 1 月停止了编码,但没有理由相信,在那之后这一比例还会出现大的变化。具有讽刺意味的是,在托马斯上任两年之后,记者们生产的每日新闻变得比以前更多了。

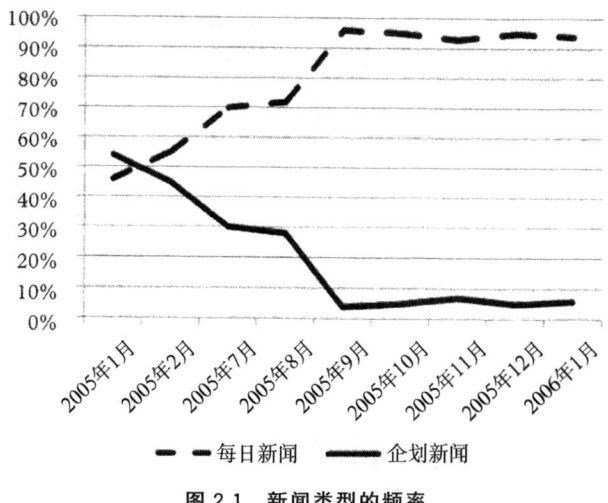

图 2.1 新闻类型的频率

值得追问的是,如果记者不再造访所在专线的各个机构,他们是怎么写出每日新闻的?为了找到答案,我对数据进行了编码,查明报纸上每篇报道的来源。这里的来源指的是促成新闻报道的事件。在典型的专线报道中,需要记者到特定的地点去观察这些事件,或是采访已经观察到这些事件的人们。因此,每日新闻报道的对象大多是"一次性事件"。但是《号角日报》的记者失去了造访所在专线关键地点的机会,也就采集不到关于日常事件的信息。这种情况下,做每日新闻只能采取另一种方法,也就是关注那些"发展性事件",即那些能够引发其他事件的事件。如果要报道发展性新闻，记者们坐在报社就可以时不时地获取信息，并跟进事件在几周或几个月之后的结果（通过新闻通稿、会议、报告发布等）。如图2.2所示，数据表明了他们正是这样来做新闻的。记者们被禁止报道日常事件后，托马斯和编辑们就无法阻止他们去写发展性事件的每日新闻。

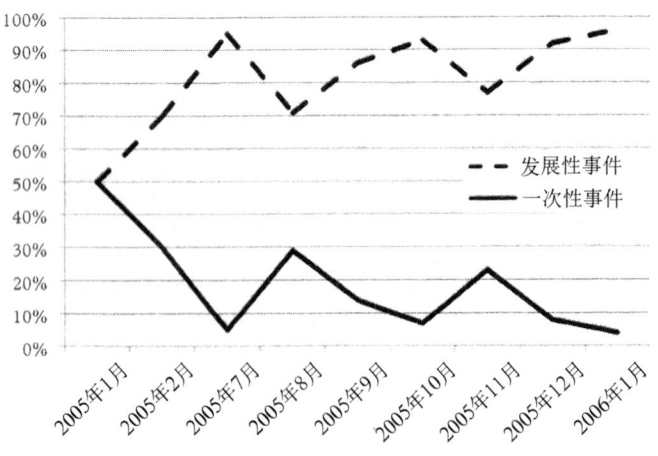

图 2.2　新闻来源的频率

有个例子可以展示这个过程是如何发展的。我第一次和负责警局新闻的塞巴斯蒂安·巴顿谈话时，他向我保证，等到了夏天，关于谋杀案的报道"会精彩得不容错过"，这样报纸就会重新开始报道"本日谋杀案"了。但夏天到了，规则却并未改变。巴顿还是不被允许造访犯罪现场，也不能写"本日谋杀案"。他开始在困境中想办法，报道了一则关于警察使用泰瑟电击枪的新闻。2005年9

月,一名男子在两名警察对他反复使用泰瑟电击枪打击后死亡。根据当时的新规则,巴顿没有报道此男子的死讯。但他被允许报道三天之后的一次公开抗议。关于这一公开抗议的信息,来自该死亡男子家人的律师用电子邮件发来的新闻通稿。接下来的几个月,巴顿和其他三名记者就此选题发表了十篇文章。巴顿写了七篇,另外三篇因为他在忙其他项目,所以由别的记者完成。十篇当中有九篇是"每日新闻"——其信息来自新闻发布会或新闻通稿;调查结果报告的发布;警局复核委员会的会议等等。以往在写这类新闻时,记者需要出席相关的活动。但巴顿在写这些报道时,大多靠的是在报社收到的材料(通过电子邮件、传真和电话)、互联网搜索,以及对当事人各方的电话采访。这十篇报道之中,只有一篇属于企划新闻,发表于2005年12月初,这时离事件发生已经过去两个月了。

随着其他记者开始追随巴顿的做法,托马斯所追求的更广更深的新闻报道计划也落空了。托马斯为什么会失败呢?

专线报道:基本的习惯

为托马斯的想法设立一个语境,会有助于回答这个问题。托马斯并非是第一位看重企划新闻胜过日常专线报道的主编。至少从20世纪90年代初开始,编辑们就有了相似的想法,甚至在20世纪70年代地方电视新闻萌芽之时就已经如此。很显然,在提供有深度的分析性地方新闻方面,没有其他的地方新闻机构能与日报匹敌。因此每份报纸都应该为这类新闻设立专门的部门。但是,要去生产更具广度与深度的新闻,就意味着要改变新闻业日常之中最根本且历久弥坚的一种习惯:专线报道。

詹姆士·戈登·班尼特一般被认为是在19世纪20年代首次创建了新闻专线的人,当时他在华盛顿做了一系列政治报道。虽然新闻专线的准确起源已无从考证,但可以确定的是,到了19世纪50年代,新闻专线的做法已经在大多数大型都市报中确立了下来,在19世纪末,它已经是大多数日报的主要报道方法。威尔·欧文(Will Irwin)是这样描述1911年的新闻流程的:"在本市新闻编辑的安排下,日夜都有记者守在警察局和急救医院……有人被安排在本地的金融中心,也有人负责本地的政务中心,也就是市政厅、法院和联邦大楼。十篇新闻里有时有九篇,大多时候甚至是全部,都来自上述消息来源的一手消息。"(1969,p.40)有一份研究认为(Baldasty,1992,pp.96-7),到了20世纪初,在大部分报社中,专线制度为报纸提供了70%的新闻内容。

在整个20世纪,专线报道仍然是日常新闻采集工作的核心。事实上,正如导言部分所提到的,当社会学家们在20世纪六七十年代进入新闻编辑室时,他们无一例外地对新闻生产中常规的重要性感到震惊。马克·费什曼(Mark Fishman,1980,p.14)写道:"新闻业的常规工作方法,可以帮助我们理解媒体新闻的特性。"菲利普·施莱辛格(Phillip Schlesinger,1978,p.106)写道:"广播新闻即是标准化的生产常规之产物。"利昂·西格尔(1973,p.4)认为新闻的生产和收集"是常规行为:大部分新闻是两类信息处理机构的合作产物——一方是新闻机构,另一方是政府"。爱德华·爱泼斯坦(Edward Epstein,1973,p.8)写道:"电视新闻的生产不是由少数人自行决定的;它们是过程的产物。"

专线制度为新闻机构带来的益处显而易见。首先,专线能确保记者以可靠的方式找到有新闻价值的信息。正如费什曼所说,在专线制度下,政府做了不少记者的工作。他写道:"在常规的新闻工作中,报道的探测、解释和调查过程,以及写作成文时的大部分工作,都已经由警察、政府职员、保险理算人、殡仪业者等人完成了。"(1980,p.151)这些信息往往价格合理:免费。按照公共法律的规定,政府信息是公共信息,因此需要对公众免费,对记者也是如此。在某种意义上,这意味着政府信息构成了新闻机构的一种重要补贴(参见 Cook,1998)。如果记者无法得到政府信息,很难想象他们还能在哪里找到同样可靠且便宜的信息供给。但正如库克(Cook,1998,p.151)所说,政府所提供的这一补贴,远远不只是提供信息这么简单。每个政府机构都雇佣专人将收集到的信息提供给记者。这种公共关系的基础架构,使得收集和报道政府信息的工作变得极其容易。最起码,它保证了电话的另一端总会有人接起记者的来电,帮助他们找到需要的信息。

从历史角度看,新闻专线的出现是为了解决新闻机构的某些特定问题。然而,随着时间的推移,专线也变成了日报记者自我认同的中心。在衡量什么是"好"记者的标准当中，有不少直接产生于专线报道中的种种实践。可以参考以下这些关于好记者的观念：好记者可以迅速找到信息；好记者可以在没有帮助的情况下找到故事；好记者可以找到没有被其他记者发现的信息；好记者在政府机构有不少熟人；好记者能在获得信源信任的同时仍然保持中立；好记者了解自己所报道机构的各种内幕；好记者让政府官员不得不为自己的行动负责。诸如此类的表述，帮助了记者去区分好新闻和坏新闻、好记者和坏记者，同时，这些表述也在专线报道的实践中扎下了根。

从职业生涯的第一天开始，新记者的社会化就包括了被普及关于何为好新闻的观念。在《号角日报》，新记者通常从地方早间新闻版块的综合报道记者做起。在这个岗位上，他们报道的是日常事件——包括烧烤聚会、校园话剧，还有（我报道过的）"本市最大型树木年度竞赛"在内的所有事情。这些报道并非不重要，但是从报道和写作的难易程度来看，它们在其他记者眼中只能算是最为基础的报道。这些报道让新记者有机会锻炼技能，并通过自己的进取和努力来表现自己。他们要过多久才能靠自己找到选题？他们挖消息的本事如何？最终，表现好的记者会离开早间新闻版块，到本市新闻部报到，他们会被分配到某条专线，通常会和更有经验的记者一起工作。这时，他们需要再一次证明自己，比如在政府机构找到自己的信源，比如凭自己去挖掘故事等等。就这样，随着记者逐渐展现出自己能熟练掌握与专线报道相关的实践方法，他们在报社中的地位也会不断提升。

就这样，专线报道将新闻业的认识论需求与新闻组织的功能性需求结合在了一起。新闻组织用新闻专线寻找便宜可靠的信息，记者用新闻专线来定义什么是好的记者。就以每日新闻为例，每天记者都得寻找并报道新闻，这一做法本身就既不自然也并非必然。最初，这一要求来自新闻机构的需求，正如盖伊·塔奇曼（1978，p. 17）所说，新闻机构与广告商的财务协议要求了广告必须每天发布。然而，到后来，每天都能做出新闻的能力成了判断何为好记者的核心标准。即使某一天，大家都认为没有太多新闻发生，记者还是得去挖掘出有新闻价值的信息。要是做不到这一点，就意味着这名记者没有做好他的本职工作，也意味着他没有达到新闻工作的优秀标准。如果经常做不到这一点，编辑就有可能开始替记者来安排报道任务，而这不但侵害了记者的自主性，在报社的其他人看来这还是一种明显的侮辱。就这样，新闻机构满足了每天发布新闻的需求，同时，记者对认可和荣誉的需求也得到了满足。

现在我们回到托马斯想把新闻做得更广更深的计划。当他宣布新闻机构想要更广更深的新闻时，他就让机构的需求与记者的需求之间出现了一道裂缝——不论这道裂缝有多窄。从机构的角度来看，用每日新闻填满版面已经不再那么管用。电视和网络可以比报纸更好更快地报道这些新闻。就以"本日谋杀案"这样的新闻为例，等到报纸在事发第二天刊发报道之前，它可能至少在电视上被播出过好几遍，当地新闻网站可能也在好几个小时之前就发布了这条新闻。但是，当托马斯宣布不能再做本日谋杀案新闻时，他就有可能会干扰他的记者们用以定义何为好新闻的那一套实践方式。多年以来,犯罪新闻记者正是通过这类新闻的报道和写作来树立自己的地位的:他们要第一时间掌握相关信息;要联系别的记者找不到的信源;要挖掘别的记者得不到的消息等等。当托马斯要求大家去做更广更深的新闻时,他便在不经意之间制造出了一个难题:记者能否同时满足自己的专业需求和新闻机构的现实需求?

到底怎么做?

我第一次访问托马斯是在 2004 年的 12 月,当时他向我展示了一本他在上一家报社担任执行编辑时编纂的书。在这本被他称为"圣经"的书里,有着对每一类专线报道的详尽指导。他和前同事花了好几个月时间完成此书,每一位新记者都会领到一本。他告诉我他在新岗位上的第一步计划,就是要和《号角日报》的同事们一起编写出自己的圣经。但这件事后来没有发生。事实上,直到上任后的第六个月,他才召开了员工会议,向记者们正式介绍自己的想法。上任一年多后,托马斯甚至还没向大多数同事介绍过自己。一位记者告诉我,托马斯对她说过的唯一一句话,是有一天他经过她办公桌时让她:"把垃圾捡起来!"这一次我见到托马斯,问他编写新闻报道"圣经"的事怎么样了。他看起来有点委屈,解释说他仍然想做此事,只是苦于没有时间。他的大部分时间都被发行人会议和社区活动占据了。他试着在新闻早会上给记者们一些指示,但早会只有编辑来参加。记者只能从他们的直系上司那里听到各种调整和变化。

当我把这个故事说给其他新闻主管听时,他们都震惊于托马斯从未告知记者如何完成新计划。他们觉得托马斯不是个好的新闻主管。这些批评不无道理,但值得注意的是,托马斯所推行的这一由上至下的非正式改革过程,在新闻行业并不鲜见。数十年前,施莱辛格(1978,p. 256)在描述BBC新闻的某一项创新时写道:"机构内部缺乏关于这些改革的协商,这种缺乏可能就是新闻创新的根本风格。"施莱辛格的观察在如今仍然无比正确。在我考察过的三间新闻编辑室里,三项创新计划都由管理者发起。尽管编辑们都在某种程度上征求过同事的意见,但他们从未具体讨论过是否以及如何实施创新,并且一旦计划启动,记者们只能靠自己来弄清楚如何执行新计划。

对于自己并未被托马斯征求过意见这件事,《号角日报》的资深记者们都并不惊讶,这种态度也印证了报社由上至下的典型工作风格。在刚开始这项研究时,我为将要看到报社的新闻生产改革而倍感兴奋。记者们虽然也怀抱希望,但他们告诉我这种事他们已经经历过很多次了。一名新的主编上任,带来他对办报方向的个人想法;他为了实施新方向重新组织报社;新想法被大张旗鼓地介绍给记者,却并未附带额外的训练。记者们被要求跟上新计划、掌握新方法。至于新想法后来成功与否,则无人探究。接下来记者们可能又会开始寻找和报道跟以前一样的新闻。最终,主编离任又履新职,这一过程也就会再次循环。我还访问过在其他报社工作的记者,他们也有同样的经历。一名记者说他经历过太多次改革计划了,如果现在上级要求他在口袋里放一只仓鼠,他眼睛也不会眨一下:他会二话不说地把仓鼠放进口袋,然后接着去报道新闻。

这些与改革相关的早期经验,解释了为何《号角日报》的记者对托马斯的提案带有成见:以他们的经验来看,新倡议只不过是一种由上至下的事务性工作,几乎不会为新闻实践带来实质性的变化。当然,这些经验还造成了一种后果,那就是记者们自觉能够应付托马斯可能会提出的任何创新计划。"我不会让改革的漩涡把我弄昏头",一位从业多年的记者在托马斯上任伊始就这样对我说。"我只用去找到好新闻,编辑可以把它们翻译成现在要求的套话,"另一位记者跟我说道,"每家报社的情况都差不多。我自己有一套在任何地方都能写出各种类型报道的方法,所以没什么大不了的。"这些话道出了当托马斯带来他的新想法时,报社中所存在的普遍共识。托马斯或许可以改变报纸报道类型的比例——更多的问责新闻和更少的特写报道——但记者们却深信,采集新闻和报道新闻的过程仍然会保持不变。

然而,结果显示,要生产更广更深的新闻所带来的挑战还是超出了记者的预期。托马斯上任时,大多数人都对他激进和强硬的新闻风格表示欢迎。记者们认为这份报纸在上一任主编的手中变得有些自满,他们也很有热情去做更广更深的报道。但是,当记者一旦得知自己不能再每天造访他们所在的专线,态度就发生了变化。原因在于,这项规定为编辑和记者出了好几道难题。

如果没有了每日新闻,编辑们怎样才能填满版块?这就是个简单的数字游戏。本市新闻部主要负责报纸的头版和地方版块。按照惯用的做法,这意味着本市新闻部编辑罗依·欧登每天至少需要六篇新的报道:报纸的头版需要三篇,地方版的头版也需要三篇(或者更多,但若是少于六篇报道,便很难填满这些版面)。将这个数字乘以七(一周的天数),这就意味着为了填满报纸头版和地方版头版,欧登每周至少需要四十二篇新的报道。要完成这个任务,他手下一共有十一名专线记者和四名企划记者。这些记者分别负责以下这些持续稳定地提供着有新闻价值信息的各类机构:教堂(一名专线记者)、本州和地区的交通部门(一名专线记者)、医院(一名专线记者和一名企划记者)、学校(一名专线记者和一名企划记者)、市政府和州政府(四名专线记者、一名企划记者,同时负责本州和本市的新闻)、警察局和法院(两名专线记者),最后还有邻近的几个地区政府(一名专线记者和一名企划记者)。为了生产出相应数量的报道,每位专线记者每周就要做出三篇报道和一篇"周末稿"(在周日或周一刊出)。如果每位专线记者都能完成相应数量的每日新闻,欧登每周就能拿到四十二篇新的报道,或者是数量刚好足够填满新闻洞的报道。在记者们只用专注报道每日新闻的时期,这个数字游戏就已经颇有难度。如果没有了每日新闻,欧登完全不知道该如何填满报纸版面。

对于记者而言,他们很愿意去做更广更深的新闻。但如果不能再去造访自己专线上的各个机构,他们怎么找到这些新闻呢?以桑迪·海克尔为例,她是新来的负责交通专线的记者。在来《号角日报》以前,海克尔也做过记者,但她的上一份工作(长达五年)是大学公共信息部门的职员。此外,海克尔以前从未报道过交通新闻,如今却被直接安排在这条专线。她也几乎没有接受任何指导——这很常见——只是被告知,她需要做企划新闻,而且不用参加交通部的公听会。她不禁发问,如果不参加交通部的会议,她应该从哪里寻找用于报道的信息呢?其他资深记者也有同样的疑问。对于负责警局新闻的巴顿而言,报道本日谋杀案这样的新闻非常重要,因为这让他有机会和警察搞好关系。但如果不能亲临犯罪现场,他怎么去维护这些关系,如何还能挖出更有广度的新闻?汤姆·西比尔恰如其分地总结出了这些问题的答案。作为调查报道组的编辑,西比尔早已不再负责每日新闻报道。事实上,我和他在托马斯上任两个月后有过一次谈话,当时我提到了这些新规则,他却表示从未听说过。我向他陈述了托马斯新计划的逻辑,并问他:"可不可以不做每日新闻,只做企划新闻?"他的回答迅速且直接:"不可以。"他给出了两方面理由。一方面,他认为"不管怎样,你还是得做每日新闻",因为报纸得填满版面。另一方面,记者通常在日常的新闻报道过程中才能发掘企划新闻的选题。不做每日新闻却只想做企划新闻,在西比尔看来是不可能的。

托马斯很少出现在报社来解释如何具体实施他的想法。在没有指导的情况下,记者们开始对自己失去新闻判断的自主性表示不满。2005年3月中旬,执行编辑赞伯·坎贝尔和记者们的一次会面就充分暴露出当时日趋紧张的气氛。在坎贝尔说话时，安娜·舒尔特坐在椅子的边缘，愁眉不展。坎贝尔注意到她的沮丧，便问她是否想说几句。舒尔特展开了长达几分钟的控诉。她明白托马斯想要的是更广更深的报道。"但到底要多深？"她问道。而且这是否意味着她再也不能去报道一场教育听证会了？"我觉得好像没法再跟进自己的专线，也不能自己决定要去哪些会议或者不去哪些会议了。"她对坎贝尔说。她最后的总结似乎印证了坎贝尔对她表情的观察："这很令人沮丧。"为了帮忙解决这些问题，坎贝尔给了她和其他人一些大致的指导方向。这些被舒尔特称作"泛泛而谈"的指导后来被晾在了一边。本市新闻部编辑罗依·欧登则试图给出更为具体的建议。他认为舒尔特和其他记者应当赶在会议的前面，提前获取会议议程来写出报道。他说，这种方法体现的是这样一种想法，即报纸在不去报道会议的情况下仍能设定公共议程——报纸自己来制造新闻，并成为公共事务的参与者。后来，当记者们聚在自己的地盘闲聊时，舒尔特仍然很困惑。"我没学到什么新东西。"她说道，其他人也纷纷点头。同样地，巴顿也曾经气愤地告诉我："他们（他的编辑们）没给过我任何能够实现这些想法的具体方法，但他们又不让我去犯罪现场。"

主编们的确意识到了这个问题，但对于如何帮助记者寻找答案这件事却毫无头绪。有一天，我和视觉部门的执行副主编杰瑞米·施密特谈到了这个话题。托马斯之所以聘请他，是因为施密特在新闻行业以想法超前而闻名。我问他，记者们应当如何来完成这些新的目标。他回答："他们需要往后退一步，想一想如何加工一个故事，思考为了让这则新闻更具广度需要提出哪些问题，要用钻研的态度对待这个选题。"我表示同意，接着问他，那到底需要提出什么样的问题呢？这些问题可以被提炼成一套新的 5-W 要素模型吗？施密特朝我靠得更近了一些，说："这个问题对于报纸而言至关重要，因为报纸需要有销量……而他们能提供的附加值，恰恰就是把新闻做得更广更深的能力。"没错，我接着问，但到底要怎么做？他也不知道，只是说如果有人能写出一篇关于新的 5-W 模型的文章，会对这个行业有很大的贡献。那天稍晚些时候，我又去问欧登，要做出更广更深的新闻，是否有一套新的 5-W 要素模型。他停下手头上的好几件事（当时他在一边写邮件，一边审稿，同时还喝着咖啡），认真地看了我一眼："这问题挺棒，让我想想。"几分钟后，他在去往会议室时经过了我的办公桌，说道："广度、语境，还有影响力。"我赶快写下这几个词，再抬头追问："但这些也还不是具体的问题——"为时已晚，他的身影已经消失在会议室里了。

  有一个场景可以很好地说明报社里与日俱增的困惑。2005 年 3 月，有个抢劫犯在一个高档小区屡次实施入室抢劫。他喜欢偷女士包，会大摇大摆地从后门进屋，从厨房餐桌上把包偷走。当第一起盗窃案发生时，负责警局和法院新闻报道的编辑克拉克·布朗就明确要求记者不去报道。报纸如今不再做这种每日新闻了。但偷包案还在持续发生。到后来，案件数量累计超过了十几起。

地方电视新闻台开始报道这则新闻。整整两周,报社里的电视屏幕上一直播放着地方台出镜记者急匆匆地描述着最近一起盗窃案的画面,他们还给抢劫犯起名为"山林大盗"。但报纸依旧无视这个故事。记者们只能摇摇头。一名记者告诉我:"如果这都不算是新闻,那我真不知道什么才算了。我们应该从头到尾地跟进这个故事。"

就在这段时间里,一群女记者开始讨论为何报社对这则新闻不感兴趣。为什么负责警局新闻的记者不去报道这个故事?她们想不出任何新闻业务方面的合理解释,便认定了这肯定与性别歧视有关:跑警局的记者和编辑都是男性,他们完全不明白包包对女性有多么重要。这群女记者找到执行编辑坎贝尔,向他表达了这些想法。因为报纸上从未出现过相关报道,坎贝尔并不清楚盗窃案的细节,但他向这些女记者保证,未报道此事的原因与性别歧视完全无关。接着他又向她们重申了一次报社要生产更广更深新闻的新方向。这群记者带着疑惑离开了。最终,巴顿就此事写了一篇企划新闻,里面提到该高档小区的犯罪率远远低于其他没那么富裕的小区。记者们虽然都挺欣赏这篇稿件,但到最后也不理解为何系列盗窃案就不算是新闻了。

"感觉有点怪"

如果你问一名新闻工作者"记者是什么",她会描述一名记者所做的事情,类似于:记者是一个采集事实并将这些事实整理成报道的人。在新闻业,自我认同与实践紧密相连。那么,《号角日报》的记者们觉得新规则是在挑战他们自己,这件事便也不足为奇了。舒尔特的话就体现了这种感受,她觉得"好像没办法再跟进自己的专线,也不能自己决定要去哪些会议或者不去哪些会议了"。由于不能再和教育专线的信源保持日常联络或参加他们的活动,舒尔特越发觉得自己不像是个"真正的"记者了。

在新制度实施后的第六个月,许多记者开始和舒尔特产生共鸣。当时,我来到玛丽亚·洛普的工位旁,跟她聊了聊近况。她向我描述了发生在州政府记者室里的一幕。洛普当时正在做一则企划新闻,而她的大多数同行则和往常一样,聚在一起等待着当天的新闻。有人传来消息,正在召开的一个委员会会议有了新的进展。所有记者立刻从记者室起身奔向会场,只留下洛普一人。她的企划新闻第二天才需完稿,而且她也早已被告之,不要去报道立法会议。"我觉得这样非常奇怪。"她说。她感觉自己在为杂志写东西,而不是在日报社工作。几个月后,查德·洛韦被安排跑同一条专线,他也表达了类似的感受。工作了几周之后,他告诉我其他记者都在指责这家报纸正在"抛弃"州政府的新闻。他为报社的新方针作了一番辩护,但也承认自己不像是在做日报记者。

其他记者表达了同样的看法。莫琳·霍利说她"感觉有点怪",因为她参加了州教育局的会议,却没有报道这些会议。负责警局新闻的塞巴斯蒂安·巴顿的经历也颇能说明问题。就在一年前,巴顿获得了公司的调查新闻奖,他的作品是关于州警在州际公路上开展追捕工作的系列报道。显然,这类追捕常常导致意外发生。有一天,在早间的预算会议上,巴顿把头伸进会议室说:"今天又有一起(州警)车祸。"欧登让他跟进这个新闻,巴顿便冲回自己的办公桌打电话给自己的编辑克拉克·布朗(他正在开车来办公室的路上)。他一边把电话夹在耳边,一边急匆匆地收拾东西,准备马上冲向走廊。突然他停下手中的动作,因为布朗开始问他当天原本要跟进的企划新闻进展如何。巴顿回答:"完成得差不多了。"但是布朗让他先别离开。这让巴顿气坏了。半个多世纪以来,记者的脚力都比脑力更重要(参见 Alsop and Alsop, 1958, p. 5)。也就是说,记者的本职工作,就是奔赴事发现场。但在《号角日报》,这句话不再适用了。布朗到办公室听完巴顿的诉求之后,仍然决定让巴顿先完成那篇企划新闻。因为与其在一场事故上花费一整个上午,而且最后还不一定能写出报道,不如完成这篇更为重要的企划新闻。他叫了一名实习生来负责州警车祸的新闻,让她用电话采访跟进。后来,巴顿愤怒了,他说布朗做了一个"白痴的"决定,还说整张报纸都退化成了"案头新闻"。在这个新制度下,巴顿觉得自己不像是在做新闻。安娜·舒尔特则这样说:"我只希望自己还像是个专业人士,还能去做一些专业性的(对报道内容的)新闻判断。"和其他记者一样,舒尔特想要感受到做记者该有的感觉,也就是说,至少她要能够拥有基本的决定权,比如决定如何报道她所在的专线。

然而,有时编辑和记者仍然难以逃过习惯的力量。2005 年 4 月的某一天,巴顿在报社从警察频段的扫描仪上听到了一起谋杀案的消息。一开始,他并不打算报道这条新闻,因为这则消息只能算是"本日谋杀案",而他早已被告知不要做此类报道。但很快,巴顿知道了更多细节。线报显示,一对夫妻在一家本地酒吧里结识了一名未登记的移民,带他回了家。第二天早上,这位丈夫认为整件事已经结束了。然而在接下来的几个星期里,他的妻子仍在继续和此男子见面,甚至在晚上将其藏在卧室的衣柜里。一天上午,丈夫提前回了家,却在家中发现这位移民男子,后者受到了惊吓,迅速用球棒击打他并将其杀害。巴顿和布朗都无法放弃这样一个故事,这是条不容错过的新闻。于是布朗让巴顿去案发附近采访了一些邻居,第二天消息便见报了。类似这样的例子还发生过几次。有天晚上,地方电视台报道了一则消息,有一名男子被剑刺中身亡。按照新的原则,《号角日报》是不会报道这条新闻的。但在第二天早上,一名编辑看到这则消息,便让她的一名记者去跟进。我看到了她俩的互动,便问编辑为何想要跟进一则显然与报社新方针有所矛盾的新闻。她回答说,有些新闻之所以是新闻,仅仅因为它有意思。"我们昨晚在报道这条新闻上落后了,"她说,"所以现在得做点什么。"她同意这仍然是一种传统的新闻观念,但还是说:"新闻报纸的前两个字是新闻,这也是我们应该出版的东西。"

还有一次,FBI宣布当局曾与墨西哥政府商谈,想要引渡一名本地男子,该男子的妻子在十二年前被杀害。当时,此名男子是头号犯罪嫌疑人,但并未受到指控。显然,FBI现在有了充足的证据来指控此男子谋杀了其妻子。报纸编辑派了几名记者来全方位地报道此案,甚至派了一名记者远赴墨西哥采访该男子的邻居。我问他们为何耗费这么多精力去做这个显然与报纸新方针相违背的报道(这甚至都不是一个新近发生的谋杀案,对这份报纸的读者而言也没有直接的相关性),企划编辑告诉我:"这件事里面有一个好故事所需要的全部元素。它是一篇侦探小说、一部罗曼史和一则坊间传闻的融合。"

正因为编辑和记者们并没有放弃追求"好故事"的念头,他们越来越觉得奇怪了。就拿负责报道公共安全的记者利亚姆·尼尔森来说,他的一周通常是这样安排的:首先他要在周三的会议上报出企划新闻的选题,因为编辑们的周计划会议安排在这天。他要在周四和周五继续完善选题,并在周一和周二完成报道。除此之外,这段时间里他通常会被叫去写两到三则每日新闻,企划新闻被推后。当下一个周三再次到来时,他并没有时间每日跟进专线,也因此难以发展出下一则企划新闻的选题。他说:"完全来不及填坑。"尼尔森的意思是,他没有时间来和相关人士交谈,从中发现下一则企划新闻的选题线索。这一空白使得他开始从"调查记者和编辑"这一网站(Investigative Reporters and Editors, IRE)上找选题。IRE是一个致力于调查报道的非营利性组织所开发的网站,上面列有覆盖了各个新闻专线的数百个故事线索——从医疗保健到公共安全。对尼尔森来说,IRE 网站就像是一个虚拟的信源。因为没有了和现实生活中信源的日常交往,他开始依赖 IRE 网站。一段时间内,这种方法是可行的。但操作了两到三个这样的选题之后,尼尔森对这种企划新闻的选题方式产生了疑虑,他觉得自己像是在走捷径。当他确认这个想法之后,尼尔森就像其他同事一样,沮丧地举起双手表态:如果要做企划新闻,就不能不先做每日新闻。

就连主编们也开始认为新方针让他们觉得有点奇怪。2005年5月初的一个早晨,编辑们发现自己在争相报道一桩政府的丑闻。上午过去了一半,几名编辑在一间办公室里碰头商议由谁来报道哪些内容。在讨论间隙,有人问这天的州议会有没有什么动静。"有的,他们今天要通过预算方案。"另一个人迅速作答,而负责政府新闻的编辑马上回应:"噢,我们反正也不报道这个。"不再报道通过预算方案这件事让这群人笑了起来。"那个,"这位编辑继续说道,带着点辩解的意味,"说实话,州委会的那些选题我们都不做了。"这让笑声变得更大了。在托马斯就职以前,报纸不仅会去做州议会预算方案的新闻,还会把它放在头版的位置。在一个压力颇大的工作日里,这些笑声可以被看成一种消除紧张的方法,但它也同时标志着一种更为广泛的不安。那一刻,编辑们开始意识到自己离传统新闻实践有多远:他们甚至都不再报道通过预算方案的新闻了!执行主编似乎读懂了大家的想法,说道:"其实我们这星期也在考虑把某些和预算相关的新闻做成头版故事。"他想要暗示的是,这份报纸并未完全抛弃旧有的习惯——至少编辑们还在考虑这些预算新闻。可就在此时,市长就丑闻一事召开的新闻发布会开始在电视上直播,刚才的话题戛然而止。而这些编辑和记者的不安感却没有停止,虽然没有直说,但他们已不再确定自己是否还在做着"优秀""严肃"或"专业"的新闻。

最终,记者们开始把这种不安感转化成一系列道德论述。负责联邦法院的约翰·罗比是第一个这样做的记者。罗比已经当了十五年记者,其中有七年是在《号角日报》。在报社,他以个性鲜明著称,同时也被公认为是一个有天赋的、敬业的记者,年轻记者常常向他请教如何解决专线报道中的问题。罗比的编辑第一次告诉他不要每天去法院时,他就拒绝了。当时我问他为什么,他也提到了别的记者说过的那些对新闻实践的种种掣肘。比如,他告诉我,法院本身就是一个相当保守的地方,有许多限制记者去发掘新闻的条条框框。在这种情形之下,他必须每天出现在法院,和法官、书记员等人维护关系。换句话说,如果没有了这些日常的新闻实践,罗比根本没有办法挖掘出编辑想要的企划新闻选题。在接下来的几个星期里,罗比仍然继续向编辑报送每日新闻的选题,但无一通过。那段时间我约他吃午饭,想知道他近况如何。不出所料,他看起来心烦意乱。但是在解释自己为何烦恼时,罗比不再谈及只做企划新闻不做每日新闻的具体困难。相反,他开始追忆过去的时光,那时的记者能够以出彩的专线报道享誉业内。他说起如何挖出别人弄不到的新闻,也说起如果写出这样的报道记者能获得怎样的地位。他怀念记者与读者之间曾经的牢靠关系,那时读者看报就是为了读他们喜欢的记者写的稿子,罗比叹息,那个时代已经过去了。他的诉说让一件事情变得越来越清晰——罗比并不认为托马斯的新政策是不可能的,在他看来，它是错误的。实际上，要我说，罗比从来没有尝试过在不跑专线的前提下生产更多的企划新闻。到了 2005 年 4 月，他辞职了。

还有许多资深记者也辞职了。雪利·沃伦在 2005 年 2 月离开。斯坦·汉森在其后一个月去了另一家报纸。利亚姆·尼尔森去了一家周刊。安娜·舒尔特终于受不了不能在自己的新闻专线上作主这件事，她选择了退休。还有两名商业记者也离职了。报社的人员变动向来很频繁，但从未像现在这样频繁过。我们并不清楚的是，是否每一位离开《号角日报》的记者都是因为对报社方针产生了道德上的疑虑。但在报社里，这些人的离职被解读为正因如此。记者们告诉我，有太多人都觉得自己已经没法再写出"好的"报道了。在离职潮的尾声，巴顿说起，过去一年里的离职人数超出了几年前选择提前退休的人数。而且，他观察到大部分离职的人要么去了没那么优秀的报纸，要么彻底地离开了这个行业。不论每位离职人员的具体原因是什么，还留在报社的记者们都产生了强烈的失落感，并把原因全都归结为托马斯所带来的变革。

机构文化

根据以上的描述，其实并不能够自动得出托马斯终将失败的结论。改变习惯确实困难，人们会觉得用新的方式做事不太自在。但许多人，甚至许多机构，都克服了这种不适感。那为何在《号角日报》却行不通呢？

要回答这个问题，就得认识到，编辑和记者们其实并未真正直面过托马斯的指令所带来的挑战。从一开始，他们对峙的对象就是彼此。比如，负责报道警局新闻的巴顿在被要求不去造访每起谋杀案的现场时，他也并未想过要由自己单枪匹马地解决问题。他和其他报道警局新闻的记者以及编辑布朗一起讨论了这个问题。这些人聚在一起，想要解读托马斯在让他们做什么。这些解读是他们尝试理解现状的一种方法。也就是说，这些解读是在为问题提供一种定义，而这些定义同时也指向了特定的解决方案。那么，《号角日报》的编辑和记者们到底作出了何种解读呢？

西比尔的提议就是其中的一种解读，他认为多做企划新闻少做每日新闻是不现实的。每天都要填满一张报纸，那么唯一的方式就是用每日新闻来填满它。在这种解读之下，记者就不用为没能生产更多的企划新闻负责。相反，他们的责任只与每日新闻的生产需求相关。而且，如果只用遵循新闻的生产需求，那么记者只需考虑现实可行性就行了。当然，这样的解读也就等同于说托马斯不切实际。不少记者就持有这种观点，说托马斯没有想清楚自己的指令有何后果。举个例子，我在快要离开这家报社之前和塞巴斯蒂安·巴顿吃了顿午饭，他极度不满，告诉我他感觉自己像"一架绑在电脑上的机器，还像机器人一样接听着电话"。他说在托马斯的管理之下，《号角日报》变成了一份"20世纪50年代的报纸"，"我们应该带着手机在外面奔走……我们应该在写博客，我们还发过几篇关于'博客接管新闻业'的文章呢，难道他们根本不读自己的报纸吗?"在巴顿的定义中,自己正依赖于某个不受他控制的系统("一架绑在电脑上的机器"),还仰赖于一群弄不清状况甚至是无能的管理者们("难道他们根本不读自己的报纸吗?")。巴顿认为,当托马斯着迷于推进企划新闻时,整个新闻世界正和他以及这份报纸擦肩而过。在这种情况下,巴顿没有其他选择,只能去完成要求,那就是每天填满一份报纸。

约翰·罗比对于报社的变化作出了另一番解读。对他而言,托马斯在《号角日报》的计划并不是"出色的新闻实践"。在罗比的理解中,"出色的新闻实践"指的是一系列事情,比如能够第一个拿到新闻,比如每天都在同一条专线上工作,还能绞尽脑汁找到新的故事和新的视角,并和信源建立起不错的关系。出色的新闻实践正是从这些基础的日常新闻报道实践中产生的。相应地,一份"出色的"报纸会提供支持并培育这类报道实践的环境。

这种解读对于《号角日报》的记者来说特别有说服力,因为它强调的是一种由来已久的观念,即新闻已经在过去的三十年里逐渐被商品化了。那些在20世纪70年代入行的记者回想起了80年代初期,那时的报社因为被连锁企业收购而发生了剧变。从60年代开始就在《号角日报》工作的史蒂夫·亭顿,讲述了一个"前后对照"的故事。"前"是在企业所有权模式以前,当时的报纸仍由家族所有,记者和编辑可以自由地去做"出色的"新闻,即使这样做无法为报社带来高额利润。"后"是指报纸由企业所有以后,为了让报纸尽可能多地创造利润,新的官僚体制被引入。员工的层级都降低了。编辑们开始管理记者工作的细枝末节,企业管理者们也开始这样管理编辑。亭顿说,从那以后,这份报纸就很少考虑如何做"出色的新闻"了。在他看来,在十几年前甚至更久以前,就已经有了对记者和"出色新闻"的种种轻视,托马斯的做法只不过是又一个例子而已。托马斯的那些方案,就是最能够代表企业化新闻业"多快好省"(do more with less)理念的又一轮循环。

　　针对报业正面临的困境,其他记者也阐述了同样的观点。我们第一次见面时,安娜·舒尔特就回忆起几十年前的日子,那时的选题会非常精彩,都由编辑作主,讨论的主题总是接下来的重大新闻。而如今呢,她觉得,管理人员想要掌控全局。他们把新闻"包装起来,再配上花絮和引言",不再让记者去写暂无结论的东西。她认为,这种做法"惹恼了记者"。从这种观点来看,托马斯的做法和行业大裁员、企业紧缩开支、资方管理者带来的混乱,还有如今控制了整个行业的对于"出色"新闻业的普遍轻视,都如出一辙。这家报社,尤其是托马斯,对于记者们或对于"出色的新闻"都没有多少投入与许诺。

　　然而,在编辑们看来,报社里发生的种种情形应当归结于记者的能力不足。对他们而言,记者们生产的企划新闻不够多,是因为他们没有掌握相关的技能。托马斯本人就曾作出这样的解读。在他来到《号角日报》半年后,我向他提起记者们在被要求做更多企划新闻时所遇到的困难。他回应道:"大部分记者没有用更复杂的方式来思考新闻的能力。"而且那些做不到的人"将会离开"。本市新闻部的编辑罗依·欧登也说了差不多的话:"在我这个部门,有些记者就是没有那些本事,做不出托马斯要求的那类报道。"欧登毫不掩饰自己的烦躁,因为他需要"就每篇报道问记者60个问题",还得教会记者如何完成他们的工作,"我希望我的记者们能独立工作,就像当年我做记者时那样……但现在有的人就是做不到"。负责警局和法院新闻报道的编辑克拉克·布朗说,在他的部门里,不少记者"就是没有这种能力……他们很难在一开始就先构思出报道的样子,再按照想好的思路写出来",除此之外,记者们还效率低、产出少。

在爱丁纳·温格(Etienne Wenger,1988,p.185)的情境学习理论看来,要发展"探索、冒险并创建出看似不可能的关联的能力"——运用集体性的想象力来学习新事物的能力——需要有社群意识与归属感的存在。个体需要感知自己与他人享有共同目标,拥有一致的利益与认同,才会冒着风险展开共同的设想。从我以上概述的各式解读可以看出,《号角日报》的记者与编辑们缺乏的正是这种归属感。实际上,在托马斯就任期间,记者们觉得自己正在逐渐远离这家新闻机构。在记者们眼里,托马斯并不是他们中的一员(他不够格,也就是说,他算不上一位"出色的"记者)。更何况,他和新闻机构都对记者所推崇的观念或职业认知缺乏热诚。当然,记者们对其职业的忠诚与对所在机构的忠诚并不统一。这两种忠诚有时还互相冲突。但是,以我在《号角日报》所目睹的来说,它们可以称得上互相排斥了。记者和编辑在试图弄清状况的同时也划下了森严的界限:一边是"我们"(记者),一边是"他们"(新闻机构)。这些象征性的边界,使得记者和编辑不愿去探索如何才能做到生产更多的企划新闻、更少的每日新闻。当我在2006年8月离开这家报社时,这里的记者和编辑已经不愿就任何事进行合作了。

四个月后,也就是2006年12月,公司将托马斯调去了国内另一家规模稍小的报社。

小　结

积习确实难改。专线报道的常规实践在新闻业的实践中形成了一些难改的成规。这些成规可以用来应对日常新闻采访过程中经常出现的不确定性,也让记者得以形成一种关于自我的认知。在《号角日报》的例子中,要改变已有的成规,就需要花费更多的想象力资源,这让记者和编辑们力有不逮。

我们需要认识到,托马斯只不过触动了专线报道的意义与实践之网中的一根丝线。他并不想要彻底改造记者采访和报道新闻的方法。比如,他没有让记者不去服务公众。他也没有让记者停止探求真相、问责权力、核实信息。2005年,互联网还尚未开始对新闻实践提出太多的要求。我在《号角日报》时,报社网站只不过是顺手一做的东西。没有人要求记者在网站上即时更新事件进展、写140字的"推文"、更新博客,然而这些事情很快就变成了他们必须完成的任务。2005年,托马斯只是让记者们不要再和自己负责的公共机构保持密切来往;不要再写和市政府或州政府有关的过程性每日新闻;不要再用犯罪新闻填充每天的报纸版面;要少报道城市新闻、多关注地方趋势。在他看来，这些改变都有充分的理由。当然，这些理由并不都是出于新闻的考虑，很多时候是由市场驱动的。尽管如此，在托马斯预想的要在这家报社发起的诸多变革之中，他真正付诸实施的并不多。

然而，记者和编辑仍然觉得这些变化难以承受。这些变化大大冲击了传统的新闻实践，也扰乱了他们更想要保持的职业认同。更重要的是，它们加剧了报社中存在已久且不断增长的纷争。整整一代新闻人的职业生涯都在和商业化的逐步侵蚀作斗争。他们当然把托马斯的新计划看成来自管理层的又一次干涉，而管理层总是不顾新闻质量，只想赚更多的钱。信任缺失让报社出现了种种怀疑情绪，而这些怀疑情绪又让记者和编辑们难以集中精力，去创造性地解决那些由托马斯的改造计划所带来的难题。在纷争当中，记者们发觉专线报道的习惯让他们更自在。他们可能永远都没有办法在不跑专线的情况下生产出更广更深的新闻，但他们懂得如何写出一篇每日新闻报道。

他们当时正是这么做的。

第三章 投资

在上一章关于记者的习惯与常规的种种讨论之后,生产新闻看上去像是一种不用花心思的工作。实践准则已经根深蒂固,记者们只用不加反思地遵照它们行事即可。但我又想到了雷蒙德·沃尔特·阿普尔(R. W. Apple)的职业生涯,他是《纽约时报》声名显赫的政治记者。阿普尔的职业生涯长达四十年,其中充满了豪言壮语和野心勃勃的竞争。据说,他在整个职业生涯中都致力于让其他记者知道:只有他抢到了独家新闻;他知道得更多、写得更快;他的通讯簿上都是手握大权的人物,其他记者只能相形见绌;他赚得还比其他人多。可想而知,这种态度惹恼了他的同行们。特里林(Trillin,2003)就讲过一个故事,以前在阿尔巴尼报道州政府的政治新闻时,记者们一直在抱怨阿普尔,这种抱怨太频繁,以至于后来大家一致同意,谁提起他的名字一次,就得在饮酒基金里放上 25 美分。话虽如此,阿普尔确实是他那一代最为杰出的政治记者之一。他的政治报道的确比绝大多数人更多更好。詹姆斯·瑞斯顿(James Reston,1991,p. 317)在回忆录中这样谈起阿普尔:"他没有创造(越南)战争,但教会了一代人如何去报道它。"这种造诣当然让其他记者不是嫉妒就是钦佩。特里林在他对阿普尔的人物侧写里总结道:"他们发现,如果冷静下来想想,他确实卓尔不群。这是最让人难以接受的一点——他就是有那么好。"

像阿普尔这样的记者,证明了新闻报道并不只在于习惯与常规。阿普尔没有仅仅遵照准则行事,他在工作时显然花了很多心思。他有策略、有计谋,懂得临场发挥。他会按照自己的想法来安排、组织、混用、结合各种新闻生产准则。他之所以这样做,是因为他有能力这样做。已有的实践准则并没有面面俱到地涵盖每一种场景,也没有精确的条条框框来为每一种情况提供应对准则。他之所以这样做,还因为他想要这样做。他想要成为最好的记者,这就意味着他需要比其他记者更出色。到最后,他实现了这个目标。是他创造性的实践操作方法让他成为行业翘楚。

阿普尔的职业生涯印证了一个重要的观点:在实践之中根深蒂固的习惯不仅是记者们需要遵循的准则,它还是记者们彼此竞争从而获取的资源(参见 Giddens,1979,pp. 62-4;Sewell,1992)。在整个职业生涯当中,记者们一直都在磨炼技艺,以赢得同行的认可、获得更好的工作、拿到更多的报酬。从入行起,阿普尔就想要超过其他记者。为了实现这一目标,他花了大量的时间、精力和注意力来掌握必要的技能。他在报业一路攀登,从高中校报,到《纽波特日报》,再到《华尔街日报》,最后到了《纽约时报》。在《纽约时报》,他又一次次晋升:从地方报道组到成为阿尔巴尼分部的负责人，再到报道罗伯特·肯尼迪在1968年的总统竞选，最后成为华盛顿分部的负责人。一路上，他掌握了更多生产新闻的技能，并将这些技能转换成了更好且更高薪的工作。像任何有野心的记者一样，阿普尔把自己的时间和精力投资在了那些有可能会带来更大成功的资源上。

那么这一点又和变革有何关系呢？假设阿普尔在他的职业巅峰时期，也需要面对如今新闻业正在经历的巨大变革，他自然会犹豫，要不要放弃那些曾经让自己走上成功之路的种种投资。毕竟，他花了数十年才获取了这些资源。这也就是说，他抗拒变革，不是因为他积习难改。阿普尔怎么都算不上是一个积习难改的人。相反，他抗拒变革，是因为他对自己的实践方法有所投资。从他的角度来看，放弃自己对这些经年锻造的实践技能的投资的代价，远远超过了变革带来的利益。

这个观察让我们进入本章将讨论的主题。许多对于新闻编辑室变革的抵制，并非来自不加思索的积习难改。相反，这种抵制是有意识的、策略性的、经过盘算的。今天看来，毫无疑问，互联网是新闻业的未来。但是，每一个记者都知道，即使有，也只有极少数新闻机构真正能从网络创新的冒险中获利，更没有新闻机构有成功的经验，能靠网络版来养活一群员工，不管人数是多是少。从这些事实出发，对于大多数主流记者而言，迅速转向网络看上去像是转向一种会让自己失业的创新方向。此外，在线新闻业似乎对他们打磨多年的实践技能并不友善。看起来在线新闻业更看重快速更新而不是长篇报道，更青睐博客文章而不是系列调查。记者们在早期的职业生涯中反复打磨过自己的技能,如今再难提起兴趣去写每日更新的博客文章、故事进展,以及关于车祸或有伤风化的犯罪的突发新闻。况且,即便他们愿意写这类新闻,他们也无法从中找到任何能证明自己比同行更出色的依据(如果不算上至少还能保住工作这一依据的话)。普利策奖并没有为年度最佳博客文章设立奖项。

我想要在此铺陈的论点和克莱顿·克里斯坦森(Clayton Christensen, 1997)所描述的"创新者困境"有相似之处。克里斯坦森分析的是那些面临"颠覆性技术"挑战的行业:当能够引发深刻变革的新技术出现,便会为传统企业带来生死存亡的威胁。克里斯坦森的观点是,传统企业的管理者之所以无法适应新的环境,正是因为他们是理性的决策者。他观察到,新的技术一般只能带来更低的利润率,也不被原有顾客重视。如果管理者想要维持当下稳定的利润和发展趋势,他们理所当然会避免创新,因为起码从短期来看,如果要为新的颠覆性技术去重新分配企业投资,所需成本常常远高于其收益。正因如此,管理者没能适应变化,而这一结果成了困境的起因,让企业的未来生存蒙受风险。"管理者所做出的合乎逻辑的、称职的种种决策,对于企业的成功而言非常关键",但是一旦颠覆性技术出现,"它们同样也成为让传统企业失去行业领先地位的原因"(p. xiii)。

克里斯坦森的著作在新闻业界得到了广泛流传,因为报业管理者们正在面临着他所描述的难题。行业中90%以上的利润来自旧的技术(印刷),而他们最为忠诚的(也就是年龄更大的)顾客并不是互联网的拥趸。而且,至少在当时,在线新闻业并未能提供多少利润来源。他们发现自己的处境完全符合克里斯坦森所说的困境。但在这一章中,我想要把这一论点再展开论述。如果我们把新闻业的技能也看作资源和投资,那么新闻工作者同样适用于这一论点。记者的情况是,他们已经投资了大量的时间和精力来掌握传统技能,这些技能仍然受到行业的重视,也受到他们的忠实读者和所在新闻机构的重视。像其他人一样,他们认识到在线新闻业承载着新闻的未来。但从其视角出发,记者们找不到现在就起身去迎接那个未来的理由。如果新的实践方法的价值仍然存疑,那么他们为何会想要为了这些新的实践方法,去主动重新分配已有的投资呢?

《先驱报》拯救计划

《先驱报》是一份中等规模的都市报,它的情况清楚地说明了记者的投资如何阻碍了新闻编辑室内的创新。我在2008年的夏天造访了《先驱报》,之所以选择这家报纸,一部分是因为它是当时已为数不多的由家族所有的都市报之一。基顿(Keaton)家族于1894年创办了这家报纸,从那时起,它经过了家族四代人之手。许多家族成员仍然居住在此城,也活跃于本地公共事务当中。如今,这一家族企业的资产投资已经变得多元化。它拥有一家电视台和一家纸制品印刷公司,还在保险业、房地产业和金融服务业中拥有股份。但是,这家报纸仍然是家族企业的核心——它不仅仅是一门生意,更是其家族传统的关键组成部分。

我之所以选择这家报纸,还因为它近年来在新闻业中的优异表现。和大多数都市报一样,《先驱报》有过更辉煌的历史。但和很多报纸不一样的是,这段历史并未过去太久。在 20 世纪 80 年代以前,它只能算是一份小的城镇报纸。它曾经的员工规模不大,而且大部分都是地方记者;它的发行量也不大,视角只局限于本地。但在 80 年代初期,据当时一名记者回忆,一名新主编"将这份报纸带入了 21 世纪"。新主编聘用了来自"大城市"的编辑,并开始从全国招募记者。到了 90 年代初期,报纸有了长足的发展。"那几年是报纸的黄金年代",另一名记者这样对我说。当时的员工数量多达 170 人,日发行量到了 144,000 份,报纸也获得了许多嘉奖。不少当年的老记者还留在报社,他们都非常乐于回忆 90 年代。一名记者回忆当年:"当时我们会花大量时间去做大策划、大选题。"另一名记者说起她曾经被派往俄罗斯,负责对当地核能发电厂的一个长期调查报道的部分工作。还有一名记者在说起报社曾经每四年一次派他去往新罕布什尔报道总统初选时,仍然赞叹不已。在 90 年代末,《哥伦比亚新闻评论》(*Columbia Journalism Review*)将《先驱报》评为全国十佳报纸。

黄金年代结束于 2001 年,那一年报社开始了第一轮裁员。数次裁员之后,在报社工作多年的主编辞职了。发行人于是聘请了汉克·卡林,他是一名资深新闻人,有着近三十年的从业经验,曾经担任几家报社的主编。在

90年代，卡林因为倡导"公共新闻"而受到不少非议（参见Charity，1995；Glasser，1999；Haas，2007），他也是一名蜚声业界的愿意接受挑战的创新型领导。无论如何，在接下来的七年里，卡林接管的是一家规模持续萎缩的报纸。员工人数减少到了不足一百人，日发行量跌到了88,000份。当我在2008年7月来到报社时，衰落的痕迹已随处可见。卡林正在计划撤掉报纸周日版的彩色漫画。他还在考虑终止报社与美联社的合约，这件事也激起了强烈反对。就在我来报社的前几天，发行人宣布要将报纸的版式从48英寸"瘦身"到小报风格的46英寸。报纸原有的"A版"和"B版"有时被合并在了一起，因为广告部卖不动"B版"的广告。全区域报道的原则也被搁置一旁。报社曾经有一个由十四名记者和两名摄影记者组成的地方部门，专门负责报道附近一个富裕的郡县。2007年，这个部门被解散了。报社曾经有四名报道公共安全的记者，如今只剩下了一个。报社曾经还有一个负责报道"地方政府"的记者团队，如今只剩一名记者同时负责市政府和县政府的新闻。报纸的商业版曾经非常丰富，但如今的商业版被并到了"B版"内页，许多商业记者也被裁员了。

听完关于报纸"黄金年代"的种种讨论，我花了一个星期的时间去翻阅档案资料，浏览了正好十年之前，也就是1998年7月的旧报纸。不得不说，当时的报纸和现在的差别非常大。1998年头版的新闻数量和2008年差不多，每天四到六篇。但是在1998年，头版内页还会有四到五篇地方新闻；地方版或"B版"的新闻数量也很多。

按照我的计算，1998年7月21—28日，地方版平均每天提供了八篇原创报道，而这个数字在2008年减少到了每天一到两篇。当年这些多出来的报道（平均下来"A版"和"B版"每天大概比现在多出了十五篇以上）来自大量广告的支持。1998年，报纸周六版的汽车版块上有十页的汽车广告（在2008年这个数字是零），周日版则刊登了二十多页的分类广告。1998年，一份报纸的头版内页通常会有四到五页整版广告。而在2008年，一份报纸有一页整版广告就很不错了，很多时候连一个都没有。

尽管《先驱报》的衰落缘于经年累月的变化，但2008年的夏天可以算是它命运的转折点。在我来到报社之后不久，报社召开了一次全体会议。发行人在会上表明：2008年的前六个月中，零售广告量下降了8.7%，汽车广告量下降了15%，分类广告量下降了21%，全国性广告量下降了10%，而报纸的发行量下降了15%。这些数字实在太残酷，一名记者忍不住发问："报纸快死了吗？"发行人三十秒钟没有说话。这个停顿更让人难以忍受。他显然是在仔细斟酌这个问题，然后说："我们仍然是发布信息的最佳途径。我觉得自己没有很好的答案。我们快死了吗？……不……但这个问题没有答案。谁也不能够保证什么。"卡林告诉我，除非发生突变，几个月后他的预算会被砍掉800,000美元。这将导致又一轮裁员，预计会有21—25人被裁掉。他说："我很确定，除非我们进步飞速，不然我们在接下来的六个月里会失去三分之一的员工。"

卡林没有耽于绝望，而是开始专注于他扭转报社败局的计划。他告诉我,企业整体并没有前进的策略性愿景。在他看来,其中广告部门尤为抗拒变化,也没有发挥打造出拥有前瞻性视野的企业形象的作用。发行人兰斯·基顿给了卡林足够的空间让他施展计划,于是他开始对报社进行改造。从本质上看,他的改造计划非常简单。卡林看过数据之后发现,在过去的二十年里,《先驱报》的发行量平均每年下降1%,甚至在"黄金年代"也是如此。那些记者们津津乐道的为报纸赢得嘉奖(开支也不少)的报道,并未阻止这一下滑趋势。但好的一面是,互联网也并没有让下滑速度变得更快。从这些趋势出发,卡林的结论是,他没有办法拯救这份报纸。无论他做什么,就像过去二十年里报社做过的所有尝试一样,都不可能阻止发行量的下降。卡林根据美国报业协会的数据,估算出报纸的发行量会触底跌至 60,000 份左右——这是按照当地经济规模计算出的这份报纸的"稳定状态"。而随着发行量的下跌,收益会不可避免地减少。根据这些事实,卡林开始觉得,如果想要尽量维持报社的原有规模,就只剩下一个选项:他需要用其他收益来弥补不断缩水的报纸收益。

于是,卡林为了拯救报社而启动的"多平台"战略就此诞生。在过去,报社对员工、技术和流程的投资大部分都给了报纸。而随着新计划的推进,报社开始将报纸视作发布"产品"的诸多"平台"之一。其他平台则包括了网络、广播、移动电话和各类印刷出版物。卡林的计划是,快速抽走报纸的资源,让其转而为报社的其他平台服务。他从 2007 年就开始执行这一计划,当时他说服了发行人,在报社的角落搭建起一间小小的无线电广播工作室。他的想法是让记者录制长度为 30 秒和 1 分钟的新闻摘要,然后把这些内容提供给当地广播台,跟他们交换一半的广告收入。卡林还重新组建了一个 11 人的团队。这个团队需要为报社网站定制内容,重新设计网站,以更好地为这些新内容服务。他还产出了关于报社在不同发展阶段的其他想法——从生产新的印刷出版物,到为其他媒体提供内容产品,再到研发移动应用等等。他推测,在未来,报纸会为企业提供大约 60% 的收益。他计划让其他平台提供余下 40% 的收益。他告诉我,我们"必须把内容从印刷出版这一正在失败的商业模式中解放出来"。"印刷已死",他这样说。他把将要向报社推行的这一理念称之为"解放主义"。

在计划了几个月之后,卡林准备好了,要在 2008 年 7 月向所有员工宣讲他的新理念,我就在那时来到了这家报社。

新闻业场域与报纸

卡林在向员工介绍改革计划时,总会以这样一句话来结尾:"我们的核心理念是不会变的。"他的意思是,虽然报社正在推行新的工作流程,开始通过不同平台发布内容,但它的基本理念不会有任何动摇。记者要生产的仍然是客观的、基于事实的报道,要做的仍然是冷静的、脚踏实地的新闻。卡林试图用这句话来安定人心。报社正在经历很大的变革,而接下来的变革只会更加剧烈。

他对员工们说,新闻业的原理是普遍适用的。我们仍然是记者,他坚持强调,仍然在做新闻。

卡林用传统新闻理念来表述变革,他的直觉是对的。上一章让我们意识到,记者们可能会在变革之中和原有的职业认同渐行渐远。而卡林对于传统的引述,则是在尽可能地重新强化记者们的自我认同。这样做还有其他好处。通过强调这些经过了时间考验的实践方法,卡林让记者对于技能的投资得到了尊重,《先驱报》的记者们可能尤其感受到了这一点。在20世纪80年代,《先驱报》的编辑们有意识地推行了一种办报策略,想要提升这份报纸在整个行业中的地位。要做到这一点,编辑和记者们都力求掌握并展示各种各样的技能——写作、讲故事、访问、调研——这些都是被行业所推崇的技能。举一个例子,他们花了很大力气去争取新闻业的奖项。在90年代,报社每年花在申报各类奖项上的支出,通常都达到了50,000美元以上。正因如此,这份报纸开始以其"写作项目"而闻名:这些长篇的、复杂的、文笔精湛并配有精良摄影作品的报道,毫无疑问受到了同行瞩目。当然,这些报道的成本颇高。但是,从报社当年所享有的自主程度来看,主编并不在乎这一点。主编要求员工们从新闻理念出发来生产新闻,不用顾虑报纸的商业需求。改善报纸的经济状况,或者写读者想读的内容都没有记者对优质新闻的判断来得重要。

随着这份报纸在行业中逐渐累积起生产高质量新闻的名声,不少有着同样抱负的记者被吸引而来。西德尼·库勒是负责地方政府新闻的记者,他提到自己曾经

91

在90年代中期来这家报社实习,当时他就被这里的高质量新闻深深震撼了。他觉得这份报纸就是"小型的《纽约时报》",并尤为推崇报社的调查报道小组。在库勒看来,他们做新闻的方式,就是做新闻最理想的方式。尽管后来库勒去到一家小镇报纸工作,但他总有着想要回到《先驱报》的念头。几年后,报社登出了一个职位的招聘启事,他便马上抓住了这个机会。对他来说,当年在这家报社实习时,最好的一点就是大家始终关注新闻的质量,也有充裕的时间和空间供他打磨自己的技巧。

在整个90年代,报社吸引了越来越多像库勒这样的记者,也留住了他们。到了2008年,《先驱报》的记者们在这份报纸的平均工作年限是十五年,但不少记者已经在这里工作了二十年,还有一些甚至到了三十年。工作年限如此之长,其原因大部分来自《先驱报》的工会制度。根据工会的规定,每一名记者都要依照某一种工作类型(比如:摄影记者、地方新闻记者等)来累积服务年资。如果要裁员的话,编辑们有两种选项:他们可以裁掉所有工作类型之中资历最浅的记者,或者是选择裁掉属于某一种工作类型的记者,而且也要从资历最浅的人开始。在2001年《先驱报》的第一轮裁员中,主编选择了第一种方法,这意味着先被裁掉的是那些最年轻、最没有经验的记者。在经历了好几轮裁员之后,留下来的就是那些最为资深、最富经验的记者了。正如执行编辑托德·汤普森告诉我的那样,屡次裁员成功地"裁掉了那些最有可能迅速转型的人",或者,换句话说,在历次裁员之后留下的,是像库勒那样曾经对传统的新闻实践方法投资最多的人。

很少有报纸还保留着工会制度,也很少有报纸还拥有着像《先驱报》那么多的老记者。但新闻行业的结构实际上也决定了,大多数记者或多或少和《先驱报》记者一样,有过对于新闻实践方法的投资。直到现在,新闻业的典型职业路径都是以下所描述的这样:一名刚从新闻学院毕业的应届生通常会从一家小镇报纸做起——干得不少,挣得不多,在行业中默默无闻。几年之后,她可能换了几家不同的报社,一路往上走——从小镇报纸换到都市报,再从都市报换到大型的地区性报纸。在每一个阶段,她都会面对同行的评价,他们会去判断她是否"有真本事",或者是不是个"真正的"记者。如果她得到了这些认可,她在行业中获得的声望才会与日俱增,报酬也会随之上涨。在这条道路上,她还会转换不同的岗位,她所在的专线会越来越重要:一开始她可能负责的是夜班警局新闻,后来负责日间警局新闻,再从警局新闻换到市政厅新闻,再换到州议会新闻,诸如此类。在她职业生涯的尾声,她也许会抵达职业的顶峰,在全国性的大报工作,她的出色能力也会为她带来高薪和地位。当然,对于一名记者而言,这并非是一条唯一的职业道路,并不是所有的记者都以去全国性大报工作为目标。但大多数职业道路都有着相似之处:在行业中按照某种次序一步一步向上攀登。当记者们如此向上攀登阶梯之时,很自然地,他们也在一步步的成功之中积累起自己的投资。

值得指出的是,新闻业内部出现这样的一种"内聚"结构,并没有花很长时间。美国新闻业大概有着三百五十年历史。在整个过程中,它独立于其他社会领域的时间也不过大约五十年。在美利坚合众国的早期,新闻业不过是印刷商的副业(参见 Humphrey,1996;Sloan and Williams,1994)。在 19 世纪的大部分时间里,它也只不过是政党体系的"随从",需要听从于政治,而不是新闻业自身的要求(参见 Kaplan,2002;McGerr,1986)。到了 19 世纪末,新闻业切断了与政党体系的联系,但又发现自己任由媒体商人的经济需求来摆布(参见 Baldasty,1992;Schudson,1978)。直到 20 世纪 50 年代,这个行业才开始获得一部分免受经济和政治影响的自主性(参见 Schudson,1995b)。到这时,记者们才开始更为在意同行之间的评价,而不是只受到其他社会领域的影响。到了 70 年代,新闻业终于到达了学者所说的"高度现代主义"的阶段,其免受其他社会领域影响的独立性也达到了顶峰(参见 Hallin,1994)。相较历史上任何一个时期,当时的新闻记者更多是在按照新闻业自身的理念做新闻。但正如第一章所描述的那样,到了 80 年代,商业化又开始侵蚀这种独立性。即使我们认为现在的新闻业在面对商业压力时,还留有部分残存的自主性(事实上这一点许多记者并没有办法做到),那么新闻业不过才"独立"了五十年。

然而,尽管时间不长,新闻业仍然发展出了一个复杂的内部结构,这也产生了诸多重要的影响。我们不妨借助关于新闻业的"场域"理论[1]所提供的洞察,来进一步厘清这些影响。20 世纪中叶的新闻业,形成了一个组织化且自成一体的社会空间,它十分符合社会"场域"的定义。和一个自然"场域"非常类似的是(想一想重力或电磁），用科学家的词汇来说，当时的新闻业中聚结了一系列的"特性"，这使其产生了更强的一致性，也让区分行业内外的边界更为清晰。这些特性即是卡林所提到的新闻业的核心理念与实践方法（客观性、平衡、公正等）。卡林将这些理念和实践方法称作新闻业的本质，他真正想说的是，在剧变之中，他仍然想要维持新闻业的一致性。这并不让人惊奇，因为卡林本人正是在新闻业的"高度现代主义"时期，经历了他自己的社会化过程。

除了划清新闻业场域的边界，新闻业的特性——它的核心理念与实践方法——还发挥了其他作用。例如，就像重力在重力场中发挥的作用一样，这些理念和实践方法让记者们之间产生了推力和拉力。这些推拉关系的结果是，记者们行事和思考的方式越来越像，也和场域之外的人越来越不同。而随着行事和思考方式越来越像，记者们开始通过彼此比较来评估自己的成败。阿普尔就是一个例子，他的成就很大程度上来自他想要被同行认可为一名"好"记者的决心。在乎彼此间的评价这件事，也让新闻业成了一个自成一派、甚至有些目光短浅的行业。在新闻业的高度现代主义时期，记者们最在乎的事，就是在同行之中提升自己的地位。

当然，和重力场相比，像新闻业这样的社会场域有个最大的不同点：该场域中的个体是自己选择栖身于这一空间的。的确，新闻业的核心理念与实践方法让记者们之间产生了推和拉的关系。但是，个体是出于自己的选择，才参与到这个由理念和实践方法所组成的游戏之中的。例如，如果客观性在新闻业中是更为可取的理念，那么一名"好"记者便会采用客观性的做法,即使仅仅是为了被场域中的其他人认可为一名合格的记者。这样来看,场域中的力之所以发挥作用,是因为记者们自主选择了被力作用。他们为何这样做?简单的答案是他们想要获得成功,想要被同行认可为成功。但成功在像新闻业这样的场域中是一个相对的概念。只有在把一名记者和其他记者作比较时,才能知道他是否更为成功。这个事实便引出了另一件事,即场域中发展出来的内部等级——这一结构可以让我们做出判断,比如,一名《纽约时报》的记者就是要强于一名《国家问询报》(*National Enquirer*)的记者。这一等级结构也造成了记者的策略性思维。想要攀登职业成功阶梯的记者,会针对那些更受场域推崇的实践方法进行策略性的投资,由此让自己变得比其他记者更为出色。当他们累积起这些实践方法的投资之后,这些实践方法似乎就变得更有价值,因此也更值得保护了。

从场域理论所提供的这些洞察来看,新闻实践不仅仅是记者们所习得的习惯,它同样还是记者们彼此竞争从而获取的资源。《先驱报》的记者们花了好几年甚至数十年来获取这些被场域认可为有价值的技能。而且,从他们就职于《先驱报》这件事来看,他们的投资显然在很大程度上获得了回报。《先驱报》是一家全国知名的地区性报纸,也获得过无数新闻奖项。在记者们看来,这家报社是他们能够不受其他干涉,去施展自己才能的地方。也正因为如此,卡林使用了关于新闻业核心理念与实践方法的一套论述,来表述他对"残酷无情的变革"的想法。他的做法非常正确,他的记者们对于这些实践方法有过太多的投资,他们或许只能够通过这种论述来理解关于变革的说法了。

话虽如此,卡林也有错误的地方:他相信报纸和"新闻业核心理念与实践方法"之间的关系是分离的,也是可以分离的——因此他可以减少对报纸的投资,但不减少对新闻业的投资。新闻业场域形成于商业报刊之中,其核心实践与理念也无法摆脱这一媒介类型的影响。这一点毋庸置疑。就拿"记者的报道应真实准确"这一理念来说吧,这是新闻业场域中的基本理念,但却又因为印刷物的永久性而随时面临着受损的可能:一个印刷出版的错误提供的是一种既明显又持久的证据——证明有记者违背了这个原则。正因如此,报社发展出复杂的流程来保证报道的准确性。在报社,记者需要核实报道中的每一个关键信息,而记者交稿之后,稿件还会在一群编辑的手里来来回回过一遍,最终才会见报。而在这个流程的每一个阶段,编辑都会核实报道的准确性。在报社记者看来,这些流程与其中所蕴含的理念并无不同。对他们而言,这些流程只是让这一理念变得具体而已。

因此,当卡林宣称他能够做到在从报纸拿走资源的同时不去损害大家公认的理念时,《先驱报》的员工们表示十分怀疑(另一家报社的记者也有着相似的反应,参见 Robinson, 2011)。对报纸投入的资源变少,可能就意味着每位记者能够用来核查事实的时间变少,也可能意味着经手一篇报道的编辑人数会变少,还可能意味着整个编辑流程会缩短。而这一切便会不可避免地导致错误率升高,也就造成了与原有理念的偏离。

举个例子,就在卡林在全体会议上向员工承诺他不会违背新闻业核心理念的前一晚,为报社服务了二十年的老记者格雷戈·尼尔森,被任命为负责本市新闻的夜间部编辑。以前的负责人因故离职,报社又经历了几轮裁员,的确没有其他人能胜任这个岗位了。尼尔森同意了,但他非常发愁。他告诉我:"我没有干这个的经验,我不应该干这个活。"尼尔森的意思是,一份好的报纸,实在不应该安排没有经验的人来做本市新闻的夜间部编辑。尼尔森把这个错误和卡林对资源的重新分配联系在了一起:"当报社把更多资源给了网络版,这些事情就变得没那么重要了。"他想说的是:当我们全力发展网络版时,报社的核心理念与实践方法便开始受到忽视了。

"看门狗"新闻是另一个展现了报纸与新闻业场域之间存在深刻关联的例子。记者的工作就是监督公职人员是否尽职。这一理念从 20 世纪早期就开始备受新闻业的推崇。从那时起,它便成为记者们赢得行业地位的一种途径。许多记者在入行的头几年,做的都是突发新闻或软新闻。他们可能从夜班警局新闻做起,报道日常的犯罪新闻;也可能从社区新闻做起,报道糕饼义卖会或家长教师联谊会的趣闻。随着记者在报社的地位上升,他或她可能会被调任到更受重视的专线(比如负责警局的日间新闻,负责法院、市政厅、州议会的新闻等),而跑这些专线会让他们开始做更多的"看门狗"新闻。换句话说,新闻专线的等级次序也与"看门狗"新闻的行业地位有关。

卡林把资源从报纸撤走,便带来了打乱这一等级次序的风险。举个例子：为了节省开支，他合并了市政府和县政府这两条专线。而库勒作为跑这条新专线的记者，他所负责的专线范围变大了，于是不能再做太多"看门狗"新闻。"我的摊子太大了，"他告诉我，"但算下来我也总共只有四十个小时的工作时间。"这样做的后果是：出现了更多例行公事的新闻，更少"看门狗"新闻，以及库勒和其他记者的更多担忧。他们担忧的是卡林已经不再重视"高质量新闻"了。

我们还可以细数其他例子，但结论已经很清晰了。卡林把报纸说成是多个平台中的一个，但这样做没有考虑到报纸并不只是一种技术。相反，它是一组社会过程，并深陷于更为广阔的新闻业场域之中。记者在这一场域中有过投资，也就意味着他们对这些社会过程——以及这份报纸——进行过投资。

再造电视新闻

与报纸相比，《先驱报》的记者们对互联网的投资要少得多。我们可以暂停一下，先来看看这个新的媒介。到了2008年，记者们已经和互联网打了大约十五年的交道。正如我在第一章所描述的，在这段时间，在线新闻——起码那些主流新闻机构生产的在线新闻——都被报纸的拉力所塑造。即使在最具创新性的报社，与在线新闻相关的大多数元素——从设计、内容到商业模式——都是为了契合报纸的风格、需求和利益而制定的。这就意味着，即使在21世纪初，遍地都在讨论变化和转型之际,记者的日常实践并没有改变多少:他们还在跑原来的专线,和同一群消息源打交道,用差不多的方式写着同样的报道。一名《先驱报》的记者告诉我:"现在唯一的变化就是,我会坐在椅子上为变化发愁……然后还是接着干我的活。"即使是在2008年,互联网为大多数记者带来的改变,也只不过是网站编辑会把他们的报道发布到(记者们称之为"扔到")网上,时间通常是在文章见报的前一晚。大多数记者并不参与这一过程,因此也不太注意报社的网站。

这种情况或许还会延续下去,但因为网站会在报纸刊出前一晚就发布新闻,这带来了一个问题:网站抢先报道了报纸的新闻。由于新闻在见报前一晚就发布到了网站上,与读报相比,读者们能在网上更快地看到文章,而且花费更少(免费)。换句话说,网站在不断侵蚀报纸的附加值。每一个和我交谈的人都认识到了这个问题,但只有少数几家报社着手处理了这个问题。这也在某种程度上说明,在2008年——距在线新闻的诞生已有十五年之久——记者们对新闻业传统理念与实践方法的投资已是如此之深。

和大多数其他报社的主编相比,卡林在报社网站上花了更多心思。例如,他很早就要求记者发布博客文章,而这在很久以后才成为其他报社的日常;他的报社还有一名记者获得过一个"年度最佳博客"的全国性奖项。但即使是卡林,也没有花太多精力去解决报社网站所带来的潜在问题。像别的报社网站一样,多年来《先驱报》的网站同样在抢先报道报纸的新闻。然而,随着形势的变化,卡林在 2008 年开始下决心去解决这个问题。他在着手这个计划时,已经掌握了一系列的数据。在现代计算机数据库的帮助下,他能够追踪并整合报社网站上每一位用户的每一步操作。他得到的是以下这些信息:一大批用户在早上 7 点和 8 点涌入《先驱报》网站;一小批用户在中午再次打开网站;又有一小批用户在下午 5 点再次登录;下午 6 点之后,网站流量显著下滑,直到第二天早上 7 点之后才会开始上升;对每一批用户来说,大多数人打开的都是报社网站的主页(很少人通过其他网站的链接而来);而最关键的信息可能是,大多数人只停留了不到 30 秒的时间。[2] 在卡林看来,这些信息意味着大多数人都是在工作时间登录网站,而且他们只作短暂停留,浏览一下标题。在一天之中,他们还会再次打开网站,看看有没有新的事情发生,但也只是停留片刻,几乎不会点击标题链接阅读全文。下班回家后直到第二天上班启动他们的工作电脑之前,这些人不会再次打开网站。

  这种阅读新闻的方式和读报大相径庭,也造成了在线新闻生产的两大基本难题。首先,卡林需要想办法在早上 8 点以前更新网站的内容。那么,在前一晚 8 点以前把为报纸准备的新闻放上网站,显然不是最佳办法。这样做不仅会消耗报社人员的精力,还会导致当用户在流量高峰期涌入网站寻找新闻时,只能在页面上看到"旧新闻"。其次,网站的内容还需要在全天内不断更新。一天之中用户会数次打开网站,寻找新的信息。如果网站几个小时都不更新,用户可能不会再去刷新页面。同样,把传统的报纸报道放到网上,也不是最佳的办法,更不用说记者也写不出足够多的报道,来让网站不断更新。

对卡林而言,要解决第一个问题似乎很简单:设立一个叫作"机动记者"的新职位,他要负责在早上8点以前收集并发布最新的新闻内容。卡林让资深的警局新闻记者威尔·瑟蒙德来担任此职务,还安排了兰尼·沃尔什——一位来自报纸地方版的记者——做他的副手。当我来到这家报社时,瑟蒙德和沃尔什的新工作已经开始几个月了。他们向我描述了自己寻常的一天:每天早上,他们中的一个要在早上6点到报社,然后给不同政府部门(行政司法长官办公室、消防局、警察局)打上一圈电话,看看有没有突发新闻(通常是车祸),以此在网站上更新天气和交通信息,然后去往突发新闻的现场,收集音视频资料。到了早上7点,新任命的"网页编辑"会来到报社,再次更新网站的内容(大部分还是天气和交通信息),然后协助瑟蒙德或沃尔什,把新收集的现场报道发到网上。记者通常要在新闻现场花上一到两个小时,再回到报社,撰写报道的网络版,并发布音视频内容。之后瑟蒙德和沃尔什还会再打上一轮电话,更新天气和交通信息,如果还有时间,他们还会跟进之前报道的突发新闻。

从本质上来看,虽然并非出于本意,但他们在做的是再造本地电视新闻。和电视记者一样,瑟蒙德和沃尔什总结了经验教训:在早上6点,除天气、交通和犯罪新闻外,一般不会有其他类型的信息。政府部门9点才开门,而且也只会在晚些时候才开展一些有新闻价值的活动(比如召开会议)。此外,很少有政府官员会在早上6点或7点坐在办公室,接受电话采访。瑟蒙德和沃尔什的

第一轮电话,经常只能联系到电话调度员或被转到语音信箱。偶尔在清晨发生的犯罪或交通事故,成了他们采集到比较实在的新闻的唯一希望(这也是为什么要让曾经负责警局新闻的瑟蒙德来做这份工作)。但即使有这些事件发生,他们的做法也更像是电视记者而不是报纸记者。瑟蒙德和沃尔什的解释是,他们的首要职责是拍摄视频,因为视频更有"黏性",它能够让人在网页上多停留 15 秒。瑟蒙德告诉我,在拍摄视频时,他除了做基本的报道之外,没有时间做更多的事情。他举了一个他最近报道的连环杀人案的例子。作为负责警局新闻的记者,瑟蒙德会在现场花上更多时间。他要在现场采访警察,并在社区挨家挨户搜寻更多的信息。而作为机动记者,他没有这么奢侈的时间安排。他需要拍摄现场视频,录下警察的同期声,然后就要回到报社尽快发布这些内容。这些实践让他变成了电视记者的竞争对手。

报社网站新闻实际上是在借鉴电视新闻,瑟蒙德和报社的其他记者都不赞同这种做法。对他们来说,这意味着报社在降低做新闻的标准。在一次主编会上,负责本市新闻的编辑温迪·马洪表达了她在看过网站最新流量数据之后的沮丧。这些信息对于卡林而言不是什么新闻:用户更愿意看天气和交通信息,他们最有可能点开链接阅读的是关于犯罪或事故的煽情性新闻。马洪说,报社虽然能够继续用这类内容来填充网站,但是"这会不会变成对受众的迎合?"其他人也纷纷摇头表示不满。另一名编辑说:"突发新闻并不总是突发新闻。一场车祸不能算是突发新闻,除非它导致了严重的后果。这太差劲了!"另一个人发言:"做网站是为了什么?是要报道每一场事故,还是让内容更丰富一些?"格雷戈·尼尔森也在和我的谈话中表达了同样的意见。他说"记者曾经是报社之王",但现在,他们的位置"被创新挤到了后座"。他接着说:"你看看威尔·瑟蒙德吧……他是个了不起的警局新闻记者,但现在他们只让他去跑车祸现场。"瑟蒙德和沃尔什对现在的工作同样深感不适。瑟蒙德告诉我,这份工作的坏处,是让他"觉得自己像是在做电视新闻"。沃尔什也说,她的初衷是要做"好新闻",但现在要去报道一场场交通事故,这看上去离初衷越来越远了。

记者们既感到困惑,又有些担忧,优秀的报社记者居然要和电视记者展开竞争了。瑟蒙德说他非常愿意学习新的技术,但他不可能比得过电视记者。其他人也赞同这一点。"我们应该和地方电视台共享资源,"报纸地方版的记者纳迪亚·史密斯说,"如果你是个机动记者,那就没有时间去查阅档案记录,去写基本的报道文章……我们(网站)的内容质量肯定下降了。"鲍勃·亚历山大也表示同意:"同时有好几个目标不是件好事……我不看好机动新闻。那得花时间啊。现在只是'砰'地一下做出东西来——多任务工作会毁掉写作……因为在写作过程中没有了思考的时间。"他更愿意"把时间花在写出一篇好稿上"。雷吉·杰弗逊是报社的专栏作家,他和我谈到了西德尼·库勒的情况。卡林让他学习如何拍摄视频。"库勒原本可以去写关于市政厅的优秀报道,为什么要让他去拍一些'半调子'的视频?"杰弗逊向我发问,疑惑不已。获得过乔治·波尔卡奖(George Polk award)的调查记者凯特·斯班林也认为报社"没有在为读者提供优质的服务","靠奇招取胜的新闻"是差劲的新闻。她还说:"这个地区已经有一家电视台了……他们来做这些更得心应手。让报社记者来做这些东西,只会降低所有内容的质量。"

如果说记者们对报社网站的电视化并不满意,那么他们更不愿意接受的,是卡林对网站第二个难题的解决方案。为了让网页不断更新内容,卡林只有几个选项。要么他聘请更多的记者,但经费有限未能实施。要么他允许网站发布由报社外部人员提供的内容(例如,博客写手、公民记者等),但他又担心信息的质量。他还可以要求记者在一天之内不断发布信息。最终他选择了第三个办法。当记者们收集完信息之后,卡林要求他们立刻将其发布到网上。他对记者们说:"一旦获悉,就马上发布。"通常在下午,记者们就要开始写"第二天"的报道——报道需要超越日常新闻的写作,推动事件向前发展——这些报道最终会在第二天的报纸上刊出。例如,假设一名记者需要写一篇关于市议会即将召开会议的报道。在上午,他得知一项有争议的发展项目将要在会上讨论。按照卡林的要求,这名记者需要用一段话把这个信息发布在网站上,并邀请用户参与讨论。然后他可以继续跟进报道。这一天之中,如果找到了新的相关信息,他还需要持续在网站上更新这些信息,并回复用户的评论。到一天快要结束时,他应当整理所有信息,为第二天的报纸撰写一篇更有深度的报道。为了协助这些记者,卡林还新聘请了两名"在线制作人"。他们负责发布在线内容,即记者们收集的音频、视频等。如果所有记者都这样去更新报道,那么报社网站就会保持活力和新鲜。

对于记者而言,这一策略看起来像是对"高质量新闻"的又一次忽视。商业版编辑特伦斯·贝尔的反应就是个典型的例子,他认为"虽然快速发布信息有它的好处",但这也会造成"对质量的担忧。信息核实了吗?而且,贝尔并不认为新闻报道之外的其他信息"有多少价值"。谁会读这些?""只有那些痴迷于新闻的人。"对于贝尔来说,脱离了语境的信息毫无用处,"人们想要知道香肠的制作步骤吗?"商业新闻记者肯特·康拉德也同意这一点:"我想要写的是完整的报道。我可不想把自己的名声毁在三个自然段上。"卫生健康新闻记者鲍勃·亚历山大也认同康拉德的说法。"我并不反对这个不断在网上更新零零碎碎的信息的计划,"他对我说,"但我的很多报道都非常复杂……我只想让别人看到我最好的成品。"所以他只在觉得自己的文章能被展示时,才把报道放到网上。斯特凡妮·罗德里格斯也是这样做的,她告诉我:"我当初做新闻是为了成为一个写东西的人,而不是一个收集信息的人。"

从这些评论可以看出,记者们的投资在发挥着作用。对于记者而言,高质量新闻意味着要核实信息,意味着要为复杂的议题梳理脉络,意味着要写出"全面的"报道,还意味着为了保护职业声誉而只去呈现自己的最佳作品。所以,记者看上去是在保护"高质量新闻",实际上是在保护他们对新闻技能的投资。在这样的心态下,他们拒绝在网上更新自己的报道。在线编辑格温·哈尔曼告诉我,她得去恳求记者们给她内容,但他们还是很不情愿。"他们觉得自己是在做电视新闻。"她说。她还举了一个前几天刚发生的例子。那天中午,哈尔曼像往常一样,在为新内容发愁。这时,负责公共安全的记者帕特丽夏·坎特威尔刚好经过。哈尔曼叫住坎特威尔问她在做什么。坎特威尔猜到了她的下一个问题,打断她说:"对不起,没有十分钟以内能交的稿子。"然后迅速离开了。

记者们对报纸衰落的担忧让卡林很不解。他对我说:"印刷出版只是一个利基(niche)领域,这并不是我提出的观点,这是我们正在面对的现实。印刷出版是一个正在迅速萎缩的利基,它还会变得更少、更昂贵,受众面也会变得更窄。这就是现实。"此外,不论记者们怎么说,卡林并不认为他的做法是在扼杀这张报纸。"当我说我们要减少对印刷出版的投入时,并不是说要投入90%到网站上,10%到印刷出版上。这是不可能的……我的意思是,我们要找到一种更为有效的使用资源的办法,"他说,"我们现在是,也将会是一个多平台的新闻机构。"

由于情势急迫("我们得让它运作起来,不然到了2008年底,我们中的一些人就得离开了",这是卡林在一次员工会议上说的话),卡林在记者们并不配合的情况下,仍然选择继续向前推进计划。6月,他从报社各部门员工中组建起了一个新的团队,来研究如何能为网站持续提供更多的内容。卡林的想法是,这个团队里的人不要有太多"和过去的牵扯",因此他有意识地排除了30岁以上的人和在报社工作了五年以上的人。在其他员工口中,这个团队被叫作"八人帮"。卡林给了他们两个星期的时间仔细查看所有相关信息。当他们在查看资料时，卡林提出了两条原则：他们不能增加或减少员工数量，他们不能向企业提出停办报纸的建议。更难执行的是第二条原则。对于这些年轻人而言，报纸显然是一种正在消亡的平台，企业要是没了报纸只会变得更好。团队中有一个人是这样对我说的："印刷出版已死，我们越快让它安息然后重新上路就越好。"

到了7月初，这个团队发布了他们的研究结果。他们的报告是这样开头的——"如果要高效运营一家致力于发布在线内容的报社，就要抛弃传统早报的截稿时间模式。"按照传统的模式，记者们在白天工作，在下午或傍晚写完报道。文字编辑们则大多从下午3点干到晚上11点，他们负责编辑这些第二天要刊出的报道。根据八人帮的说法，在这种模式下，编辑部面临工作瓶颈，网站也得不到急需的内容。接下来，他们建议，把新的截稿时间设在中午，再设立一个通用的编辑部，把文字编辑的工作时间提前。这样，网站便可以在一天之中持续发布经过编辑的内容了。

八人帮在两次员工会议上发布了这份报告。在第一次会议上，团队的成员坐成一排，面向其他员工。执行主编和副执行主编也参加了会议，他们坐在听众席的前排。在陈述了研究发现和建议之后，团队邀请大家提问。在一阵沉默之后，房间后面有人发问："这个计划是不是让报纸变得更加无关紧要了？它可还在给我们发工资呢。"团队成员并不惊讶有人提出这个问题，但并没有人站出来回答。又过了三十秒钟，有位成员说话了："不管怎么理解,我们的意思并不是要放弃报纸。"这句话并没有说服房间里的人。执行主编汤普森便补充了一句,这个行业正在"急转直下……我们要在企业要求我们拿出奏效的办法之前,来有效地应对这一问题——这也就是眼前的事了"。这句话并不是针对刚才问题的回答,但一方面它又回答了所有的问题。这份报纸就是一个"问题",它也正在"急转直下",而网站则代表了"眼前的事"。报纸已经成为过去,而新闻网站则意味着未来。

《先驱报》的员工们没办法反驳汤普森的观点。2008年,新闻业中越来越多的人开始相信报纸是一个正在消亡的媒介,而新闻业的未来将会是在线新闻。但是,对于《先驱报》的记者而言——正如一位记者的生动描述——新闻网站仍然像是一个"黑洞",进入那里的高质量新闻一去便无影踪。他们这么想,不是因为互联网天生无法兼容高质量的新闻报道,他们针对的是这一新技术被纳入新闻生产流程的方式。对他们来说,高质量新闻意味着经过细致核查、多方验证、精心撰写的硬新闻。根据这种定义,追踪交通事故或者不断更新天气信息,都算不上是高质量新闻。此外,在记者的注意力被分散到拍照片、拍视频、录音的情况下,高质量新闻更不可能完成。那种掠影式的、零零碎碎的、简介式的写作也不是高质量新闻。高质量新闻要花费时间、技术和手艺,而这些似乎都是新闻网站想要摧毁的东西。有位记者是这样说的,新闻网站做的"不是高质量新闻……我只有在刚入行时才跑车祸现场"。带着这些想法,他拒绝去做现在被安排的工作:"我再也不想干那个了。"

"就做报纸吧"

在 2007—2008 年,新闻业的经济危机愈发严重。而卡林开始把更多时间花在了"向上管理"上面,减少了和员工的对话。报纸的发行人兰斯·基顿非常担忧。我没有准确的数字,但几位管理人员告诉我,虽然《先驱报》的利润率仍然还有两位数,但已经快要跌到边缘了。这一临界值非常重要,因为如果利润率跌破 10%,公司便需要支付债务罚金,而基顿并不想要承受这些罚金。此外,基顿家族也不太愿意用公司其他部分的利润来抵消报纸的亏损。他们坚持报纸应当靠自己来立足,但在 2008 年,它几乎已经跪在了地上。基顿感受到了压力,开始对卡林的策略产生怀疑。这道理不言自明。这位主编让他投了一大笔他付不起的钱,放到了那些并没有带来任何利润的平台上。按照卡林的说法,他是让基顿把现在能赚到的钱,投到"对未来利润的预期上"。那么基顿为什么要冒这个险呢?他原本可以缩减报社规模,收获不算少的利润,并预防一场经济灾难。卡林告诉我,基顿宁愿让报纸"变成一家地方小报",他接着说:"他(基顿)每天都在让我撤掉体育版,也完全支持停止续签报纸与美联社的合同。如果报纸上只剩下政治版和娱乐版,他也没意见。"卡林花费了很多时间,想要说服基顿他的策略是值得的。基顿也许在一开始赚不了多少钱,但是,卡林继续陈述,只要采取了他的策略,便能够让企业在未来赚取可观的利润。当基顿问到新利润的时间表时,卡林却说不出来。两年？五年？包括卡林在内的所有人都没有头绪。在没有时间表的前提下，基顿更倾向于维持他确定能到手的利润，而不是把赌注放到在线新闻的未来利润上。

奇怪的是，报社的员工也站在了基顿这边。从我来到这家报社的第一天起，记者们就不断提及，报纸为企业带来了 95% 的利润——而且这个数字并不可能马上改变。正因如此，我们"不应该减少对报纸的投资"，资深政治记者史蒂夫·克莱恩说："报纸的核心读者是那些不上网的年纪大的人……我们的首要任务就是让这群读者满意，为他们提供高质量的新闻。"我提醒他新闻的未来并不是年纪大的人，他也同意，但仍然说："年轻人对新闻没什么兴趣，为什么还要为他们服务？等他们长大，开始交房贷、开始养孩子，那时候他们会回来看新闻的。"在克莱恩看来，问题的关键在于"不要为了不感兴趣的读者群去牺牲新闻报道的核心使命"。

记者和发行人站到了同一边，这件事也有一丝讽刺的意味。数十年来，记者们一直在抵御管理层对报社的侵蚀。他们谴责"新闻的商业化"，不接受任何对报道施加的经济限制。而如今，记者们发觉自己在紧紧抓住一个事实，即报纸是赚钱的。这样做的原因显而易见。对他们来说，盈利能力为那些重要的新闻理念保有了一席之地。克莱恩一开始说的是报纸为企业带来了 95% 的利润，但最后说的是不应该牺牲"新闻报道的核心使命"。就这样，盈利与报纸的核心使命联系在了一起。而报社的所有记者都在做着同样的事情。对他们而言，报纸仍在赚钱这个事实,不仅意味着印刷出版仍有生命力,还意味着他们的核心理念与实践方法仍然不可或缺。

将报纸与新闻业的理念混合在一起,还有一个更加典型的例子。卡林在八人帮发布报告之后,又组建起一个"内容委员会"。这些成员之间的对话便充分体现了这一点。卡林让内容委员会负责回答一个问题——"如果有一张空白版面,应该放上哪些内容?"他想要将八人帮所提出的工作流程改造计划,与关于内容的新想法结合在一起,以保持报社继续前进的势头。和全部由年轻人组成的八人帮不一样,内容委员会的九名成员当中,只有一名不是资深记者。卡林给了他们十天时间来完成这个任务。

要说清楚记者如何将报纸与"高质量新闻"合而为一,我们可以从委员会第一次讨论的几个细节来说起。雷吉·杰弗逊是报社资深的专栏作家,也是这个委员会非正式的主席。他召开了第一次会议,重申了委员会的任务:"如果有一张空白版面,应该放上哪些内容?"来自报纸地方版的记者利安·巴特勒立刻回答:"本地、本地、本地。"鲍勃·亚历山大则说"超本地化(hyperlocal)①是一个会引发太多纷争的词",因为它意味着使用公民记者,这就会马上带来裁员隐患。亚历山大想让委员会讨论,有哪些"由报纸来主导的报道类型。比如大型报道、

---

① 超本地化(hyperlocal)一词起源于 1991 年,最早用来描述本地的电视新闻内容。随着在线新闻业的发展,它现在的意思是"极度地方化",指的是网站围绕着一个明确界定的社区而设立,其内容也集中于该社区居民所关心的问题。——译者注

分析文章……这是我们的管辖范围．"体育摄影记者布雷特·威廉斯同意这一点："我们要把最好的记者放在报纸印刷版……我们需要深度，需要尽力拿出最好的作品……我们要做更多的长篇报道。这些别人都做不了。"有着四十年从业经历的摄影记者西泽·马丁随声附和："我们都差点忘了，我们是这个城市唯一的新闻采集运营机构。说什么要做广播、要做网络……就做报纸吧！"这番话让整个团队热闹了起来，大家纷纷开始发言。杰弗逊说了一大段话：

> 我们不再有与生俱来的吸引力了，我们过时了。我们需要把大字标题和大幅图片放在新闻的前面。我们在和电视竞争，报道车祸。我们报道了太多的犯罪新闻……我们应该回归到政府和政治新闻，这是我们的基本职责，我们现在都没有关于政府会议的常规报道了。也许我们的未来在于做出一个有声望的品牌——如果你想看全面充分的深度报道，就来我们这儿吧。也许这才是我们应当努力的方向，我们的利基是做一个有声望的新闻品牌。

杰弗逊的一番演说结束之后，地方新闻版的记者贾恩·埃文斯继续："我们这家报纸正在为自己写讣告。印刷出版物是最重要的产品，如果要和网络或电视竞争，那我们就是在别人的主场玩游戏……我们需要利用好自己的优势．"杰弗逊用一句话来结束这次会议："报纸当下面临的是一个利润的问题,而不是受众的问题。"

第二周,他们继续在会议室召开午餐会,委员会的成员们不断重申这一主题:印刷出版物是有价值的——它为企业带来了95%的利润——因此我们应该不计成本地保住它。随着讨论的推进,越来越清晰的是,他们既想要维持新闻的理念与实践方法,也关心报纸的获利能力。所有关于"大型"和"深度"报道的讨论、关于"分析"与"基本职责"的讨论,以及将报纸定位为"有声望的"品牌的讨论,都来自在新闻业场域备受重视的理念与实践方法。"就做报纸吧!"这句话其实是在说"就做记者吧!"

在第一次会议的第二天,我碰到了委员会里的那位年轻员工李边,她是负责协助记者发布在线内容的两位在线制作人之一。和报社的其他年轻人一样,李边"对报纸没有过太多的投资",也认为报纸"并非新闻业的未来——那我们为什么还要对它投入那么多资源呢?"她更想要讨论的是如何在网络上用多种方法呈现信息。在内容委员会的第一次会议上,李边一句话也没说。她告诉我,虽然她"在以往的员工会议上经常能听到各种零星的批评声音",但这次以如此密集的方式听到这些讨伐,"让人有点难以接受"。那天晚上,她回到家,听着迈克尔·杰克逊的音乐,大哭了一场。

第二天早上,杰弗逊经过我的工位,想要为前一天他的"发泄"表示歉意,但他又说:"我是个写东西的人。这是我的工作。这份工作是我自己选的。管理层告诉我们,只写东西是远远不够的。但对不起,这是我的工作。如果他们不重视写作,那我可以去重视写作的地方。"在后续的会议上,他和委员会的其他成员都始终保持了这一基调。例如,在第二次会议上,马丁重申,"那些在做独立网站的报社都没在赚钱",因此《先驱报》要做的是尽全力来拯救报纸。肯特·康拉德接着说:"如果要在花三分钟浏览网页的人群和花三十分钟读报的人群之间做选择,我们根本不用细想。"杰弗逊特别喜欢这句话,还把它写到了白板上。在第三次会议的尾声,有人问大家打算如何用这些讨论来回应卡林对于"未来属于网络"的宣言:"卡林一定会问,'你们为网站准备了哪些东西?'而我们的回答是,'更多的报纸?'"这也是我一边坐在角落记笔记,一边在心里默默提出的问题。但这个问题的提出,只是让这群人又一次确认了他们对报纸的信念——"报纸在赚钱,所以它当然是我们最重要的产品";"我们这样做,不管销量如何,我们都可以对着镜子里的自己说,我们在承担重要的公共使命";"我们要坚持自己的核心使命……就算什么都不做,至少也要做到这一点"。毕竟,"如果我们不这么做,那我们所做的到底算是什么?"

内容委员会的最终报告呈现了上述的信念。它的开头是一张"关键内容领域"列表,用团队的话来说,这些都是"绝对需要报道"的内容——地方政府、政治、国际和国内新闻,以及调查性报道。团队认为,应当降低犯罪新闻的比例,报社应该把报纸当成是整个新闻机构的"精华"。他们宣称:"随着网络逐渐成为人们快速浏览摘要和查看标题的地方,报纸的未来可能来自其作为'一流产品'的定位——我们先这样简单概括。印刷版的报纸应当是这样一种媒介,它承载的是长篇调查性报道、分析文章、评论文章和其他能够展现我们本地报道专长的内容。"不论以往如何操作,报告的结论是:"作为一个新闻机构,也许报社最负担不起的就是逐渐减少印刷版的内容,因为这会给报纸的订阅用户更多离开的理由。"

如何解释卡林的"多平台战略"所引发的这些反应?很容易得出这样的结论:《先驱报》的员工只是没有办法跳脱他们习惯的做法。这种说法有一定的道理。和《号角日报》的记者一样,《先驱报》的记者必然也感受到了不安和对自身存亡的威胁。但是,《先驱报》记者们的反应,还有着更多计算和策略的意味。记者们不断重提这一基本观点:既然企业的大部分利润都是报纸带来的,他们的理念和实践方法也仍然是有价值的,那为什么还要改变呢?从这些讨论可以看出,记者们抵制卡林的策略,不是因为新策略挑战了他们的自我认同,而是因为他们看不到新策略会带来什么收获。一方面,转向网络看上去像是一种会让自己失业的创新方向,"你得留住自己的核心读者……虽然'未来属于网络'已经成了一句咒语,但有些普通人并不上网,很多人都不会以网络为先"。那天快要结束时,这位记者又说:"回到基本事实,报纸还是赚钱的。"根据这个事实,另一位编辑对我说,更合理的应对方式应该是,"为报纸筑起防线,尽力抵御读者流失的潮水,然后,等上三五年",再看情况如何。另一方面,用他们的专业眼光来看,在线新闻业基本上等同于跑事故现场和更新天气信息。负责高等教育的记者查德·波特说:"我想做的是有挑战性的工作,不是每天都做相同的东西。"和《先驱报》的大多数记者一样,波特认为自己是个写东西的人。作为一个写东西的人，他更看重报道的深度，而不是速度："我想做的不只是开启一个对话，我想要挖掘现象背后的东西，然后把结论公之于众。我认可那套旧的做法。"波特承认，他觉得"把海量的片段式信息发布出来没有什么问题，但这不是我最初入行的原因，也不是我现在想做的事情"。他最后发问："如果我们只是尽力去做最好的报纸会如何？这并不算是多么高远的志向……但如果我们真这样做了会如何？会有那么糟糕吗？"

"依旧是报人"

卡林不顾这些讨论，依然继续推进改革计划。因此，许多记者开始把他看作一种对于自己在"高质量新闻"中所作投资的威胁。但他们误解了自己的上司。卡林对于这些理念和实践方法所作的投资和报社的其他人是一样的。随着时间的推进，这一点也越来越明显。我在快要离开报社的时候，去了一趟卡林的办公室和他聊天。他刚刚见完发行人，又一次为他的改革策略作了辩护。他很疲惫，体力上是因为他需要尽力说服员工和发行人，精神上则是因为改革要见成效所带来的巨大压力。当时让我感触最深的是，我几乎在报社里见不到他。其他报社的老记者告诉我，主编会经过他们的办公桌，问他们在忙什么，甚至会给他们的报道提几条建议。我告诉卡林，这些天里我几乎没有看到过这样的互动。他靠向椅背，回答道："我说不出来上一次我琢磨新闻业务是什么时候了。"这些天里，他把所有时间都花在了缩减预算、把报社重组为各种新的单元以及"向上管理"之上。我问他是否怀念那些琢磨新闻的时候,他回答:"当然,当然……"停顿了一小会儿,他开始回复邮件。

不知道是否与这次谈话有关,但那天晚上卡林在报社网站的博客上发布了一篇文章。标题是《依旧是报人》。这篇文章值得在这里全文呈现:

> 我是一名报人。
>
> 由于一些不能详述的原因,我今晚有话想说。有些事情即将来临,那就是媒体世界的急速转弯,我的报纸的未来也在急速转弯。这次转弯意味着我的结局,我们的结局。以后还会有记者、编辑,在线制作人、多媒体协调员,这个、那个、博主、推友。但不会再有报人了。
>
> 我58岁,属于一个濒临灭亡的行业。这是一个怎样的行业啊。
>
> 报人是写东西的人。是作者。是历史真实的、最初的声音。
>
> 报人的纪年方法,是给雷明顿打字机系上褪色的缎带。
>
> 报人在打印纸上写作,一次写一个故事。如果他想要副本,就在复写纸上写。如果故事不够动人,就扔掉。
>
> 报人用铅笔改稿,永远准备好足够多削尖的铅笔,开始他每一天的工作。
>
> 报人在工位上抽烟。如果执行主编没在看

第三章 投 资

着，他可能还会偷偷喝上一口。

报人懂美食，吃完之后还会来上一杯烈酒、一根雪茄——都记在公司的账上。

报人穿宽松的黑色工装裤，通常有些磨损。还有短袖白衬衫，戴一条黑色细领带。报人在他的整个职业生涯中会有一双黑色雕花皮鞋，只有一双。

报人会起外号，他们给在地下室的每一位排字工都起了粗俗、无礼但又充满感情的外号。报人喜爱排字间里热腾腾的空气，那是融化的铅和油墨的味道。但报人最自在的地方还是报社。一个吵闹的，满是怪味的，烟雾缠绕的地方。电报机。会大声响铃的真正的电话。还有在男厕所召开的新闻晨会，就在右手边最里头的两个隔间，两个编辑一边忙着一边聊。

报社是一个充满了喧闹和恶作剧的地方，到处都是低级的玩笑和粗暴的辱骂，但没人会当真。少数情况下有人当真了，那可能会引起骚动，有时人们还会过上两招。

还有各色人物。文字编辑像狗一样汪汪叫；负责市内新闻的老编辑午饭吃的是重新加热的鱼块；前战地记者靠着一条腿走来走去，他失去那条腿是因为喝酒，不是因为战争。

报社不是温顺的人待的地方。年轻报人知道，当执行主编把咖啡杯砸过来的时候，正确的应对措施是赶紧闪避。根本没有人力资源部来接受你的投诉。

老报人有他们心目中的英雄。本·富兰克林。约翰·彼德·曾格。霍勒斯·格里利。威廉·兰道夫·赫斯特。约瑟夫·普利策,也算吧。当然还有威廉·艾伦·怀特。有着报人情怀的爱德华·R.默罗,也许还有后来的沃尔特·克朗凯特。

111 对于有志向的年轻报人来说,英雄就是把他们迎进报社的老记者。从始至终,他们都希望年轻人能够保持安静,按时交稿,经受得住烈火的锻造。那些最聪明、最有野心、最有才华的年轻报人,对于能够在这些伟大的、有原则的、有才华的人身边工作,每天都心存感激。

当然,报人不都是男人。在这个讲究政治正确的世界,有些人会说"报人"(newspaperman)这个词本身就有性别歧视。但在曾与我共事的所有人当中,最杰出的是一名女性记者。她当然是一位不折不扣的报人。在这个世界里,报纸可以定义我们,性别不能。

报人知道截稿时间是什么意思。他会在印刷机隆隆作响的午夜突然打个寒战,然后找个理由去趟印刷间,从传送带上抄起一张刚刚印好的报纸,只为了瞧一眼头版,也许再看看署名行上印着的自己的名字。

报人工作努力,也有娱乐精神。街对面那

家小酒馆的酒保,很清楚每一位记者在每次版面修改重印期间要喝多少杯啤酒。当最终版本拿去印刷之后,酒馆的灯光会调亮一些,刚好能让报人看清楚刚刚印出来的报纸。

报人受到邻里的尊敬。旁人总觉得他们有些神秘,还颇具魅力,虽然实际上并没有这回事,但报人也乐于配合这种氛围。在电影里,饰演报纸编辑的演员都是加里·格兰特、克拉克·盖博、杰克·韦伯、亨弗莱·鲍嘉,名角中最出色的那些。

年轻的报人把自己当成鲍嘉,想象自己站在报社,冲着电话大叫:"这就是新闻的声音,宝贝。"年轻的报人想要挑战权威,为无声者发声,让错误得以纠正。如果他是拿着笔的堂吉诃德,那么风车便是政客、官僚、骗子和暴徒。他以这份工作为天职,而真相就是他的圣杯。

老报人有的已经离世,有的垂垂老矣。我最伟大的导师之一,就在一两周前刚刚去世。而更年轻的一代,我这一代,也渐渐凋零,正在面对记者要为产品和平台服务,而不是为社群和报纸服务的未来。小家伙们都变成了老东西。我们在残旧的圣坛前祷告。我们信奉的是旧神。媒体新贵们拿出一套崭新的宗教。我们的离场在他们看来合乎时宜。

但是,将要逝去的东西不只是这些带着暖意的玫瑰色的回忆。不止是感伤怀旧而已。

没有任何东西能够像日报那样，为了服务公共利益而不眠不休。新媒体可以成功地分发数据和信息。"趣缘社群"会伴随着利基产品发展起来。报纸的印刷版会继续存活，但只为一小群精英读者服务，它们再也无法为曾经给了它们生命和目标的广大社区服务了。民主会找到它的新广场。

尽管我尝试着为自己的报纸和自己的行业描述出一个完整且有意义的未来，尽管我挣扎着想要创新、尝试、管理一群惊恐不安的员工，我仍然在为这些逝去的东西流泪。唉，我还是舍不得这些行头。那顶软呢绒帽。那件皱皱巴巴的雨衣。我还有一双旧雕花皮鞋和一条已经二十五岁的领带。我的旧打字机还能用来写一些备忘录。但是我曾经热望的生活，在过去近四十年里定义了我是谁的生活，正在消逝，快要离我而去。

这是件悲伤的事。而就在今晚，我发现自己在哀悼那些正在凋零、褪色，正在消失的美国报人，那些信息时代里的野牛，长毛猛犸象，唉，还有那些渡渡鸟。

明天，我会重新设想接下来要发生的事情。

《先驱报》的记者们不太清楚应该如何对待这一首写给报纸的挽歌，因为它的作者是一个总是告诉他们"印刷已死"的上司。有些年轻记者发出嘲笑，说卡林对新闻业的描述听上去像是一部20世纪50年代的烂电影。有些人带着些许讽刺说，卡林本人的年龄和他所描述的那代记者并不吻合。还有一些人从公司的角度想问题，卡林要辞职吗？在我看来，卡林在展现他对新闻业的投资。和他的记者一样，卡林对于这份职业有着强烈的信念。他把自己的工作看作使命，而不是一份活计。他并不比其他人更喜欢"创新""平台""产品"这些词。他更喜欢的是那些实地采访并一针见血指出重要事实的记者。他自认为是一个写东西的人，是作家。他叹惜曾经喧哗吵闹的报社，那些新手记者在里面安静地待着并尽力按时交稿的报社已经不复存在。但是，这篇文章也表明，卡林看到了未来，一个会让这些备受珍视的实践方法不再那么重要的未来。和许多记者一样，这些转变让他很矛盾。卡林认为他有责任带领这家报社进入未来，但他也同样信奉那些对自己的成功曾经如此重要的理念和实践方法。这篇博客文章展现的是，他既想找到一种适应转型的方法，又想要保留他对传统实践方法的投资。

  2008年9月下旬，在我离开这家报社的两个月之后，卡林所担心的预算裁减发生了。其幅度和他预计的一样糟糕：报社的预算减少了800,000美金，这意味着要裁去27名员工。卡林在一场临时召开的会议上宣布了这个消息。当他念出将要辞退的员工名字时，他在名单最后加上了自己的名字。他将从《先驱报》主编的位子上辞职。他后来告诉我："我辞职，是因为我不能把自己的名字，放在一具经历了毁灭性裁减的报纸残骸之上。"他的多平台改革战略也就此终结。最终，《先驱报》还是推出了新的网站,但在我访问报社的三年之后,那些记者仍然在用同样的方法收集和报道新闻。他们还在跑原来的专线,和同一群消息源打交道,用差不多同样的方式写着同样的报道。记者对于传统实践的投资依然稳固。换句话说,报纸,依旧是报纸。

第四章 定义

约翰·佩顿（John Paton）的近况和许多新闻企业管理者都差不多。2010年1月他被聘为新闻纪事报公司（Journal Register）的CEO，这家企业拥有18份日报，遍布康涅狄格州、宾夕法尼亚州，还有密歇根州。佩顿坚信，报纸已经时日无多。他在一次"新闻峰会"上引用了克莱·舍基的一句话，"印刷模式已经破产了。什么会取代它的位置？什么都不会……不要去修整已经破产的东西"。[1]佩顿认为，报纸应当建设一些新的东西，而且要快。对他来说，这一结论显而易见，"但行业中还有很多人不明白这一点"。为什么？他回答："恐惧、无知，还有一个老化的管理层，在可笑地计算着他们在退休之前能尽量少作多少改变。"如果我们要生存下去，就"不要再听做报纸的人的话，我们已经在做网站这件事上花了十五年，但整个报业都没有人能做好，一点都做不好"。他的意见是，抛弃那些做报纸的人，让"懂数字化的人来掌管一切"。

前面两章的内容也为佩顿的观点提供了证据。记者们倾向于将报纸与新闻业混为一谈，也经常在他们的上司不尊重新闻质量标准时表示愤慨。即使报社的变化不是很大,他们也会感到困惑,并质疑上司的动机。他们坚持习惯和传统,不愿意冒险。有时,他们拒绝采用新的实践方法,只是因为这样做不符合自己的个人利益。这样看来,其实不难理解为何佩顿想要抛弃那些"做报纸的人"了。

但与此同时,尤其是最近这些年,许多记者已经变成改革的拥护者。新闻业已深陷危机,许多记者开始摆脱原有的习惯,重新考量自己的投资。佩顿本人就是一位资深的记者,他从排字工人做起,一路向上做到了记者、编辑,现在则是改造计划的负责人。这和许多记者的经历十分相似。全国几乎每一家报社都在推进针对新闻生产的试验,记者们也在积极参与这些计划。在大多数地方,曾经想要抵制这些改造计划的记者要么被辞退,要么主动辞了职。事实上,佩顿本人在新闻纪事报公司发起的不少计划,就是由"做报纸的人"来负责执行的。

然而,真正的变革——佩顿等人所期待的大变革——并未发生,即使在新闻纪事报公司也没有。2011年1月20日,我打开了 dailylocal.com,这是新闻纪事报公司在宾夕法尼亚州切斯特市的《地方日报》(*The Daily Local News*)所设立的在线新闻网站。那一天,网站的首页新闻包括了天气信息、本地高中篮球赛、一场车祸、自治市议会对于一家废水处理厂的投票结果,以及一名流浪汉被指控扼死三名女性的诉讼案件。同一天,这家公司在康涅狄格州纽黑文市的《纽黑文纪事报》(*The New Haven Register*)的网站(nhregister.com)首页报道的是参议员乔·利伯曼的辞职声明、一起婴儿被绑架案、一起连环犯罪案、本市薪金问题，还有州医保委员会召开的听证会。我承认，这个抽样方法并不科学，但是看起来，这两家报社似乎尚处于改革的初期。如果我们去读1970年任何一天的报纸，可能会找到差不多的新闻组合，这似乎能说明一些问题。尽管佩顿急于推进改革，但在他的几家报社中，新闻业在数十年里始终不变的常规性日常报道，似乎仍未发生多少变化。这不是在贬低佩顿。全国每一家报纸和报纸的网站几乎都是如此。

　　这种情况给我们带来了新的难题。在前面两章，我们看到了记者是如何抵制变化的。然而，即使新闻管理人员和记者们都表示出想要变革的愿望，变化却仍然没有出现。这是怎么回事？为何就算记者想要变革，现状却依然保持不变？

　　这就是本章试图解答的问题。为了寻找答案，我将从人类学家克利福德·格尔兹所说的文化的两种属性谈起——文化既是一种"为了"现实的模板，也是一种"关于"现实的模板(1973, p. 94)。格尔兹认为，当文化被用作一种为了实现某个目标的指示时，它便充当着"为了"现实的模板。房屋的蓝图就是一个为了指导人们建造房屋的概念模板。但同时，文化也是一种"关于"现实的模板。房屋的蓝图不仅描述了如何建造一所房屋，还提供了"关于"一个房屋是什么样子的定义(它有四面墙、一个厨房、几间卧室等)。由此，房屋的蓝图告诉了我们什么才算是一所房屋。语言学家约翰·瑟尔(1969)指出，当文化作为"关于"现实的模板时，它便具有了建构的属性。

他观察到有一些实践,如一桩婚姻、一场庭审(或者建造一座房屋),都有其内在置入的"构成性规则",这些规则在形式上表现为"X 在语境 C 之下等同于 Y"(参见 D'Andrade,1984, p. 91)。在他看来,这些规则定义了某事在特定社会领域中等同于某事,而在其命名过程中,这些规则也使之成为现实。

新闻业也存在着构成性规则。我们可以从日常物品,如记者的采访本中,识别出这一规则。采访本意味着记者是一个收集信息的人(因此他需要一个采访本)。它还意味着记者必须从某个信源(那些掌握了具有新闻价值的信息的人)那里收集信息,并传递给消费者(那些觉得此类信息有用,但如果没有记者此番努力就无从获知的人)。如此一来,记者的采访本就在定义新闻业——它是从某个群体(信源)那里获得信息并在过滤之后散布给另一个群体(读者)的行为,或者换成常用的说法,就是做信息的把关人。这一构成性规则发挥了背景语境的作用,它让记者的采访本具有了意涵。如果想感受一下这个规则是如何发挥作用的,很简单,当你去参加市政厅会议时,试着不要每次都带采访本,然后比较一下别人对于你的出现有哪些不一样的反应。

"新闻业是信息过滤器"这一构成性规则定义了什么才算是新闻业的实践,就在这一定义过程中,新闻业与其传统紧紧地系在了一起。这一过程通过两种方式来实现。

首先,不是记者所做的所有事情都可以被说成是在发挥"信息过滤器"的功能。就拿协调一场对话来说吧。

许多在线新闻业的倡导者认为,在网络信息环境中,新闻业的主要作用是去调节用户之间的对话。但是,对于大多数记者而言,他们很难视之为一种本职工作。毕竟,这和从信源那里收集信息并传递给读者这件事有何关系?当记者们发现自己的处境时,便陷入了认知的困境。他们并非故意抗拒改变。相反,他们只是不知道如何改变。换句话说,改变的障碍可能并不是——如前两章所述——应然性的("我们不应该做某事"),或认识论的("我不知道如何做某事"),或策略性的("做某事不符合我的利益")。其障碍可能是本体论的——"这是件什么事,我为什么要做这件事?"

在一篇文章中,安·斯威德勒(Ann Swidler,2006)梳理了类似于"新闻业是信息把关人"这样的构成性规则是如何通过另一种方式将场域与传统实践捆绑在一起的。她指出,"与他人进行互动的需求,把人们不断推回普遍的结构中去"。她想说的是,即使人们想要采取不一样的行动,他们还是需要与他人进行互动。而构成性规则告诉了互动的参与者某件事意味着什么,由此便协调了这些互动。在没有其他规则出现的情况下,构成性规则便会延续下去,因为如果没有了它们,人们将无以为继。不论愿不愿意,只要人们还在继续从事那些让构成性规则得以再生产的实践,就会将自己与传统捆绑在一起。

在新闻业中,最为常规的互动就是记者与信源之间的互动。每一天,从早到晚,记者都在从信源那里获取信息。记者作为新闻把关人(延伸开来,也是公共话语的把关人)的这一假设,在每一步的互动之中,都发挥着结构性的作用。因为这一原则,信源会去联系记者;因为这一原则,记者会去尽力判断他们所得到的信息有多少新闻价值。毕竟,如果只是把获知信息全部发布出去,记者还如何算是把关人呢?只要记者还在和信源联络,他们便让"新闻业是信息把关人"这一构成性规则得到了再生产。这就解释了为何记者们虽然有着改变的明确动机,但新闻业的基本形态仍然保持着原状。即使他们想要改变,新闻业作为信息过滤器的规则仍在指引着他们的日常实践,并由此将新闻业这一场域与其传统定义及使命捆绑在一起。

从构成性规则的视角出发,佩顿的做法可能错了:抛弃做报纸的人,让懂数字化的人来掌管一切,这样做也许并不能带来他想要的改变。更准确地说,不论做报纸的人或懂数字化的人如何设想,构成性规则都会把新闻业与传统捆绑在一起。

《锡达拉皮兹公报》的超级博客

《锡达拉皮兹公报》(以下简称《公报》)所推行的一项计划就很好地展现了这一观点。几年前,公报通信公司(Gazette Communications)(《公报》的所有人)的 CEO 查克·彼得斯(Chuck Peters)开始在这家报社推进一项彻底的改革计划。尽管没有新闻从业经历,但彼得斯和佩顿有不少相似之处。[2] 彼得斯最初是一名律师,后来做过阿曼那冰箱公司的董事长,负责兼并与收购。他的这项经历吸引了公报通信公司董事会的注意,后者想要将公司的不同板块整合起来,并对媒体资产展开新的收购。但是,和佩顿等新闻管理者一样,彼得斯刚开始钻研数据就发现了这份报纸的资产在迅速减少。当时,《公报》的状况还不错。它的发行量平均每年降低一到两个百分点,到了2009年,报纸周一到周五的发行量在57,000份左右,周日版在71,000份左右。虽然这份由私人所有的报纸还承担着一笔不大不小的债务,但它的利润率仍然有两位数。然而对于彼得斯来说,他关心的是趋势走向。《公报》虽然比其他报纸衰退得要慢,但它仍处于衰退之中。

关于如何改变报纸的处境,彼得斯一开始并没有坚定的想法。但自2001年,他开始任职于美国报业协会的"制度委员会",经历了委员会的多次会议之后,他告诉我:"我发现,这个行业被打包成了一堆'包裹'——广告、社论、网络……所有的东西都被封在了仓库之中。"这个想法给了他一个灵感:更先进的做法应该是把内容生产(报道新闻)和产品(报纸)分开。彼得斯相信,如果记者不再受到分发平台的限制,便可以更有想象力地创作和传播内容。他在美国报业协会提出了这一想法,收获的却是记者们的"激烈反对"。但他还是没有放弃这个念头,2003年,彼得斯开始招募一批新人,帮助自己实现这个想法。

史蒂夫·巴特瑞(Steve Buttry)就是这批人中的一个。在2008年5月彼得斯聘请他担任《公报》的新主编之前,巴特瑞做过三十年的记者、编辑和写作教练。他最近的一份工作是在美国新闻学会（American Press Institute）任项目主任。他参与了新闻学会的"未来报纸"项目（newspapernext.org），这是学会从2005年开始推进的一个计划，目标是为行业培育出新的商业模式。"未来报纸"计划借鉴了克莱顿·克里斯坦森关于商业创新的理论，想要为新闻管理者提供工具和方法，帮助他们找到并抓取新的商业机会。克里斯坦森的观点是，根本性的颠覆需要有根本性的改变，"未来报纸"计划便鼓励新闻管理者跳出传统报业的思维模式，并寻找新的收益来源。举个例子，这个计划建议新闻管理者搭建起平台，为社群对话服务，并针对这些随之形成的目标用户来销售广告。巴特瑞从中学到的很多东西似乎都和彼得斯的想法一致，所以，当他们于2007年结识之后，彼此就甚为投契。

刚被任命，巴特瑞就知道他的"主编"头衔不会太长久。他预测，新的报纸需要一个和传统主编不太一样的角色。这种不一样很快就有所显现。2008年8月，他发布了一份标题为《公报未来愿景》的备忘录，为报纸的未来描绘了新的方向。[3]

这份备忘录的核心就是彼得斯最初的想法，要把内容和平台分开。巴特瑞提议创建一个"信息内容部"（Information Content Enterprise），它将是一个隶属于公报通信公司的完全独立的新部门。这个部门"立足于培育锡达拉皮兹市和艾奥瓦州的社区力量，通过多种形式来为公众直接提供信息、为客户提供产品"。信息内容部正式将公报通信公司的内容生产与报纸及网站分离开来。在信息内容部工作时，记者不再为报纸写稿。事实上，他们也不再是记者。按照巴特瑞的想法,他们将会是"超级博主",每个人都针对一个特定的话题领域来生产内容。

举个例子,假设公司创建了一个超级博客,其主题是关于艾奥瓦州大学董事会的新闻和信息。巴特瑞的设想是,这位超级博主应该围绕这一主题,不断生产出一系列内容。她要连接、聚合并策展(curate,意指策划、筛选并展示)那些由"可靠消息源"所提供的内容——这些人通常是关心并了解校董会事务的人。同时,她还要和与此事务相关的民众保持对话——这群人对此主题并未热衷到愿意生产内容的程度,但有兴趣来参与相关的讨论。这些可靠消息源与感兴趣的人群一起,围绕着校董会形成了一个核心社群,而超级博主便服务于这一社群。

在信息内容部工作的超级博主,需要在博客上持续不断地发布与其主题相关的内容。信息内容部的客户(本公司的报纸和网站,也包括公司外的潜在客户)会从博客上获取内容,并按自己的需求将其组装成任何形式。信息内容部会和每位客户签订服务协议,这些协议会规定内容的使用条款和所需费用。巴特瑞一开始设想的是,信息内容部由三组核心内容团队组成:负责看门狗新闻、体育报道、生活与文化报道。还会有一个为超级博主服务的视觉团队、一个被称为"内容管理者"(content wranglers)的数据团队(负责管理交互式数据库),来协助这些核心团队。

巴特瑞不再负责编辑报纸,也就不能再被叫作主编。他给自己想了一个新头衔:"信息内容指挥官"(information content conductor)。在一篇博客文章中,巴特瑞是这样来描述他的新角色的：

我的新头衔乍听起来有些奇怪（对，我这个老编辑也这么觉得），但其中的每个词都对应着我们正在做的事情：

信息。我们将继续为社区提供真实的、独立的新闻和信息。在完成这一任务时，这些内容的呈现形式和分发方式将会改变，而正直与真相仍然是我们的工作核心。

内容。当我于1971年开始自己的记者生涯时，我们为报社提供的内容非常简单——报道、专栏、社论、列表和图片。20世纪80年代，新闻图表开始流行。而未来的内容形式将会更加多元——除了上述形式以外，还会有数据库、视频、音频、幻灯片、短信、博客、推文、多媒体互动、评论、问答、在线聊天、交互式地图，以及我们现在想象不到的东西。

指挥官。尽管我十分喜欢"主编"的头衔，但是它并不能描述我未来的工作。现在这个头衔可能也会在某一天被换掉，因为这个机构和我的任务都在不断发展，未来我的工作还会发生变化。但现在，"指挥官"似乎是最为准确的词。像音乐指挥家一样，我要组织一群有创造力的人一起工作。像铁路指挥员一样，我要为公众提供有序的、令人满意的体验。像电路导体①一样，我需要在员工和社区之间传输能量。

意料之中的是，这个新头衔引发了报社内外的嘲笑。网上有一条评论开玩笑地问巴特瑞的新头衔是否还会搭配一顶特制的帽子。但是，这个新名号的背后，其实是一个关于打造新型新闻机构的战略计划。这一计划由以下几部分组成：

第一部分是新闻公司将会变得更有效率。在过去几十年里，许多新闻公司变得越来越不灵活。就拿公报通信公司来说，它是一个相对小型的新闻运营机构。尽管如此，在我来的时候，它也拥有不少于六份的利基出版物和一家日报，还运营了六个网站，拥有一家电视台和一个商业印刷公司。这种规模使得效率变得极低。公司的几份利基出版物经常在用同样的内容去吸引同一群受众，各个部门也经常重复使用资源。比如，在报道艾奥瓦州的大型足球赛时，电视台记者就经常发现自己站在报社记者旁边。这种规模也让公司很难去设立一个统一的评判标准，从而也就无法获知哪些产品达到了公司的预期目标。而巴特瑞将信息内容部与产品分离开来，就是想让公司的产品变得更加有序。

第二部分与公司的内容策略有关。近几年来，《公报》尝试推行了"数字化第一"的计划，也就是说，要先为网站生产内容，再为报纸服务。但这一计划进展得不太

---

① conductor 一词既有指挥官的意思，也有导体的意思。——译者注

顺利,主要原因是报社已有的传统惯例与工作流程都难以被打破。巴特瑞相信,信息内容部的结构形式也许能更为成功。在信息内容部,超级博主不再为报纸生产内容——他们也不为其他任何平台生产内容。巴特瑞认为,这种将内容与平台彻底分离的做法,可以让公司真正做到数字化第一。为了说明这种做法的可行性,他举了一个传统的法庭报道的例子。他说,在过去,负责法庭报道的记者会先和编辑协商版面大小和交稿时间,然后再去完成报道;当天晚上,在线编辑可能才会把这篇报道放到网站上。如今,在信息内容部,超级博主会在一天之中在博客上不断更新这则报道,提供相关信息的链接,还要对网上的高质量内容进行策展。同时,在线编辑可以从博客中摘取所需段落,为网络读者提供不断更新的信息流。到一天结束时,报纸编辑则可以整合最新发布的内容,为报纸准备第二天的报道。

第三部分是使用评价机制来激励内容生产。数字化第一的策略,就意味着公司拥有一大批数据,可以用来追踪用户在网站上的行为。信息内容部允许新闻管理者对这些数据加以利用。例如,假设数据显示,阅读数最多的报道是关于狗的故事。在过去,即使知晓这个信息,报社记者持有的新闻理念也不允许新闻管理者照此结论做些什么。任何一名有自尊的记者都不会用关于狗的报道来填充所有版面。但是信息内容部的记者并不为报社服务。如果报社主编发现关于狗的报道能够提升报纸销量,他就可以把这一点加到他与信息内容部的服务协议中。而根据与报社签订的服务协议,信息内容部便有义务提供更多关于狗的报道——不论记者愿不愿意。

在巴特瑞的战略计划中,最重要的一部分应该就是创收了。和其他新闻管理者一样,巴特瑞认识到公司需要寻找新的利润来源,来填补报纸的亏损。信息内容部提供的建议是,让公司的每个组成部分都变成创收来源。以市场部为例:在过去,市场部的主要任务是向潜在的广告商推介这份报纸;而在信息内容部成立后,市场部仍然有这个任务,但它还可以同时向外寻求其他客户,比如为地方小型企业提供市场咨询,帮助这些企业建设网站、规划社交媒体市场策略等等。同样的道理也适用于文字编辑:在过去,文字编辑负责的是编辑报纸;而在信息内容部成立后,他们仍然需要为报纸排版,但同时还可以向外寻找商机,比如帮一家餐厅设计新菜单,或者为某个零售店设计分类广告页。按照这个思路,每一个部门都需要去寻求外部客户,为公司的整体收益做贡献。

然而,关于创收,信息内容部的最大创新点是超级博主的工作。巴特瑞把超级博主看作要为公司创收的"创业型"记者。他在一份给员工的备忘录中写道:"创收以往并不是记者的工作,但现在,每一位记者都需要参与协作,探索一种未来新闻业的商业模式。"按照他的计划,超级博主的创收方法,是在其主题领域成为一个"全社群联络点"(complete community connection,报社称之为C3)。就以车辆驾驶这一主题来说吧。以往,报纸会刊登汽车广告,会报道交通事故新闻,会更新路况信息,而这些工作都不能直接创收。按照巴特瑞的设想,超级博主会围绕其主题创造出一个全社群联络点,从而形成相应的收入来源。比如,以车辆驾驶为主题的超级博主就可以绘制标有油价和路面坑洞的互动式地图,提供关于交通堵塞的文字警报,还可以抓取城区红绿灯摄像头的数据。在设想中,这位记者还会搭建起一个知识库,内容应有尽有,从如何买车到如何处理罚单。这位记者还需要维护讨论版块,策展用户提供的照片,并主持相关的辩论。这些活动都将呈现在一个以车辆驾驶为主题的一站式网页上。在内容与平台分离的原则下,这个网页的内容可以被分享给公司旗下的电视台、报纸、网站,以及其他利基出版物。然而,更重要的是,在这个网页上,消费者还可以查询车辆的保险费用,从给出最优惠价格的公司那里直接购买车险。网页还可以充当维修店和司机之间的中介。如果一个司机在行车途中遇到问题,他可以停在路边登录网站,联系上能够最快抵达现场的维修店。当然,这个网页还会刊登汽车产品的广告,甚至还能够直接下单购买产品。在以上的每一个环节中,网页都能够通过这些服务来创收。

假设超级博主都以这样的方式来工作,而且他们的工作领域很广,包括生育、丧葬、婚礼、家居、运动、音乐、房地产等,那么,这些"一站式"网页便创造出了前所未有的种种收入来源。在巴特瑞的想象中,报社网站的主页看起来应该像是一个分类广告网站——它是一个强大的搜索引擎,提供的是一组按照不同主题划分的网页列表。他认为,信息内容部应该先着手开发已有竞争优势的那些主题,然后再去寻求持续增长,最终打造成"能为艾奥瓦东部地区的民众与企业提供与其生活与生计相关信息的总联络点"。[4]巴特瑞设定了一个完成初步目标的截止日期，2009年4月时，信息内容部要和公司的各个平台分离。

作为新闻业模式的超级博客

2008年12月，巴特瑞的员工们开始全力投入，试图在截止日期之前完成计划。在后来的回忆中，这段时间像是一场梦，他们疯狂地规划新的组织结构，设计新的工作流程，参加永无休止的员工会议。有个记者开玩笑说，他们要开的会实在太多，有几个人甚至设计出了一个游戏。每当有人在会上说出"根本性的变革"这个词时，他们便拿起水杯喝一口水。如果不在开会，记者们就在焦虑地申请新的超级博主职位，并为面试做准备。

可想而知，这些改变带来了巨大的压力。记者们开始担心自己的工作，也想知道巴特瑞的试验到底能不能拯救报纸。但在他们的回忆中，当时人们都干劲十足，充满热情。这些热情一部分来自大家都意识到了局势的严峻性。到了2009年，行业中的记者大量流失，报业公司的股价也在直线下跌，甚至还有好几家报社宣告关张。在这样的环境下，报社里很多人都乐于见到他们的上司"还在做些什么"。按照一位记者的话来说："行业正在发生变化，还好我们还在做些什么。"另一位记者把当时的计划称为"我目前为止听过的维系报纸生存的最佳方案"。还有一位记者则更积极地表示他"完全赞同"巴特瑞的方案："我现在做的事不一定能有成效，但按照他的计划,也许我至少能够更好地为公司服务。"

这些热情还有一部分来自能够保住工作的如释重负感。2008年6月,在巴特瑞来到报社的两天之后,锡达拉皮兹市就发生了一场严重的洪灾,摧毁了城区的大部分地方。在接下来的几个月里,《公报》记者都在报道这场灾难及其后续影响。这次洪灾对地方经济和报纸的收益都造成了重大的冲击。2008年12月,公报通信公司宣告了其史上规模最大的一次裁员,裁减了近100个职位,其中《公报》就辞退了十几名记者。在这之后,报社的气氛史无前例地紧张了起来。一位记者告诉我:"每个人都在捕捉各种信息。比如,谁能领到笔记本电脑?谁能领到黑莓手机?"人们开始认为,如果巴特瑞的计划能够扭转报社的局势,保住他们的工作,那么他们便会全力以赴。

但是到了2009年1月,在巴特瑞的计划开始逐步落实之后,员工们发现:没有人明白那些新的名号是什么意思。什么是信息内容指挥官?什么是超级博主?什么是内容管理者?一开始,这些疑惑只是引发了一些玩笑。毕竟,他们要改造一家报社!但后来,人们逐渐认识到,新的名号会带来棘手的现实问题。举个例子,巴特瑞会把他的新头衔印在名片上吗?还有:如果有人致电报社,要找负责本市新闻的编辑,那么谁应该来接听电话呢?几周之后,由于回答不了这些最基本的问题,员工们变得越来越不安。

吉米·柯林斯的处境就很能说明报社中随处可见的困境与不安的氛围。柯林斯在报社干了几年的图书管理员。巴特瑞来到公司后,他开始想要做一些新的工作,于是便申请了"网站策展人"的职位。让他惊讶的是,他得到了这份工作,并从 2009 年 2 月开始负责管理一个名为"iowanewshawk.com"的网站。然而,他很快发现自己并不明白网站策展人应该要做什么,而且包括巴特瑞在内,没有人能帮得上他。但在接下来的两个月里,他仍然每天来上班,"策展"在线新闻。大多数时候,他从互联网上寻找所有关于艾奥瓦的新闻,并贴上这些内容的链接。我和他在 5 月份交谈过一次,当时他变得非常焦虑。他不知道自己在做什么,也不明白他为什么要做这些。他觉得,这种状态持续得越久,他的上司就越会觉得这种情况不对劲——如果他们花时间来过问的话。他快要被这种焦虑压垮了。什么时候会有人来告诉他如何做这份工作?或者更糟糕的是,什么时候会有人发现他根本不会做这份工作?

因为大多数记者都需要转变自己的角色,柯林斯的困境尤其引发了那些将要成为超级博主的人的共鸣。简单来讲,没有人明白超级博主是什么。一名记者说:"我们大多数人都难以领会超级博主是什么。我第一次听到这个说法时就不太明白,我理解不了。"还有一位记者说,当她读完巴特瑞的一份备忘录之后,她的反应是"等一下……什么意思?"另一名记者也表示无法回答。当我和她提起超级博主时,她只是耸耸肩,表示她完全不明白巴特瑞想做什么。当他们从公司的角度来解读超级博客的做法时,似乎能给出一个合理的解释:"这是一种让信息产生更多收益的方式——能够形成多种收入来源",一位记者如是说。但是当他们从新闻业的角度来解读超级博客的做法时,他们的脑中一片空白。

　　造成这种理解困难的原因是什么？文化社会学能够帮助我们回答这个问题。让我们先回到格尔兹对于文化既是一种"为了"现实的模板,也是一种"关于"现实的模板的区分。像新闻常规这样的文化实践,就是一种"为了"现实的模板,因为它们提供了如何去实践的指导,它们是记者为了生产新闻而需遵循的规则。但实际上,新闻常规还发挥了构成性规则的作用,它们提供了关于新闻业是什么的定义。如此一来,新闻常规便同时充当了"为了"现实和"关于"现实的模板。

　　在本章开头我提到过,"构成性规则"这一概念来自瑟尔,他将其区分于那些更为常见也为数更多的调节性规则(regulative rules)。这里可以详细引用瑟尔对于这两种社会规则的区分。他写道：

> 调节性规则规范的是已经发生或独立存在的行为形式。例如,许多礼仪规则规范的是那些独立于规则而存在的各种人际关系。而构成性规则不仅有规范作用,还创造或定义了新的行为形式……调节性规则的典型形式,或其同义词,是命令,例如,"切割食物的时候,用右手拿刀"或者"职员晚餐时需要佩戴领带"。而某些构成性规则的形式则很不一样,例如,"只有当无论下一步棋怎么走,国王都会受到攻击时,才算是将军"。(1969, pp. 33-4)

按照瑟尔的定义,某些类型的规则定义了其对象(或情境、角色等),因此,如果没有了这些规则,这些对象就不存在。用格尔兹的话来讲,这些规则是关于世界的模板。另一种类型的规则则用来指导行为,这些行为针对或围绕着那些既定的或独立存在的对象(或情境、角色等等)。构成性规则告诉我们某个对象是什么;调节性规则告诉我们的是关于某个对象的一些事。构成性规则是本体论层面的;调节性规则是认识论层面的。

新闻业作为过滤器的理念就是一种构成性规则。但需要记住的是,这一理念并非从来如此。在 19 世纪,政党是公共生活中最主要的信息过滤器,而新闻业只是政治的啦啦队而已。慢慢地,与过滤器理念有关的实践开始浮现。到了 19 世纪 60 年代,记者这一概念开始出现。到了 19 世纪 80 年代,"采访"这一观念已经在新闻业扎根。在这段时间里,记者开始靠自己来挖掘新闻,评论家也开始呼吁一个更为独立的新闻界。但直到 20 世纪 20 年代,这些理念和实践方法才开始围绕着新闻业的新定义与新目标凝结成形。到了 20 世纪 50 年代,社会学家大卫·曼宁·怀特(1964)为这种形式的新闻业创造了一个新的词汇:把关人。而现在,我们把这些关于新闻业的定义叫作常识。

《公报》的记者们开始意识到,如果按照他们原本的理解方式,超级博客是件完全不合常理的事。

2009 年 5 月我刚到报社时,很快便发现了他们的这些困惑。于是我找了一天去巴特瑞的办公室和他讨论这个问题。我问他,超级博客如何能被叫作新闻?他坚持认为它就是新闻,为了解释这一点,他举了一个报道交通事故的例子。在过去,记者需要根据现场人员提供的信息和对事故目击者的采访来写出一篇报道。而现在,超级博主要做的第一件事可能是先在推特上创建一个标签(♯hashtag),让每个在现场的人发布推文,写出他们的所见所闻。她还需要收集人们用手机拍摄的照片,在新闻网站上将它们组合成一个照片集。超级博主仍然需要从现场人员那里获取信息,也需要采访目击者——巴特瑞意在用"超级"二字来对比传统的报道手法——但他们仍然要用大量时间去收集和整理其他人生产的信息。

我草草记下这个例子,然后开始思考这次谈话。过了一会儿,我意识到巴特瑞和记者们是一样的。当被问到如何去定义超级博主时,巴特瑞描述的是超级博主需要做什么:他们要聚合、策展等。以前,当记者们都对新闻业有着相同的定义时,这样的描述可能就足够了。但是,现在巴特瑞在一遍又一遍地告诉自己的员工,他的试验要彻底地改造报社。在这样的语境之下,只是去描述一名超级博主如何工作(调节性规则),就并不能定义清楚它是什么,或者它的目标是什么。而若是缺少了这一核心信息,记者们便有理由说出这样的话:"我能听懂你的每一个字,但不明白你想说什么!"如果超级博主还是把关人,那么巴特瑞的试验还能算是创新吗?如果超级博主不是把关人,那它还有什么意义?超级博主的使命是什么?记者们不断地发问,我们做超级博主究竟是在做什么?我们为什么要做这些事情?

这是一个本体论层面的问题。通常,当人们想要证明自己的行动是合理的(调节性规则),但却又缺少一个关于其实践的基本定义与目标的语境(构成性规则)时,这样的问题便会产生。伊丽莎白·伯德(Elizabeth Bird, 1992)对小报新闻(tabloid journalism)的研究就很好地说明了这种情形。在一份民族志研究中,伯德发现小报记者十分清楚其他记者是怎样看待自己的工作的。也正因如此,他们竭力用传统的新闻业规则来为自己的行为提供合理性:我们用的是官方信源;我们采集的是事实;我们出版的是信息性报道——和其他记者都一样。伯德写道(p.92):"他们急切地想要展示,从很多方面来看,他们都没有放弃客观新闻业的操作。"换句话说,这种想要被自己和被他人承认的需求,让小报记者为自己的行为(调节性规则)辩解,而辩解的用词则是关于新闻业是什么的传统定义(构成性规则)。

这种做法在某种程度上显示出构成性规则充当的是新闻业场域的一种边界。即使是小报记者也不会用随意的方法来生产新闻,因为他们认识到,在新闻业的共同体之中,有些行为会被认定为不恰当或不合法的。在拿出了所有的辩解理由之后——使用可信消息源、采集事实、平衡报道等等——他们还必须论证自己采集新闻的方法本身是合理的,理由就是他们是专业的把关人。换句话说,在本体论层面上,被承认成了一种"基石"。这也意味着,调节性规则最终是在构成性规则之中寻找到了它们的正当性(justification)。

因为没有其他构成性规则的存在,《公报》的员工只能通过新闻业作为把关人的传统理念来理解超级博客的做法,这也导致了他们不断地撞上本体论的"基石"。例如,他们对博客并没有特别的敌意,但对他们而言,博客更多的是一种表现形式,而不是一种做新闻的方式。他们也愿意去编辑加工信息,却无法解释为何这能算作一种有价值的新闻实践。如果可以保住工作,他们愿意把整天的时间都花在推特上,但从新闻业的角度来看,这么做没有太大的意义。也就是说,他们虽然乐于运营超级博客,却没有办法将其与新闻业关联起来。

超级博客无法引起他们的共鸣。这并不是说他们对此持反对态度。正如前面所说,几乎每一位记者都表达了他们对改革前景的兴奋。许多人表示他们无比盼望变革的到来。一名记者说,"我们并不抗拒变革",又重复了一次以示强调,"我们并不抗拒变革……我们和其他人一样乐于接纳变革"。但是,当谈到如何看待巴特瑞为了拯救《公报》而制定的改革计划时,他们却变得不置可否。即使巴特瑞的计划要比其他报社都激进得多,也没有人对此表示义愤。我从未听到有人发出过"这样做不对!"的感叹,而这句话在我去过的报社里经常出现。但与此同时,也没有人对他的计划表现出很大的热情。"我很愿意去做,"一名记者说,"但是我不会全身心地投入进去。"另一名记者有些批评意见,但只是说"它不是我会为之兴奋的东西"。我和一名编辑谈起,大家对巴特瑞的计划好像普遍兴致不高,他也同意,然后说:"大多数人的态度是,'你让我做,我会配合',但是他们并没有情感上的投入。他们对这件事没有热情。"

之所以没有热情,在我看来,是因为记者们认为超级博客与新闻业并无关联。《公报》的记者在这些年里经历过无数次"改革"计划。曾经有一段时间,报纸有不少于五个地方版,覆盖了艾奥瓦的十八个郡县。这些地方版取消之后,管理者又开始组建"创新小组",来研发新的产品和新的实践方法。一名记者告诉我,他在报社的十二年里,申请过四个不同的岗位。但是巴特瑞的计划似乎不太一样。为什么?编辑托尼·罗德里格斯的解释是,过去大家想的是"如何改造已有的东西",而现在却被告知"我们不用再管报纸了"。另一名资深记者也表达了相似的意见:"现在的改革已经与报纸无关了。这场新试验考虑的是如何为其他平台服务,从这个意义上讲,报纸不再是我们关注的核心了。"正如上一章所描述的那样,记者们经常将报纸与新闻业混为一谈。当《公报》的记者们说超级博客和新闻业没有什么关系时,他们的意思是,它和自己也没有什么关系了。

正因如此,记者们对巴特瑞的改革计划感到无所适从。他们是应该抵制超级博客的做法,还是去接受它?大家难以作出判断。他们的感觉像是在面对一种来自异域文化的传统仪式,还被要求评价它是好是坏。这种仪式完全存在于他们自身的意义体系之外,这让他们如何评价?这就是《公报》记者对超级博客的感受。他们也许愿意改变,但是他们缺少一套解释框架,无法将超级博客理解成一种做新闻的方式,因此很难全情投入。

这也导致报社出现了很多尴尬的、不协调的互动,记者申请成为超级博主的面试过程就是其中的一个例子。因为巴特瑞自己对超级博客是什么也没有固定的见解,他没办法给出详细的职位说明。没有这些说明，记者便很难去展现为何自己是合格的人选。劳拉·布莱克是公司人力资源部的负责人，她参与了很多场面试。后来，她告诉我，这是她见过的最奇怪的面试。当她坐在房间观察巴特瑞和面试者互动时，便意识到，这些记者只是在"说他们认为巴特瑞想要听的东西，'我能在全新的环境中胜任这份工作'——他们这样告诉巴特瑞"。实际上，大多数和我聊过的记者都告诉我，在准备这些面试时，他们只是把发博客加到了自己原来的工作内容之中。例如，萨姆·丹尼斯申请了一个以他原本负责的政府专线为主题的超级博客的职位。他在面试时告诉巴特瑞，他计划要"做更多企划新闻，少跑会议新闻"。这句话的意思是，他补充说，他还会"提供更多的链接、发布各类文档等等"。这些就是他对巴特瑞的自我陈述的总结陈词，然后他得到了这份工作。对于布莱克来说，这些互动太离奇了。在记者们和巴特瑞都无法定义这份工作的前提下，这些记者是如何能够面试一份工作，并得到这份工作的呢？

显然，现在的问题并不是记者们把超级博客看作不合理的事情。认为其不合理本身都有可能引起义愤（"这太不合理了！"）。现在的问题是这种实践方法根本没有道理可言。在这样的本体论困境之中，许多记者选择去相信超级博客并没有改变任何事情。"还是像以前那样做报道，"一位记者这样告诉我，"我写博客、发推特、拍照片。我也了解到了外包/社群参与的价值。"他说，超级博客只带来了一种变化，那就是"如何呈现"信息。或者用

第四章 定 义

另一名记者的话来说,超级博客的意思只不过是要"学习一些新工具"。

这种态度带来的其中一个后果,就是大多数记者都在用新的实践方法来达成旧的目标。报社几乎所有人都在发推特、写博客、策展、聚合,而且几乎所有人都说他们愿意做这些。"我愿意写博客""我迷上了写博客"还有"我喜欢博客",这些都是常见的表态。但是,用一名记者的话来说,大多数人愿意写博客,是因为他们把它当成了一种"形式疗法"。他解释说,报纸在过去这些年里变得越来越薄。曾经,记者能够在报纸上发表 15 甚至 20 英寸长的文章,但后来,编辑们似乎只想要不超过 10 英寸长甚至更短的文章。"这影响了我对博客的想法,"他告诉我,"我现在可以在博客上发表那些比印刷版文章更长、更有深度的报道了。"另一名记者告诉我,他喜欢博客是因为它能够"为更多、更长、更有深度的文章提供空间"。许多记者都是这样想的,这也引起了在线编辑的抱怨。有位编辑告诉我,"有一些人在用博客写 25 英寸长的文章!"这些人的确在这样做。但是他们这样做,不是出于愤怒或敌意,而是因为这是能够让博客这种实践变得合理的一种方法。

记者们身处困惑之中,与此同时,他们还要维持一份报纸的出版,这又一次让新闻业的标准化定义得到了强化。社会学家普遍认为,很多时候,人们需要面对的并不是社会结构,而是关于这些结构的阐释(参见 Archer, 1996; Emirbayer, 1997; Joas, 1993; Wiley, 1994)。而这些阐释的核心,就是在某个社会领域中去定义什么等同于什么的构成性规则。从这一观点出发,社会学家安·斯威德勒(2006)认为,构成性规则在"重复的互动模式中发挥了基础架构"的作用,从而维系住相关的社会实践。在《公报》记者们出版报纸的过程中,他们需要和消息源、编辑、读者以及同行进行互动。正是这些互动不断地将他们推回至那些存在已久的新闻业的定义中。

查理·亚当斯的经历就是一个很好的例子。三年前,他25岁左右,开始在《公报》实习。在我来到报社时,他是负责本市政治新闻的记者/超级博主。在一次交谈中,亚当斯表达了他想要改变实践方法的愿望。他喜欢写博客,在推特上也十分活跃。当我谈到彼得斯所提出的强调协作与互动的新闻观念时,亚当斯眼睛都没眨一下,他说这样的新闻业必将来临。事实上,亚当斯对于正在进行的变革充满热情,巴特瑞也认为他是真正"懂得"这些新思路的人。

亚当斯花了六周时间来运作新的超级博客,他的博客叫作"热点专线",主题是本市政治新闻。他发现,自己大部分时候都在用传统的方法做新闻。每天,他会浏览各个政府部门的会议议程,通过电子邮件和那些可能提供有新闻价值信息的政府人员保持联系,联络官员和专家请他们作出评论,并验证将要写进报道的各类事实。如果时间允许的话,他会去参加政府的会议,还会浏览那些想要提供信息或线索的电话和邮件。我向他指出,他所做的大部分工作都是传统的新闻,他看了我一眼说"这就是我的专线",没有再说其他的话。

即使亚当斯非常愿意谈论变革——他是报社里最愿

意谈论变革的人之一——他与信源的各种互动仍然在仪式性地重复着新闻业的传统定义。只要他还遵循着那些标准化的实践方法,这些互动就会持续下去,而指导这些互动的构成性定义也会持续下去。

他在报社内部的各种互动也是如此。尽管亚当斯每天都在博客上不断发布文章,他的编辑却不会去看这些文章。据我所知,尽管许多记者都在写博客,却没有编辑会经常去看这些内容。我问亚当斯的编辑为何她从未关注过他的博客,她愣住了,她脑中从来没有出现过这个念头。她一直在忙于用传统的编辑方式与他互动。她要保证他找对了采访对象,问对了采访问题,还要查验他是否核实了信息,是否使用了准确的引语。当然,她还要保证他能够在截稿时间之前完成报道。去读他的博客看起来和做新闻没有什么关系,于是她便置之不理。

当4月的截止日期即将来临时,记者和编辑的挫败感开始浮现。记者们被要求去申请超级博客的职位,但最终却像是在重新申请原来的旧职位。许多人用上了新的实践方法,但大多数人针对的是旧的目标。仅有少数人承担起了超级博主的新职责,但是,对于像吉米·柯林斯这样的人来说,这种变化带来的只是困惑。对于另一些人,比如查理·亚当斯而言,这一经历造成的是讽刺性的结果——新闻业的传统观念被加以重申。

在会议中,编辑们开始越来越多地表达出自己的挫败感。一名编辑告诉我:"一开始实施这项计划时,我们就没有解决好其中的一些核心问题。我们一直在回避这些问题。"这位编辑尤为关注如何为超级博客建立标准。

她问道:"记者应该按照何种标准工作?例如,一个关于市政厅的博客也许只能吸引500人。这个数字可以算是非常成功的了。但对于一个体育博客来说,这个数字就是个灾难。"作为一名编辑,她非常希望能够让记者承担相应的职责。但是,如果没有一套针对这些实践的评价机制,又如何去要求超级博主们承担起他们的职责呢?"我们没有处理好这些核心问题,"她说,"我的挫败感就来自这些问题没有得到回答。"

我和巴特瑞也讨论了这个问题,他复述了克莱顿·克里斯坦森的一个观点:在颠覆式创新的氛围中,没有人知道该如何前进,因为环境是如此不确定。在这样的环境下,要做的不是去避免失败,而是要迅速地反复的失败,直到找到正确答案为止。因此,他非常愿意在没有定义清楚角色和职责的情况下继续前进。对他来说,这是得到正确答案的唯一方法。当我和一位编辑说起这次对话时,她的回应是:"总要有个度吧。这是管理学中最基础的常识。你得设定好边界。你要为他们提供这些界限。"翻译过来就是:你需要先定义清楚超级博客的边界范围,并提供评估的方法,然后再让这些人去做这份工作。

133   到了2月下旬,报社的紧张气氛达到了顶峰,也引起了查克·彼得斯的注意。在得知这些情形之后,彼得斯认为巴特瑞没有很好地实施他的计划。"巴特瑞没有把大家带动起来,"彼得斯对我说,"他没有很好地向大家解释清楚他的计划。"2008年6月巴特瑞刚刚来到报社时,彼得斯就期待他马上着手推动这些新计划。但当时发生了洪灾,用彼得斯的话来说,巴特瑞开始"极度专注于"主持这场"世纪报道"。到了 2008 年秋天,彼得斯问他打算什么时候启动信息内容部,巴特瑞当时还没有准确的时间表,却在一周之后向他宣布:"我们会在 4 月之前完成!"彼得斯的反应是:"这不太能让人放心。"到了 2 月底,彼得斯发现巴特瑞制造了一场"灾难"。他让巴特瑞解释他在做什么,巴特瑞给出了和以往一样的答案。用彼得斯的话说,"他的意思是,无论我们做什么都会一团糟,所以就顺其自然吧"。

3 月初,彼得斯不想再等了,于是召开了一次全体会议。在会上,他重述了新闻行业正在发生翻天覆地的变化,又重申了他想要将内容生产和分发渠道进行分离的决心。为了展现他的决心,他宣布要将公司的电视台合并到信息内容部之中。最后,他还宣布,电视新闻部主任南茜·提格将接替巴特瑞的位置,担任信息内容部的负责人。

就这样,巴特瑞超级博客的试验几乎还没开始就被画上了句号。

"你还是记者"

3 月份的员工会议标志着巴特瑞在《公报》改革计划中的工作结束了,但这场试验却并未结束。5 月我来到报社时,彼得斯仍然决心要让内容与产品分离。事实上,他将电视台也加入计划之中,这在某种意义上是在进一步加深这次变革。现在,信息内容部包括了电视台记者和报社记者,还需要为三个而不是两个平台提供服务(电视、报纸和网站)。提格就是这一切工作的掌舵者。赴任时,提格已经在电视台担任了八年的新闻部主任。那段时间她把电视台打造成了气象报道和突发新闻方面的本地王牌。过去三年,这家电视台在同行机构之中都排名首位。彼得斯认为她的工作方式"快而不急",能够执行他想要推进的变革,同时"保持稳定的收益",而且"不至于毁了这里"。换句话说,彼得斯相信提格能够在预算之内完成工作,而且她的工作方式不会在报社制造出一场"灾难"。

可以先简单介绍一下提格为了完成这些目标所制定的方法。她所做的第一件事就是取消了超级博客和巴特瑞发明的其他名号。以后不会再有信息内容指挥官、内容管理者,或者超级博主了。提格的头衔就是内容部主任。编辑仍然是编辑,记者仍然是记者。在开始这份新工作之前,提格尽可能多地安排了她与记者们的一对一谈话。在访谈中她对我说,在这些会面之中,她尽力"让他们放心,他们以后要做的事情和他们一直以来在做的事情差不多"。她传递给他们的信息是"你还是一名记者,你还在生产内容……你还会去做突发新闻、日常新闻,或者是企划新闻,就像你一直以来在做的那样"。在另一次谈话中,提格说,关键就在于要维持他们作为记者的这份认同。大家有一种要做记者的"内在需求",她告诉我:"我们需要认识到这一点,也要尊重这一点。"要不然,她总结道,"你为什么还要做这份工作?自我实现又从何而来呢?"

当然，在听说是一位电视人要来掌管报社时，许多记者都面色发白。"他们脑子里只有同期声"，一名记者这样描述他所认为的电视人。"我们也要变成这样吗？"他发问道。"要求我做什么，我就去做"，但是"我担心的是质量问题。我们还会继续生产高质量的产品吗？"虽然如此，如果要作出选择，一边是电视与报纸之间长期存在的公认的矛盾，另一边是超级博客这一未知领域，大多数记者还是会选择前者。事实上，相比巴特瑞，不少人都认为提格更让人安心。一名记者说她在和提格会面之后"减少了很多恐惧"。另一名记者觉得提格是"一个心怀新闻的人"。尽管她曾经在电视行业工作，记者们仍然对提格反应良好，因为她说着一种他们能够理解的语言。

去掉了超级博客之后，让内容与产品分离的做法看起来更像是媒体融合了。媒体融合这个说法可以追溯到20世纪80年代初。同时拥有报纸和电视的媒体公司一直希望将二者融合在一起，很大程度上是因为这样做可以大幅降低内容生产的成本。与其维持两个分离的新闻编辑室——报社和电视台——公司不如只保留一个新闻编辑室，让能够同时为不同平台生产内容的人留下来。新闻数字化之后，以往约束了电视台和报社相互融合的管理条例也逐渐松动，融合的想法在整个行业中流行起来。

在提格的管理之下，电视新闻、文字报道和网络报道开始在信息内容部进行融合。记者们被她分派到以下这些专线：犯罪、公共安全、天气、洪水与火灾、庭审、恐怖主义、选举/政治、政府、体育，还有交通。他们所接收的指示是,既要写长文章(企划新闻),也要写短文章(突发新闻),还要提供视频、音频和文本等组合材料,以便让各个平台都能使用这些内容。这些内容将被存储在"数据仓库"中,这是一种集成式的内容管理系统,让信息内容部的客户能够搜寻内容并将材料上传至自己的平台。提格对员工们说,这样做仍然是为了让内容与产品分离,但同时能保证不让"产品出问题"。

除了去掉超级博客,提格保留了大部分信息内容部的原有架构。按照原定计划,她和报社、网站和电视台的主编签订了服务协议。这些协议确定了每个平台想要从信息内容部获取的内容类型与内容数量。对于信息内容部无法提供的内容,各个平台的主编只能从别处想办法(比如,从特约记者或用户那里获取)。为了描述这一方案如何实施,报社主编将其比作在杂货市场购物:"我拿着购物清单来,他们(信息内容部)也设定了想要卖哪些东西给我的计划,最终我拿到了想要的东西,也许还带走了一些我原本不知道自己需要的东西。"从一开始,提格就计划让她的几位高级编辑每天都和平台负责人会面,以保证协议的执行,此外,对于报社而言,还需要提前数天甚至数周和他们一起进行报道策划。

从理论上来讲,信息内容部的记者需要不间断地生产一系列内容,这些内容分为"原始材料""半组装"和"已组装"这三种类型。然而,在实践当中,没有人明白这些标签是什么意思。什么是"原始材料"?记者是否需要将自己电脑上的全部内容都上传到信息内容部?"半组装"和"已组装"的内容有什么区别?这是不是说,编辑需要根据他们从内容管理系统上找到的信息来自己写作报道？如果是这样的话，那报道的署名栏上应该写谁的名字？大家都不太能接受由编辑来写报道这件事。记者不想失去对自己工作的控制权，编辑也不想去写那些未经自己采访的新闻报道。虽然有这些难题，但记者的生活却没有发生多少实质性的改变。他们和以往一样，还在报道着自己的专线。记者仍然在和编辑互动，编辑仍然会给出同样的指示，比如，"关于这场庭审，明天的报纸需要一篇15英寸长的报道"，或者"我们需要你去报道这场事故，上午11点的整点新闻要播出"。当然，记者也仍然在和同样的信源互动。负责高等教育的记者告诉我："如果有大事发生，我并不会去社群那里寻找信息，我会去问官方信源。如果艾奥瓦大学在裁员，社群里问不到所有人都关心的信息，这些信息只会来自官方信源。"另一名记者则这样描述，将内容与平台分离的做法，就好像只是在"使眼色"而已。他说，"我们仍然坐在一起"，也从未停止过协作配合。

我询问巴特瑞如何看待提格对其计划的修正，他当然有很多批评意见。"如果公司本来的计划是要从得梅因前往阿尔伯克基，"他对我说，"那么它现在的目的地变成了堪萨斯城。"① 巴特瑞认为，如果要进行彻底的变革，唯一的办法就是采取彻底的改造手段。在他看来，折中

---

① 得梅因是艾奥瓦州的首府，阿尔伯克基是新墨西哥州（位于美国西南部地区）的最大城市，堪萨斯城是密苏里州（位于美国中西部地区，就在艾奥瓦州的南侧）的一座城市，这里的意思是改革进程被缩减至一小半。——译者注

的做法并不会成功,因为会很容易回到原来的状况。

当我离开《公报》时,巴特瑞送我去了机场。他非常沮丧。当时距离 3 月份的员工会议已经有三个月了。信息内容部不再由他负责,他在公司的位置也尚未确定。我们坐在安检门外,他向我透露他在积极寻找下一份工作。"我不会再去那些老牌媒体公司了,"他告诉我,"它们不可能改变。这是不可能发生的事。"

巴特瑞对于这些"老牌媒体公司"的看法可能是对的。然而,如果确实如此,那它们失败的原因也不会是因为缺乏决心。在我写作此书时,《公报》的试验仍在继续向前推进。在我走之前的一次员工会议上,提格对记者们说:"长久以来,我们都处于一种害怕失败的文化之中。"她接着说,这样的文化不能持续下去,"我们会继续往前深入推进"。到了 2010 年下半年,公司已经成功地将内容生产与平台分离开来,而提格也开始尝试在记者的专线报道中纳入更多的社群互动。作为这个计划的一部分,她在报社实行了"专线博客"的做法,也在信息内容部的社群报道中增加了更多的"用户生成内容"。这段时间里虽然发生了一些人员变动,但当我在 2010 年夏天再和她以及其他一些记者碰面时,他们和过去一样,仍在致力于扭转公司的命运。

如果这场试验真的失败了,那么可能不是因为缺乏决心,而是因为缺乏想象。提格、记者们和信源们在这一点上是一致的,那就是都认为新闻业在本质上是一种过滤的实践:从信源(个人或机构)那里获取信息,分辨其是否具有新闻价值,然后将其制作成为读者可以消费的新闻。他们的日常判断与交往一次次地让这一观念得到印证,当他们想要尝试的试验超越了这一观念时,就会撞上"本体论的基石"。而如果要超越这一观念的基石,他们便再难以作出任何想象。

请允许我再举一个例子来说明这个观点。有一天,查理·亚当斯故意拿到了一张乱穿马路的罚单。当时他附近的一个街区有三个人被警察开了乱穿马路的罚单,他们非常气愤,认为这种处理方式是一种针对其种族的特殊对待。于是,亚当斯,一个白人,走过了马路,而警察马上给他开了一张罚单。他想要就此经历为报纸写一篇报道,但编辑们不同意。他们认为,如果这件事发生在一名记者本人身上,按照定义,它就不能算是新闻。于是他写了一篇博客。编辑们对于这篇博客文章没有任何意见,因为在他们看来,博客不算是新闻。

这样的例子在报社造成了一种"土拨鼠日"①的效应。《公报》的记者们不断地谈论着变化,但仍然回到办公桌前,寻找相同类型的信息,联络相同类型的信源,使用同一种叙事方式,写出相同类型的报道。正如一名记者所说,"我写博客、发推特……但还是像原来那样做报道。收集信息的方式没有变,只是呈现信息的方式变了"。

看起来也确实如此。

---

① 土拨鼠日是北美地区的传统节日。每年公历2月2日为土拨鼠日,美国和加拿大许多城市和村庄都会庆祝它。在电影《土拨鼠日》中,主人公菲尔每天醒来都发现时间仍然停留在前一天土拨鼠日中,昨日的一切重新上演。无论他如何选择度过这一天,他都始终无法再前进一步,只能重复经历土拨鼠日当天发生的一切。——译者注

第五章 未来

新闻业前景堪忧,让我们很容易忘记它曾有辉煌的过去。在20世纪的前五十年里,新闻业的各个环节都实现了无缝衔接,合作十分顺利。记者的报道吸引了大批的读者。新闻机构则将这些读者(通过广告收入的方式)转换为利润。记者用新闻吸引来的读者越多,新闻机构赚到的钱也就越多。更多的利润允许新闻机构招募更多的记者,他们会写出更多的报道,来吸引更多的读者。这样便形成了新闻业的良性循环,而且它不只是一个商业性的循环。新闻业曾经如此辉煌,是因为它与现代社会十分契合,从八小时工作制的时间节奏,到城市化的变化趋势,再到这个日渐官僚化、职业化、商业化的世界。事实上,新闻业曾经如此强大,它的良性循环还支撑起了其他类型的大众媒介,包括广告、电影、音乐,还有广播产业。

在20世纪快要结束时,这种正向反馈的循环已不复存在。如果你读了本书第一章,就会知道原因。现代社会发生了变化。它变得更加郊区化,不再那么城市化。家庭中的父亲和母亲都需要工作,而且工作的时间变得更长了。娱乐项目迅速激增。新闻业与后工业社会不再步调一致,过去的良性循环开始变成恶性循环。市场渗透率和发行量的降低导致了利润的下滑,也使得记者变少、新闻变少,最后读者也变少了。新闻业不再能够通过提供更多的新闻,吸引到更多的读者,最后得到更多的广告收入。这一过程的后果却并不那么明显,一是因为时间,二是因为对媒体的广告投入总量在20世纪最后二十多年里有着大幅的增长。但是,数十年过去之后,新闻业最终失去了它在社会中的立足点。

我在第一章结尾处提到,记者们数十年来都在和这些下滑的势头作斗争,这在某种程度上使得他们没有作好应对互联网的准备。互联网为新闻业带来的是一系列和以往截然不同的挑战。在本章的第一部分,我将从第一章未曾讲完的故事说起,先来描述这些挑战具体是什么。互联网是一种网络化的媒介,其运作方式与大众媒介有着极大的不同。网络化媒介比大众媒介更为广泛,也更为分散。它为用户提供了更多使用信息的选项。在网络化媒介上,群组的形成和解散要比大众媒介时期更为高效和迅速,人和人之间的协作也变得更加容易。和大众媒介相比,网络化媒介的运行依据是一种与以往不同的稀缺性。在大众媒介时代,注意力非常充裕,而信息是稀缺的(参见 Lanham,2006)。专业人士控制了在公共生活中流通的大部分信息。而当他们在公共广场上散布这些信息时,便可以轻易吸引无数人的注意力。而在网络化媒介上,信息非常丰富,而注意力是稀缺的。如果某则信息为一人所知,网络便可以让它被所有人知道。

事实上，网络生产了太多的信息，任何组织都难以吸引并维持多数人的注意力。

为了说明互联网的这些特征是如何以及在多大程度上对新闻业造成挑战的，我还会再次借用第三章提到过的新闻业场域理论。"场域"研究的学者们（参见 Benson，2006；Benson and Neveu，2005；Bourdieu，2005）认为，新闻业坐在一个三条腿的凳子上，支撑它的分别是：专业本身、经济，以及政府。当新闻业向网络发展时，这三条腿都被严重削弱。而且，原本备受重视的——尤其是那些与客观性有关的——新闻业理念与实践方法，在网络环境中都不一定能继续发挥作用。除此之外，互联网还让公职人员绕过记者直接与民众对话，而新闻业也就失去了来自政府的关键补贴。另一个严重后果是互联网还磨损了这几种力量间的关系。新闻业原本在专业主义、经济与政府这三种作用力的推拉之间获得了一种内聚力。而在互联网上，这些力量之间的推拉作用开始弱化，而新闻业场域的一致性也被削弱了。

以上这些都并不能说明新闻业正在消亡。实际上，媒介的消亡是很罕见的事——毕竟我们还在用着铅笔，这是一种在 16 世纪发明的媒介。将来，我们还会有记者，很有可能还会有报纸。更准确地讲，新闻业正在分解（unraveling）。我的意思是指，新闻业的边界正在变得模糊。要将场域的内部与外部区分开来，变得越来越难了。许多新的人和新的组织都在进入这一场域，因此，想要将记者与其他新闻生产者进行区分，或者是提出一套普遍适用且能够执行的"好新闻"标准，也都变得越来越难。

简单来讲,新闻业正在失去它作为一种独特的社会场域的凝聚力。

使用这一框架来思考,便可以从另一种视角来理解新闻业历史的当下时刻。几百年来,不同的人群——比如政府官僚、大学教授和神父——都未曾通过新闻业来生产新闻。我们可以把 20 世纪初到 20 世纪 90 年代这段时间,看作一种历史的反常——在这段时间里,新闻业迅速膨胀为一个独特的社会空间;在更短的时间里,新闻的生产开始由专业的记者来掌控。而现在,我们可能正在进入一个更为正常的时间段,新闻生产仍会继续,但那个我们称之为"新闻业"的统一社会场域则将不复存在。

这一理解框架同时也表明:新闻业是否能重新聚合在一起,很大程度上都不由记者来决定。如前所述,20 世纪出现过新闻业的良性循环,那是因为报纸与现代社会步调一致。而对于网络化的新闻而言,良性循环也只会在同样的情况下发生。如今,新闻业已经分解。如果过去的经验有任何借鉴意义的话,那么只有当新闻业与网络化社会的其他维度产生共振时,它才会被重新聚合在一起,而这一过程取决于公共生活的其他机制是否以及在多大程度上被网络所改造。许多学者观察到了网络对这些机制的影响(参见 Benkler, 2006; Bimber, 2003; Bimber et al., 2005; Castells, 2010; Chadwick, 2012; Shirky, 2009)。但是互联网还非常新,这些趋势还未充分发展。因此,新闻业的未来仍充满悬念,它等待着其他社会领域的变化发展。

这一切都让对未来的预测变得十分困难。然而,我们也许可以这样说:新闻业的未来在线上,因此其未来也取决于各类网络——通过电话和电线连接的电脑网络,以及通过无线路由器和卫星连接的移动设备(主要是便携电脑)网络。相比大众媒体,网络为记者带来了新难题。在大众媒体时代,要解决的问题是如何吸引数以百万计的匿名消费者。而在网上,要解决的问题是如何吸引数量更少、但更为热情的人来一起参与。网络化的记者需要使用新的实践方法来解决这个问题。这些实践方法,包括了外包、聚合、策展、引导、主持、邀请人们来参与工作,并借助互联网的协调合作能力扩大其工作的影响力。现在的机制可能是这样运行的:人们和记者在一起花的时间越长,他们就会共同完成更多的工作,也就会出现更多途径来变现这些工作的经济价值——更多的互动、更多的工作,最终是更多的收益途径。我们尚不知晓这种方案是否算是一种新的良性循环,或者它是否能够维持整个新闻业场域的运转。但是,不论新闻业是否还能作为一种独特的社会场域重新聚合在一起,毫无疑问的是,网络正在改变着新闻生产和消费的方式。

我将在本章中展开这些观点,但这里要从第一章尚未讲完的部分说起——先来讨论压力与日俱增的新闻业场域。

场域的分解

我在第三章中提到了"社会场域"一词,用它来概括一种组织化的、有内聚力的社会空间。社会场域的概念让我们能够区分：自己所从事的工作是艺术而不是政治；是政治而不是新闻业；是新闻业而不是科学。为了更好地使用这个概念来理解新闻业，可以先对其进行更为详细的解读。

根据布迪厄(Bourdieu)的说法，场域诞生于在社会中发挥作用的各种社会力量——或者他称之为"作用力线"——之间的联结处。就像重力或电力一样，这些"作用力线"对社会行动者施加了朝向某个方向的推力或者拉力。新闻业作为一种社会空间，它被以下三种作用力之间的关系所定义：专业主义、商业主义和政府（如图5.1所示）。下图中三条轴线的箭头分别代表的是，在这三条作用力线上所存在的布迪厄所说的"资本"或资源的数量。例如，如果我们说一名记者想要掌握高超的报道技能，那么意思就是她想要累积一定数量的专业资本，也就是想要在场域中的专业轴线上行进得更远。如果说新闻机构想要赚钱，也就意味着他们想要在商业轴线上走得更远。新闻业与政府的关系可能看起来更为隐蔽。但可以理解为：政府通过直接和间接的方式来为新闻业提供补贴(Cook, 1998；Sparrow, 1999)。有一个直接补贴的例子是1970年通过的"报纸保护法"(Newspaper Preservation Act)[①]，它允许同一所城市的不同报纸进行合作经营。和许多国家不同，美国政府很少为新闻业提供直接补贴，但政府的确为新闻业提供了一种非常重要的间接

[①] 根据这一规定，当市场难以维持两家相互竞争的日报时，两家报社的编辑部仍然各自独立运作，但经营部门可以合并。报纸的这种合作可以免受美国反垄断法制裁。——译者注

补贴，那就是信息。众所周知，许多新闻来自记者与公职人员的互动交往。记者需要公职人员，是因为他们提供了新闻报道所需的大部分信息。这种需求使得政府能够对新闻业场域施加强大的作用力。

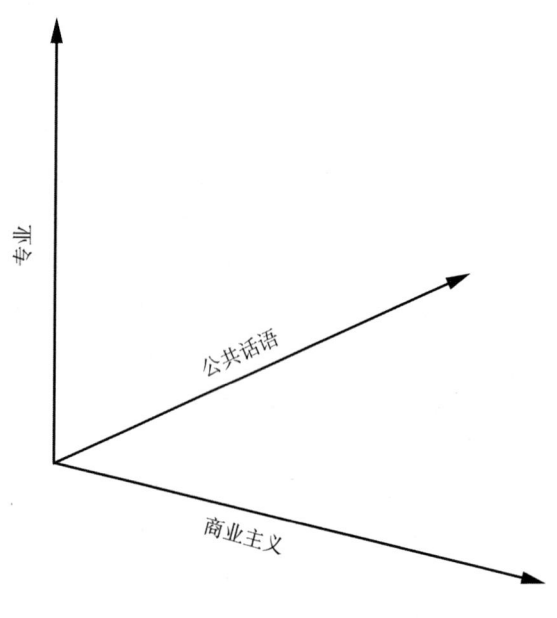

图 5.1 新闻业场域

如果我们把这几种作用力放在一起，就可以看到它们之间的推力和拉力将新闻业塑造成一个三维的社会空间。这一空间的结构因此具有三种特性。首先，它拥有边界，即存在着新闻业场域的内部和外部之分。在 20 世纪的大部分时间里,记者的身份非常明确:他们在商业化的新闻机构中工作,这些机构专门为读者生产新闻。如果一个人不在这类机构中工作,那么他就不是记者。第二,场域内部相对有序。在新闻业中,不同记者或不同新闻机构之间,存在着明确的相对关系。其原因是,专业主义、商业主义和政府这三条轴线,会根据彼此的变化而变化——更多的专业主义意味着更少的商业主义;与政府的话语更为一致则意味着更少的专业主义。基于对这些变化的了解,我们可以作出一些判断。例如,《纽约时报》是一份比《国家问询报》更为"专业"的报纸,或者,一名资深调查记者要比负责夜班警局新闻的新记者更"优秀"。当我们作出这些判断时,就是在说某一个新闻机构或某一位记者拥有更多在本专业内受到重视的资本(或资源)。最后,场域一般都会持续存在。如前几章所述,记者会对那些受到场域重视的资本不断进行再生产和投资。正是这些投资,保证了场域的持续存在。

143

场域的边界、秩序和持续性,让新闻业看起来似乎绝不会发生变化。但是,像任何社会场域一样,新闻业也存在着许多动力源。比如,每天都有新人入行或是旧人离职,而且新闻业还与其他社会场域紧密相关,比如经济、政治、文学和科学。这些联系使得这一场域中会不断出现新观念和新实践。

实际上,这就是20世纪八九十年代所发生的事情,当时企业收购了大部分家族报业,并将新的经营理念与实践引入报社。新的企业管理者力求让新闻生产的成本变低、效率变高,这样做就和场域中的专业追求发生了冲突。于是,记者们开始有所行动,他们当然希望保护自己的专业自主性不受商业理念的侵蚀。

当时的记者认为,商业主义在那段时间里改变了新闻业的本质。但是,自新闻业在 20 世纪 20 年代诞生以来,商业主义对其而言就是一种构成性的力量,而记者们也需要一直应对商业主义与专业主义之间不可避免的张力。值得说明的是,同样的张力也存在于其他类型的大众媒体之中,包括广告、电影、广播和电视。这些行业都有一种特定的结构方式,因此也具有一种相似性(见图 5.2)。例如,它们都由商业导向的机构组成,这些机构要靠广告收益来实现盈利。这些机构会招募一群专业人士,他们懂得如何过滤信息并将其包装成不同的形式(广告、歌曲、电影、新闻)。这些专业人士再将这些产品推广给相对来说匿名且被动的受众群体。当赚钱的需求和专业化要求之间出现了竞争,商业主义和专业主义之间的张力也就开始存在于这类媒介的结构之中。信奉专业新闻理念的专业人士自然会对商业压力作出或多或少的抵抗,而企业管理者也自然会或多或少地要求专业人士用成本更低、效率更高的方式来生产内容。于是,与电影工作者和音乐家一样,记者也需要随时处理商业主义与专业主义之间不可避免的张力。这就是新闻业"游戏"的一部分。因此,尽管商业主义在 20 世纪八九十年代有显著的发展,但它其实并没有彻底改变这个场域的本质。

互联网的出现就完全不同了。作为一种网络化的媒介,互联网几乎改变了新闻业的方方面面。当我称其为"网络化"的媒介时,我主要指的是它的形式是一种小世

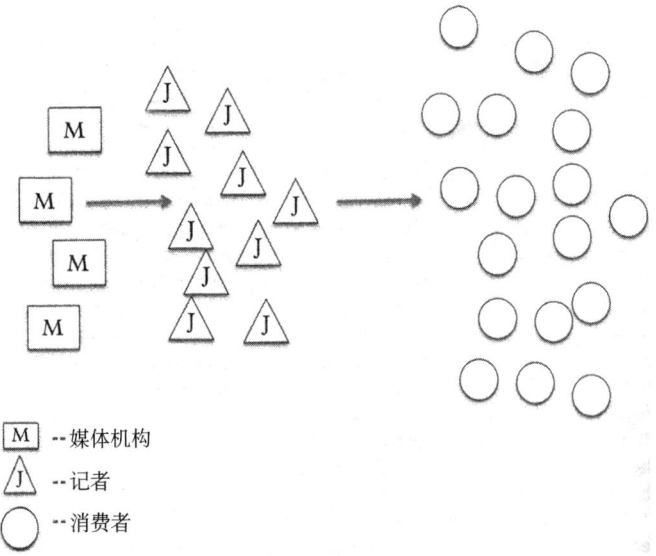

图 5.2 作为大众媒介的新闻业

界的网状结构(参见 Barabási，2002；Buchanan，2002；Schnettler，2009)。在本书导言部分，我描述了小世界的基本架构，此处不再赘述。我可以再用一张图来说明(见图 5.3)。图示中的节点、中枢和桥接，就可以显示出互联网与大众媒介的显著区别。大众媒介体系通过一系列为数不多但规模很大的组织机构来过滤公共信息。而如今的新闻业则进入了网络化的环境之中，尽管新闻业在这一环境中仍然保留了过滤器(以中枢的形式)，但它在信息生产者、系统分发形式和信息的实用性等方面都要灵活得多。

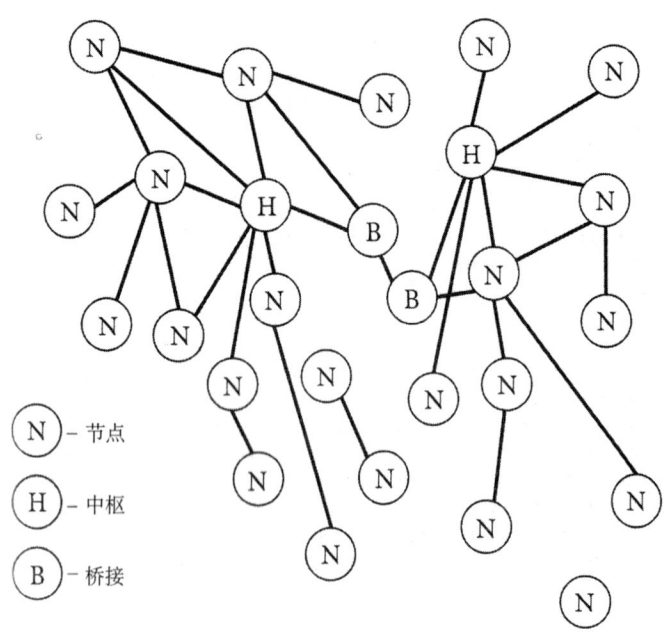

图 5.3 小世界的结构

如果需要对新闻业正在面对的问题做一个简短的描述，应该这样说：新闻业以大众媒介的形式诞生，在大众社会中成长，但如今它开始逐步转移到网络化的媒介之中。这种转变对于新闻业来说，带来的不是一定程度上的挑战，而是本质上的挑战。用布迪厄的话来说，它改变的是场域中这场"游戏"的属性。为了说清楚这一点，我们可以先对网络的属性做一些思考。网络在以下四个方面与大众媒体有所区别：

1.与大众媒体相比，网络的"小世界"创造出了大量的信息,而人们在生产这些信息时,有着各类不同的动机。如本科勒(2006,p.52)所说,互联网大幅降低了文化生产的物质成本,以至于生产的主要壁垒只是个人的动机。在大众媒体中,文化生产主要是为了"外在的"原因(赚钱)。而如今,更多人在网络上从事文化生产,只是因为他们感兴趣,或者希望让朋友看到,或者想和志趣相投的人组队合作,或者想在某个社群之中获得优越感,或者源自任何一种"内在的"动机。

2.互联网让志趣相投的人更容易找到彼此,相互协作,一起来完成一些事情。如克莱·舍基所说,"现在的传播网络,本质上是一个组建群体的平台"(2008,p.54)。在大众媒体时代,人们缺乏这种用来找到彼此并相互协作的工具。而在网络时代,这样的工具俯拾皆是。

3.我在导言部分简短地讨论过,幂律可以用来概括在线群组的分布状态。简单来说,幂律描述的是这样的一种情形:某个网络中的一位成员在初始时刻(T0)越受欢迎,他在接下来的时间点(T1、T2、T3)就会更受欢迎,如此递进。一段时间之后,幂律便创造出这样一种情形:少数节点(中枢)实现了这个网络中的大部分连接,而大多数节点则只有少量的连接。总而言之,在线群体常常围绕最受欢迎的几位成员,呈现团状分布的形式。

4.相较于大众媒体,规模经济对于网络而言不再那么重要(参见 Anderson,2006;2009)。"规模经济"指的是,生产某一个产品(一张音乐CD,一张电影DVD,一份报纸等)的单位成本会随着产量的增加而降低。例如,制作一张报纸的成本就等于报纸的全部生产成本——油墨、人工、纸张、管理等成本。但到了制作第二张报纸时，单位成本便减至一半，接下来再制作第三张、第四张、第五张报纸，到最后，报纸的单位成本将不断减少。在某种程度上，正是通过规模经济的做法，媒体公司越做越大：公司越大，他们生产和分发的产品也就越多，每个产品的单位成本也会越低，他们也就具有了更大的竞争力。但在网络上，复制一个产品的成本几乎为零。正因如此，相较于大众媒体，规模经济对于网络而言不再那么重要，公司对于扩大自身规模的需求也会变少。

这样的一种结构安排（信息充足、动机多样、容易形成群组、对规模经济的需求减少），对于定义了新闻业的每一条"作用力线"来说，都意味着深刻的挑战。其中最容易理解的是它对场域经济轴线的影响——这也是记者讨论最多的话题——让我们从这一点开始说起。在20世纪，报纸的经济由以下三种广告收入组成：全国性广告、本地经销商广告和分类广告。20世纪50—90年代（除去1981年和1991年短暂的经济衰退期），这三类广告收入不断增长，其趋势与美国国内生产总值（GDP）的增长趋势完全一致。但媒介经济学家罗伯特·皮卡德（2002）提出了两个重要的相关事实。第一，在20世纪末，报纸越来越依赖广告收入（而不是报纸本身的销售）来维持其高利润率。1950年，一份普通报纸的收益大约50％来自广告，50％来自报纸销售。而到了2000年，一份普通报纸80％的收益都来自广告。第二，相较其他两种广告类型，分类广告有着成倍的增长。皮卡德的研究显示，1950—2000年，本地经销商广告增长了177％；全国性广告增长了125％；分类广告（包括汽车、招聘、零售）则增长了691％！因此，在20世纪的最后二十年里，报纸的收入越来越多地依赖于广告的收入，尤其是其中的分类广告。

21世纪初，随着互联网使用率的提高，报业的增长势头开始下滑。首当其冲的就是分类广告。一批互联网公司，比如招聘网站 monster.com、分类广告网站 Craigslist、电子商务平台 eBay、婚恋交友网站 match.com 等等，更为迅速、便捷和廉价地为人们提供了以往由分类广告所提供的服务——让人们找到彼此——这也让报纸的分类广告收入大幅降低。全国性广告也深受影响。在互联网上，全国性广告商可以用更多方法将产品推广至消费者。他们可以设立自己的网站，可以使用谷歌（Google）的广告系统，或者在针对某个特定消费人群的网站上做广告。有了更多选项之后，全国性的经销商们越来越多地选择了抛弃地区性的报纸。很快，大概五年之后，本地的经销市场成了地区性报纸的主要广告收入来源。但不幸的是，过去几十年中，报纸都在利用其垄断地位，收取本地经销商高额的广告费用。当其他两种广告收入开始缩水时，他们自然不愿降低这一价格。到最后，本地经销商的广告收入并不能弥补其他两种广告收入的亏损。

这些趋势造成了惊人的经济崩溃。从2006年的第二季度开始，曾经年复一年出现的季度广告增长不再出现。2010年美国报业协会提供的一份报告中，媒体分析师艾伦·穆特（Alan Mutter, 2010）发现，2005—2010年，报纸的招聘广告收入下降了85.2%,汽车广告收入下降了73.3%,房地产广告收入下降了72.8%,零售广告收入下降了41.1%。报纸网站的在线广告收入有所增长,但也只占总体收入的12%——而这一数字从2007年起没有任何起伏。印刷广告的收入迅速下跌,除非在线广告出现80%的增长幅度,这些亏损才能得到弥补,而这并不太可能发生(Benton,2011)。于是报纸开始考虑如何通过销售——以手机应用、付费墙、会员费等形式——来获取新的收益。例如,媒体分析师肯·多克特(Ken Doctor,2010)在报告中称,《达拉斯早报》(*Dallas Morning News*)的销售收益占到总体收益的38%,广告收益占54%,还有8%的收益来自委托印刷。但是,我会在后文中更为详细地讨论这一点:由于报纸倾向于通过裁员和减少新闻数量来保持其利润水平,那么除了最大型的报纸(即《纽约时报》)之外,很难说有哪些报纸能够真正做到通过提高销售收益来弥补广告收入的流失。

互联网也给新闻业场域的专业轴线带来了相似的影响。专业主义包括新闻行业重视的各种实践方法、理念和身份认同,比如为消息来源标明出处,比如报道的公正原则等等。我在第二章讨论过,这一切对于记者来说已经成为习惯——形成了思维和感受上的一种惯性。因此,大多数记者会认为它们是寻常的、自然的,甚至是不可避免的。但在学者们看来,一种职业中常见的惯性之所以出现并得以维持,大多出于最为实际的原因——它们有用。例如,在新闻业中最受重视的可能就是与客观性相关的实践和理念了。但是记者们之所以接受客观性,并不是因为它在道德层面的价值,而是因为它能帮助他们解决某些特定的问题。在梳理了大量文献后,迈克尔·舒德森(Michael Schudson,2001)总结了客观性最重要的四种功能:它是在新闻编辑室中进行社会控制的一种方式;它可以让记者将自己与相近的职业区分开来,尤其是与公共关系;它是一种在场域中评判优劣的主要手段;最后,它像是一种文化黏合剂,让记者这一群体能够世代传承。

舒德森并未提及的是,客观性只是在某种特定形式的新闻业中才发挥了这些作用,即大众媒介时代的新闻业。毕竟,记者们之所以成为专业人士,是因为他们为之服务的大众媒体机构为他们设定了这样的角色。而且,只有作为专业人士,他们才开始发展出一种将自己区别于其他类型专业人士的需求。我们可以沿着这个思路继续思考。只有当新闻业成为一个专业化的职业之后,才会出现一种将其历史与传统代代相传的需求。新闻业专业性的其他方面,其起源也都能一一对应大众媒介环境中的种种议题。正是因为大众媒体想要面向"大众",新闻业才采用了一种为所有人写作而不是为某个人写作的文体风格。此外,媒体机构之所以规模很大而且运作复杂,是因为它们需要依靠规模经济来运作。然而,正是因为其规模很大且运作复杂,它们才需要用客观性等手段来维持新闻编辑室内的社会控制。

与大众媒介的环境相比,网络化的环境给记者们带来了一系列完全不同的问题,而记者们在思维和感受上的惯性已经无法解决这些新的问题。本科勒(2006)指出,与大众媒体相比,互联网为人们提供了更多的选择。人们更能掌控自己所接触的信息,也更能掌控自己对这些信息的使用方法,还拥有了更多对信息源的选择权。更多的选择最终造成了一种全然不同的情形。在大众媒介环境中,记者通过收集那些相对稀缺的信息来创造价值,他们将这些信息包装为"注意力捕获器"——即报纸或电视广播——然后再将这些捕获器售卖给广告商。而在网络环境中,信息是充足的,注意力是稀缺的。皮尤研究中心在2010年发布的《媒体评估报告》显示,大多数提供信息产品的在线新闻网站,平均下来每个月最多能吸引读者十分钟的注意力,或者每天二十秒的注意力(参见Ostrow, 2010; Redman, 2010)。换句话说,只靠信息本身,或者靠那些将新闻业等同为信息的实践、理念与认同,都无法解决这些新的问题。

我们可以来看一下乔希·马歇尔(Josh Marshall)面对的处境,他是 talkingpointsmemo.com 的创始人,这是一个非常受欢迎也非常成功的政治新闻网站。马歇尔知道人们在网上有着更多选择,而且大多数人也不会选择去阅读与国内政治相关的信息,不论这些报道有多么出色。此外,他还知道会去阅读这些信息的人,是对这个主题非常感兴趣的人,甚至是热衷于此的人。因此,他也不太可能做到提供更多他们原本不知道的内容。这些人不是被动的信息消费者,而是主动的信息使用者,这就意味着宣讲的形式不太可能长时间地占据他们的注意力。最终,马歇尔明白了,人们使用互联网不只是为了消费信息,更多是为了和其他人互动。

明白这些道理之后，马歇尔不再充当传统记者的角色，也不再寄希望于能够长时间地吸引用户的注意力。例如，在清楚了自己的用户对政治有着鲜明的观点之后，他便摆脱了传统新闻理念中的中立性原则。他的网站洋溢着自由主义和进步主义的气息。网站经常对共和党的观点冷嘲热讽，也经常刊载民主党人士的意见，尤其是那些最能代表自由主义立场的内容。马歇尔明白自己的用户寻找的是对话而不是信息，于是在网站上发展出一种亲密的写作语言。与美联社写作手册——自20世纪初就被所有新闻基础课程用作教材的新闻写作手册——完全相反的是，网站上的报道中充满了"我""你"和"我们"这样的字眼。马歇尔还明白自己的用户想要与人合作，而不是单纯地消费信息。于是他开始邀请用户参与到新闻采集的过程中来。事实上，他的声名鹊起得益于成功地让用户参与报道了与美国司法部相关的一则丑闻。这次协作式新闻的尝试，让他获得了2008年乔治·波尔卡奖的最佳法律报道奖。马歇尔之所以采用这些新的报道手法，并不是因为他认为新的实践方法要比传统方法"更好"，而是因为它们有助于吸引用户注意力。然而，这种做法也让他离"专业性"记者的定位越来越远。

相较于互联网对行业经济与专业实践的冲击，它对新闻与政府的关系所产生的影响并没有那么明显，但其效果同样是破坏性的。如前所述，政府对新闻业的补贴体现在它为记者们提供了廉价且高效的信息通道。这也意味着，新闻业在很大程度上被这种围绕着政府的信息流通方式所塑造。例如，在过去的一个世纪当中，信息的聚合与分发是一种昂贵的、困难的、耗时的事情,只有大型机构——即政党、利益集团和政府部门——有意愿且有能力支付这些成本(参见 Bimber,2003；Bimber et al.,2005)。记者们聚集在这些机构周围,也逐渐显露出与这些机构相似的氛围与特征。因此不难发现,和这些机构一样,新闻组织也同样是大型的官僚机构；和这些机构中的人一样,记者们也同样把自己看作专业人士。

然而,新的数字工具在逐渐降低传播的成本。这一点让新的组织形式得以生成,比如网络"聚会"、网络化的利益集团、自发性抗议、病毒式传播等等。茶党(Tea Party)就是这种现象的典型例子,它在共和党内部孕育而生,这一运动以网络化的形式运行,没有正式的组织或组织领袖(Rauch,2010)。另一个例子是奥巴马在 2008 年的总统竞选,这次竞选的募款与游说活动依靠的是数千个自发组织的小型社会网络(Abramowitz,2009)。根据宾伯(Bimber,2003)的理论,这种网络组织的兴起,表明美国公共生活的秩序出现了一种"后官僚制"[①]的转向。

这种社会秩序的变化也给新闻业带来了极大的冲击。最明显的是,它对这一行业的关键补贴造成了威胁。在大众媒介时代,政治界人士需要通过记者将他们关心的问题提上公共议程,并由此影响舆论(参见 McCombs,

---

[①] 后官僚制是学者查尔斯·海克契(Charles Heckscher)提出的概念。后官僚制的组织形态有着更强的流动性,它的产生被认为与新技术的出现——特别是信息技术对社会关系的改变和调整有关。由于信息成本的降低孕育了更多非层级结构,相对于官僚制的大规模正式组织,后官僚制的组织特征常常是有机的、互动性强的、网络化的。——译者注

2004)。在学者们看来,这就是"新闻价值协商"(negotiation of newsworthiness)的源头,也是传统的政治传播实践的核心(Cook, 1989)。而在后官僚制时代的公共生活中,组织机构可以绕过新闻业,直接推行其政治诉求。2009年,雪佛龙石油公司发现新闻节目《60分钟》在策划一个专题,报道该公司如何造成了亚马孙雨林的污染。得知消息后,他们并没有让公司的公关部门联系媒体,而是招募了一名记者,自己制作出一则报道,然后把这则14分钟长的视频放在自己的网站上,并通过互联网运营,将这则视频推广至该话题在谷歌搜索结果顶部(Stelter, 2009)。还有一个相似的例子,夏威夷州的州长尼尔·艾伯克伦比想要宣布一个和本州最大工会签订的新协议,当时他没有召开新闻发布会,而是在推特上发布了一则消息,并附上了一个YouTube的视频链接,视频里是他自问自答的一则访谈(Temple, 2011)。很快,这样的例子越来越多。当《洛杉矶时报》减少了对本市曲棍球队洛杉矶国王队的报道时,球队便招募了自己的记者团队,通过自己的网站、Facebook页面和推特账号来生产和发布新闻。在波特兰市,当本地传统新闻机构减少了对市政府的报道时,市政府的信息传播办公室也招募了一名记者来报道本地政治新闻(Mortenson, 2011)。在这些例子中,政治界人士认识到,在网络化的社会中,一旦有人获知某件事,所有人便都知道了,他们不再需要通过记者来发布信息。随着这种认识越来越普及,传统的新闻机构(即报纸)发现,那些曾经存在了将近一百年的重要补贴已不复存在。

152

不论单独来看还是综合来看，新闻业各条轴线上的破坏现象都十分显著。但如果只单独关注某一种现象，可能会导致我们只见树木，不见森林。这些破坏的最终后果，并不是导致轴线本身发生改变，而是它们之间的关系开始被弱化。要知道，并不是这些作用力构成了社会场域，而是这些作用力之间的关系。建构新闻业场域的是一系列相关性：比如，更多的商业性必然意味着更少的新闻专业性（反过来也成立）。正是这样的相关性为场域带来了意义。但是，对于在线新闻而言，这样的相关关系不再自然成立。许多在线记者在探索新的新闻商业模式时，几乎没有想过要去和传统记者竞争。对他们而言，更多的商业性并不意味着更少的专业性，因为他们并不想成为专业的记者。这一点也同样适用于那些生产政府相关新闻的组织机构。如今，作为政府的智囊团，美国外交关系协会（Council on Foreign Relations）所生产的国际新闻和外交新闻比任何一份报纸都多。"蓝色循环"（Circle of Blue）是一个由记者和科学家组成的社群，它对水资源和气候政策的深度报道可以和传统新闻机构的作品媲美。然而，这两个组织都没有想过要在新闻行业中获得认可（或资本）。就这样，在商业主义、专业主义和政府导向新闻这三者之间，原有的关系已不复存在。

当构成一个场域的"作用力线"没有了原本的相关性，我们可能会发现场域的成员中出现了更多的差异性。在过去，一份像《国家问询报》这样的小报和《华盛顿邮报》这样的报纸确有很大不同。但是，这二者仍同属一个场域，因此它们之间的差异便并没有那么明显，商业主义与专业主义在其中的对立关系也同样没那么明显。一名在商业导向的报纸如《国家问询报》工作的记者，仍然想要成为同行专业人士之中的佼佼者（参见 Bird, 1992）。同时，不论多么专业化，《华盛顿邮报》的记者们也必然能意识到自己公司的商业需求。但当这些作用力停止了彼此推拉，不同的新闻机构便开始彼此远离，就好像恒星的引力消失之后，行星便不再受到牵引。如此一来，新闻机构之间的差异开始变得越来越大。

举个例子，我们可以对 Demand Media 和 ProPublica 这两家在线新闻机构加以比较。Demand Media 是一个所谓的"内容农场"（content farm）。它用算法来分析数以百万计的关于各种利基话题的网络搜索，并使用这一分析结果作出内容决策。比如，如果有人经常搜索"如何修理漏水的水龙头？"Demand Media 就会聘用一位自由撰稿人——他只能因此拿到几美元的酬劳——来写一个简短的答案。公司会将这份答案放到它旗下的某一个网站上，比如 e-how.com，然后再使用搜索优化技术，让这份答案出现在谷歌搜索结果的靠前位置。这一整套运作都是由商业驱动的。作出编辑决策的是计算机而不是专业记者。用来作出这些决策的算法，是专门为了满足商业目的而编写的。而"内容创作者"不需花费太大力气，只用写出"一般般"的文案。一位曾经在这家公司工作的自由撰稿人是这样说的："我很清楚自己在写垃圾……我有时候会想，上天保佑，千万不要有人读到我写的'怎样在家调琴酒'的答案，因为他们可能会毒死自己。"（转引自 Hiar, 2010; 还可参见 *The Econo-*

mist，2010；Meaney，2010；Roth，2009）

ProPublica 则是一家完全不同的机构，它的自我定位是"一个独立的、非营利性的新闻编辑室，生产调查性新闻，为公共利益服务"。这家机构专注于调查报道，这一体裁一直被记者们奉为新闻专业的象征。过去即使是最为专业的新闻编辑室，也只会为调查报道投入较少的资源，因为它要耗费大量的成本和时间。而 ProPublica 的三十多名记者，全都专注于做调查报道。他们会跟踪制药产业对医疗处方的影响，会关注军方是否妥善安置受伤老兵，会调查应该由谁来承担金融行业崩溃的责任。他们的工作方式，并不是在一份报纸上一次性发布几篇报道，而是多年来连续发布多篇报道。例如，他们在三年之中发布了三百多篇报道，只关注联邦刺激经济方案这一选题。当 Demand Media 通过传播短平快的内容来获利时，ProPublica 则不以营利为目标，专注于生产调查性的深度内容。

如此巨大的差异，使得新闻业场域开始失去原有的意义。我的意思是，对于自己所从事的工作和工作的动机，记者们开始失去了一种共同的使命感。举个例子，即使近在 20 世纪 90 年代末，一名新记者仍然可以通过参与新闻业的"游戏"来为自己规划未来的目标。从新闻学院毕业后，她可以从一家小城日报做起，再一路往上走，先到都市报，再到大型的地区性报纸，诸如此类。她之所以可以这样做，是因为大家对这个"游戏"的规则与资源有着既定的理解。她所需获取的各类资本（技能和价值观），以及她所需采取的各种行动，都是被广泛接受的。

而对现在的新记者而言，这个游戏已经无影无踪。打磨传统新闻技术或接受传统新闻观念，已不再是在场域中获得成功的必经之路。但是，学会新技能也并不是成功的保证。假设她学会了如何使用 Facebook、Twitter、Foursquare 等社交媒体工具来参与社群互动，这些技能让她找到了一份在某个在线新闻网站上担任"社群协调员"的工作。那么她从这里出发能去向何方？这个问题没有现成的答案。没有人知道该如何通过这些技能来发展出一份与在线新闻业相关的职业规划，因为起码到现在为止，还没有出现一个大家都认可其规则和资源的"游戏"。这个例子说明了一个道理：当网络弱化了各个作用力之间的关系时，新闻业场域便由此开始分解。场域的分解也意味着它失去了原有的意义，人们也失去了继续前进的目标。

经受了十年的冲击之后，新闻业场域现在看起来更像是图 5.4 所呈现的样子。场域中的每一条轴线都深受震荡，它们之间的关系也被扰乱了。这几种力量不再相互推拉，而是彼此越来越远。这一点弱化了场域的边界，使其更易被渗透，这也让场域中各个机构的差异越来越大。在场域中获得成功的长期策略似乎不再奏效，但新的策略却尚未诞生。

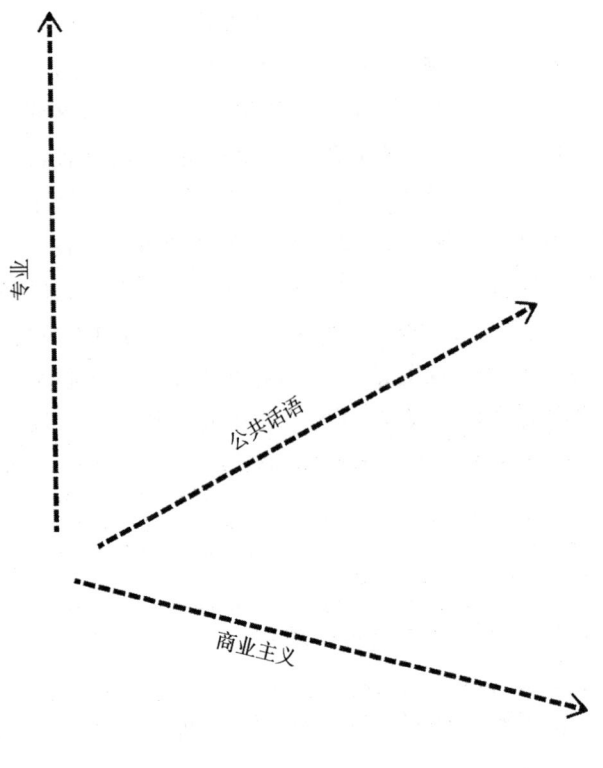

图 5.4 分解的场域

良性循环

现在的问题是,接下来会发生什么事?或者这样问,网络化的新闻是否会出现良性循环?如果会,它是否能弥合原来的场域?还有,不管会不会出现良性循环,新闻业将被如何改变?

对新闻业来说,政府显然十分重要,因为一条联邦法律便可消除以上这些问题。公职人员可能会提出,传统的专业新闻对民主而言至关重要,因此政府应当为其提供直接的补贴。许多观察家也曾鼓励国会实施此方案。例如,受人尊敬的《华盛顿邮报》前任主编伦纳德·唐尼,和杰出的新闻学研究者迈克尔·舒德森,曾共同提议创建一个"地方新闻全国性基金",由美国联邦通信委员会(Federal Communications Commission)来管理,资金则由电信服务、广播牌照和互联网服务提供商所收受的费用来提供(Downie and Schudson, 2009)。还有一些研究者指出,有些国家为记者提供了公共补贴,这样做可以帮助他们更好地度过互联网带来的难关(参见 Benson and Powers, 2010)。记者们经常批判这类观点,因为这违背了第一修正案。但是,他们的异议并未阻止美国众议院司法小组委员会在 2009 年开始考虑出台此类政策,参议院商务委员会也有同样的想法。但是,迄今为止,国会尚未通过此类法案。

新闻业还出现了一种常见的心理状态,许多记者在寻求以上问题的答案时,将希望寄托在了史蒂夫·乔布斯身上。作为苹果公司的前任 CEO,乔布斯发明的一系列技术,提供了一种重新创造出稀缺性条件的途径,而这种稀缺性曾经是新闻业的支柱。苹果公司的微型计算机产品——iPhone、iPod 和 iPad——深深吸引了消费者,因为其设计优美且易于使用。但是如果没有苹果公司的允许，这些设备不能被修改或被重新设定程序。此外，在这些设备上只能使用由苹果应用商店提供的应用程序，而商店里有哪些应用程序也由苹果公司控制。最终，苹果公司与最大的几家内容提供商（比如时代华纳、迪士尼）签订了协议，后者可以在苹果商店中陈列它们的内容。在乔布斯的领导下，苹果公司成功地在网络上建立起一个"有围墙的花园"，在这个空间里，它能够控制哪些人在什么样的条件下可以获得信息。从某种意义上讲，苹果在网络世界中改造了大众媒体。

但是，没有必要对苹果公司的"有围墙的花园"过于兴奋。一方面，最大型的几家新闻机构并不需要网络上的"有围墙的花园"。他们可以利用幂律实现同样的目标，在网络上获得相对优势的地位。另一方面，除去少数几家大型机构，其他新闻机构也并不能从苹果公司"有围墙的花园"中受益。无论是通过报纸还是通过应用程序，它们的内容都无法带来足够的流量，以维持其长期的生存。

媒体分析师肯·多克特（2010，pp. 26-27）在一篇关于新闻博客的文章中解释了这一点。他写道，假设《纽约时报》的记者及专栏作家大卫·波格（David Pogue）在报社网站上发表了一篇博客文章。同时假设以下条件成立：这篇博客文章周围有三则广告，而《纽约时报》网站广告的每千人浏览费用（CPM）①为12美元，而该博客每个

---

① CPM 是市场营销术语，为"cost per mille"或"cost per thousand"的缩写，常译为"千人成本"，指的是广告投放过程中，平均触达每一千人所需的成本。"触达"有不同的测量标准，如：听到、看到等，此处指每一千人浏览网站的广告费用。——译者注

月的页面浏览量是两百万。以上都是对真实数据的保守估计。计算下来，这篇博客的每千人页面浏览量可收益36美元，那么每月两百万的页面浏览量便可以带来大约2400美元的收益。假设波格每天至少发布一篇博客或报道，那么他一个月便可创收约72,000美元。接下来再看一看地区性报纸如《芝加哥论坛报》或《迈阿密先驱报》(Miami Herald)的数据，其结果大为不同。多克特告诉我们，地区性报纸的博客每个月的页面浏览量大约为二十万，而且因为这些报纸的名声不够显赫，其网站广告的每千人浏览费用大约是8美元。在这种情况下，同一则博客文章的收益大约只有240美元，而一名记者每个月的创收大约只有4800美元。这个数字虽然不算少，但和最大型的新闻网站的记者相比，便相形见绌。这些大型新闻网站的总数可能不到两位数，但与其他新闻网站相比，它们更有可能靠传统的广告模式在网络上存活。

这个例子告诉我们两个道理。第一，最大型的媒体公司并不需要依靠"有围墙的花园"，就可以在网络上重建起大众媒介新闻（mass-mediated news）的良性循环。幂律可以保证，少数受欢迎的公司——多克特估计有十余个，包括像路透社、BBC、《纽约时报》、新闻集团和CNN这样的机构——即使在一个开放系统中，也能为自己的产品带来巨大的流量。而且，这种差距已经越来越大。根据互联网评估公司comScore的数据，2011年初，《纽约时报》是全美访问量最大的报纸新闻网站，每月的独立访客数超过了3200万。而在其他的报纸网站中，只有论坛报业集团能超过它的半数（2470万）。紧随其后的两份报纸是《今日美国》(USA Today)和《华盛顿邮报》,它们的每月独立访客数大约为1670万。当差距拉开之后,《纽约时报》可以获得更多的广告收益,而这些收益可以用来聘请更多"明星"记者。这些记者将会产出更多的高价值内容,吸引来更多的流量,从而又产生更多的广告收益,和其他机构拉开更大的距离。在一个幂律分布的世界里,富人往往会变得更富。

这还意味着,大众媒介新闻在网络化的世界中并不会消失。专业化新闻业也同样如此。实际上,这些媒体公司如今面对的是一个包括了大约5亿英文互联网用户的全球市场,他们可以用最优秀的记者来打造自己的新闻编辑室。但这并不是说,在这些机构之中,新闻业仍会保持不变。有一种变化很有可能发生:因为人们在网络上有了更多信息选择,在线新闻业,即使是在最大型的新闻机构中,都会变得比过去更加具有亲密性,也更为个人化。不少人在打开《华盛顿邮报》的网站之后,会去阅读首页上正在显示的内容,但更多人会去直接点击阅读某位记者如斯拉·克莱因(Ezra Klein)所撰写的报道和文章。幂律决定了网络中最受欢迎的节点将获得更大的优势,因此,像克莱因这样的记者将会拥有大批的跟随者,甚至还可以将自己变成品牌。

还有一种可能会发生的变化:围绕少数几家大型的大众媒体机构,会发展出一个由小型专业化新闻公司组成的供给系统。例如,微软全国广播公司(Microsoft National Broadcasting Company,MSNBC)的网站也许会拥有更多的用户,但这并不意味着公司会愿意或有能力去聘用自己的记者,去生产高质量且高成本的视频内容。相反,它可能会选择将这些内容外包给一家像 mediastorm.com 这样的公司。布莱恩·史托姆(Brian Storm)是这家公司的老板,他曾经是 MSNBC.com 多媒体部的一名导演。mediastorm.com 为许多客户提供叙事纪录片,包括 MSNBC、《洛杉矶时报》和《华盛顿邮报》。对这些大型新闻机构而言,从 mediastorm.com 购买此类视频内容,要比自己聘用全职记者制作这些内容更便宜。相似的,也许《纽约时报》也想将耗费成本最高的调查报道外包给一家像 ProPublica 这样的组织,此前提到过,后者是一个非营利性的新闻编辑室,它拥有三十多名记者,致力于多个领域的长篇深度调查性报道。这种供给系统是否会普及开来,还取决于未来的市场在多大程度上需求这类服务。但其存在本身,也许可以为那些还在大众媒体机构中工作的专业记者起到补充作用。

我们还可以总结出第二个道理:无论有没有"有围墙的花园",每一个机构都需要学会如何在网络化的环境中生存。要知道,这几十年来,地区性报纸的市场份额和发行量都在逐渐降低。阅读报纸的人也在一代代变少。唯一让这些报社继续维持下去的,是他们在本地市场中的垄断地位。它们向网络的转移也并未改变这些事实。根据多克特的陈述,即使是在"有围墙的花园"中,地区性报纸也没有办法吸引到成功运营所需的流量。[1]

这些新闻机构的规模已经在越变越小。它们会消亡吗?不太可能。然而,规模一旦缩小到某种程度,它们存在与否就变得不那么重要了。在全国的各个城市,大部分日报记者都是由地区性报纸聘用的,这些记者生产了绝大多数的每日新闻。当这群人被大量解雇后,不仅负责地方新闻和地区新闻的专业记者会变少,每天生产出来的新闻数量也会变少。

更为重要的问题是,地方新闻和地区新闻是否能在网络上形成良性的循环? 如果可以,它会如何运行? 西雅图和芝加哥的一些新进展可以帮助我们来解答这个问题。2009年,成立于1863年的《西雅图邮讯报》(*Seattle Post-Intelligencer*)停止了印刷版的出版,成为一张只有网络版的报纸。与此同时,报社将雇员数量从165人裁减至20人,然后另聘用了11名"新闻采集员"(参见 *The Oregonian*, 2009; Sharples, 2009)。这座城市还保留了《西雅图时报》(*Seattle Times*),这是一份由当地家族所有的报纸,同时麦克莱奇公司持有其49.5%的股份。但这家报社也同样进行了裁员。一份由新美国基金会(New America Foundation)委托的研究表明,2004—2009年,这份报纸解雇了原375名员工中的165名(Durkin et al., 2010)。事实上,根据皮尤研究中心在2011年发布的《媒体评估报告》,2000—2010年,西雅图失去了近60%的日报记者(Fancher, 2011)。

由此出现的空缺,便开始由数百个本地博客、社区网站、Facebook专页,以及网络报纸、网络杂志和网络简报填充。西雅图城市信息技术局开展了一次本地调研,结果显示,这座城市的十三个区域内一共存在着260个新闻信息发布平台——包括Facebook专页和本地的博客。而根据华盛顿新闻委员会的数据,这一地区至少新诞生了90家地方新闻网站(Caggiano, 2011)。其中一些网站非常受欢迎。网站 nextdoormedia.com 上的十个博客每月累计吸引近一百万名用户,每月大约有 75 万人会访问西部西雅图博客(West Seattle blog)。其他网站则大多规模很小,也很少更新,不少还要靠本地市民来提供免费的内容。但是,新美国基金会的研究显示,这些网站仅在 2010 年夏天就雇用了 104 名兼职或全职的记者。

芝加哥的情况也与此类似。印刷媒体如《芝加哥论坛报》开始频繁解雇员工,而各类在线新闻源则形成了一个颇具活力的网络。一项由里奇·戈登(Rich Gordon)和扎克利·约翰逊(Zachary Johnson,2011)发起的研究表明,在芝加哥地区一共有 277 个独立的在线新闻源。这些在线新闻源有些是印刷媒体或广播媒体的网络版(比如《芝加哥论坛报》的网站),但大多数是小型出版物和利基出版物,它们的员工数量不多,只关注少数特定的话题。还有许多根本就不属于新闻机构。例如,戈登和约翰逊发现,芝加哥市政府、城市交通管理局,还有菲尔德博物馆,都是这个刚刚兴起的信息网络中的主力军。事实上,与传统新闻公司——如地方报纸和广播电台相比,这几个机构拥有的网站更多。

必须承认,这两个城市有其独特之处。它们都拥有受过高等教育、具备技术素养的居民,也有全面的数字化基础设施。得益于本地报纸的裁员,它们还拥有一大批需要新工作的专业记者。并不是所有地区都拥有这些优势,但大多数大型城市——从圣地亚哥到波士顿的情况都类似。

从西雅图和芝加哥的这些新进展来看,网络化的新闻有着怎样的未来?它们说明的第一件事就是,网络化的新闻将要面对一个我称之为"不多不少"的问题。两座城市的信息系统都高度分离且零散,而且大多数网站规模都很小。这意味着小型社区网站和利基网站的用户无法带来太多的利润。对某个特定城市区域、街道或社区发生的事情感兴趣的人数并不多,这些网站也就没有太多的流量。此外,整个区域的信息环境还过于弥散且数量庞杂。数以千计的人们生产了关于各类话题的大量信息。这种信息过剩使得网站内容难以脱颖而出。例如,在美国联邦通信委员会的委托下,一项关于地方新闻内容的研究(Hindman,2011)表明,"阅读地方新闻只占到网络使用的极小部分;总体上看,在一个典型的市场中,地方新闻网络平台的页面浏览量还不到总数的0.5%"(p.11)。所以,即使西部西雅图博客靠页面展示广告在2010年获利了数十万美元,它仍然要面对一个高度分散因此也极难盈利的环境。更何况,一个名叫"费舍传播"(Fisher Communications)的地区性媒体公司也开始在西雅图运营其旗下的43个博客。这种竞争使得即使像西部西雅图博客这样的网站,都无法通过提升内容来吸引大量的读者,继而也难以将自身打造成一个规模相当的传播机构。[2]

这看起来意味着,地方新闻和地区新闻的在线市场一方面太窄,一方面又太分散。市场太窄就无法支持那些超本地化的网站(hyperlocal sites),市场太分散则无法支持那些规模较大的网站。这个问题变得更为复杂,还在于生产和传播新闻的人数众多,但其中只有一小部分人是以此为生的专业记者。有些人生产新闻是为了帮助所在机构实现其他目标。还有些人生产新闻是出于自己的"内在"动机：因为他们感兴趣，因为他们想要结识同好，或因为他们想要在同辈中获得更高的地位。正如谚语所云，什么都比不过免费的。当别人愿意以低价甚至无偿的方式来做你的工作时，不要提发展，连生存都会变得非常困难。

地方性和地区性新闻网站正在面临的问题，并不在于他们能否找到一种商业模式。数字化新闻已经出现了不少的商业模式。一名媒介学者提供了一份列表，上面包括了 21 种在线新闻的津贴方式——从政府资助到私人赞助都包括在内（Rosen, 2009）。相反，这些网站的问题在于它们能否形成一种良性的循环。举个例子，由于明尼邮报（Minnpost）、圣地亚哥之声（Voice of San Diego）和 ProPublica 等网站的相继成功，这种非营利性的商业模式在近年来开始吸引不少人的注意。按照这种模式，新闻机构可以依靠资助（无论是来自企业、基金、政府或是个人）来维持新闻生产。虽然这些网站通过这一模式得以维持，但是它们并没有太多的发展，因为非营利性的新闻缺失了一个正向反馈的循环：生产更多新闻能够吸引来更多的读者，却无法转换为更多的资助经费。正因为没有出现这种循环，大部分非营利性的新闻机构，包括上述三个网站在内，都在寻求多样化发展，试图拼凑出一种混合了捐赠、资助、订阅和广告经费的商业模式，以求能够实现增长。

利基出版——另一种常见的在线商业模式——也面临同样的问题。按照这种模式，记者专注于某个狭窄的

162 领域生产高质量的信息,而读者愿意为此缴纳会员费或订阅费。例如,米歇尔·莱德(Michelle Leder)是一名资深商业记者,她创办了 footnoted.org,这个网站专注于挖掘美国证监会文件中的信息。这类信息对于投资者群体极具价值,他们愿意为此付费,莱德也收取了不少的订阅费。然而,这个付费群体的人数非常少,未来也不会变多。对美国证监会文件信息感兴趣并愿意为此付费的投资者人数相对固定。因此这一模式尽管有着可持续性,但缺乏持续增长的可能。这也许能够解释为何莱德将她的网站卖给了金融公司晨星(Morningstar),后者更感兴趣的是她网站的用户而不是网站自身的前景。

缺失了良性的循环,就无法在网上找到一种可以充当模板的新闻商业模式。没有了这种模板,网络化的新闻业(networked journalism)也就无法产生吸引力。网站会相继出现然后消失,但场域整体却不会凝结成一个相对完整的社会空间。如果存在一种网络化新闻的良性循环,那么它一定存在于新闻与网络社会节奏的关联之中。我在考察过程中,只遇到过两种符合这一标准的良性循环可能,而每一种都利用了网络社会的某项特征。

第一种可能出现的良性循环是"聚合型网络"(aggregated network)(参见 Fourcher, 2010; Gluckstadt, 2009; Niles, 2010; Rainey, 2010)。这一循环利用的是网络社会便捷的协调优势,可以将大量的超本地化网站连接起来形成更大的网络。这样便可以聚合起不同网站的读者,并通过整体出售广告来转换读者的价值。例如,西雅图有成百个博客,而大部分网站的每月独立访客数都不到1万。但是,如果这些博客形成一个网络,它们聚合起来的每月独立访客数便可数以百万计。接下来,这些网站可以整体出售广告,并按比例来分成。这一循环看起来会是这样:更多的博客意味着更多的读者,也意味着更多的广告和更多的利润,这又意味着将会出现更多的博客。就这样,一个良性循环便产生了。

这种良性循环并非毫无破绽。最明显的问题便在于,每则广告只能带来少量的收入,因此整个网络需要为每个博客售出大量的广告才能得以延续。而当不同的网站之间出现竞争,并开始抢夺彼此的用户时,这一问题便更加严峻了。此外,我们尚不清楚是否真正存在一个对于超本地化新闻(hyperlocal news)而言规模足够大的读者群体。皮尤公众与媒体研究中心的一项调查发现,只有20%的美国成年人使用网络工具来获取所在社区的信息,只有10%的人在过去一年中阅读过社区博客的内容(参见Mutter, 2011; Palser, 2010)。许多网站,从tbd.com到LoudonExtra①,都尝试解决这一问题,却皆以失败告终。但这种模式的经济潜力——据估计,超本地化新闻的广告市场高达一千亿美元甚至更多——意味着它在未来仍会持续吸引人们的不断尝试。

第二种可能出现的良性循环是在线新闻的众包(crowdsourcing)模式。《连线》(Wired)杂志的作者杰

---

① tbd.com 是一家专注于报道华盛顿地区新闻的超本地化网站,它创办于2010年8月,在2012年8月停止运营; LoudonExtra 曾是《华盛顿邮报》旗下专注于报道北弗吉尼亚州劳登地区新闻的网站,它创办于2007年,于2009年停止运营。——译者注

夫·何奥（Jeff Howe，2007）创造了"众包"这个词汇，它指的是将过去由个人承担的工作外包给一个群体。网络能够让不同群体中的个人更容易与彼此合作，众包利用的正是这一点（参见 Bimber，2003；Shirky，2008；Tapscott and Williams，2006）。就以拍摄照片为例，这曾经是专业摄影师的工作，但如今便可外包给一群业余摄影师们，后者可以拍摄出更多的照片，并一起选出其中最优秀的作品。再以设计 T 恤衫的图案为例，这曾经也是专业人士的工作，但现在可以外包给 T 恤衫的顾客群。科学创新原本是科学家的工作，他们在各自的实验室里孤军作战，但现在这项工作可以外包给一群在联网环境中相互协作的科学家们。同样的道理也适用于新闻业：曾经由单个记者负责的新闻生产工作，也可以外包给某个群体来完成。

如果一个新闻网站能够激发出类似的协作，就有可能启动一个良性的循环。这个循环始于对用户互动的催化。人们彼此互动越多，他们与网站的关系就会越紧密。人们与网站的关系越紧密，他们就会越频繁地访问网站，并停留更长的时间。由此，网站的"黏性"也就越强，人们在网站上集体协作的工作也就越多。不论对用户还是对网站所有者而言，人们所完成的工作越多，网站的价值也就变得越高。对于网站的所有者来说，人们仅仅是在网站上彼此交谈，就会让网站在搜索引擎的结果中排名上升（更长的页面意味着更显著的位置）。如果人们不仅相互交谈，还彼此协作，那么网站所有者还会收获高效且零成本的内容。

许多新闻机构都尝试过这一模式。甘尼特公司旗下的"妈妈"系列网站[例如《辛辛那提问询报》(*Cincinnati Enquirer*)的"Cincymoms",还有《印第安纳波利斯星报》(*Indianapolis Star*)的"IndyMoms"],就由妈妈们众包生产,内容覆盖了从尿布到城市里最舒适的公园等内容。《福布斯》杂志在 2011 年 1 月推出的众包专刊也是一个例子。2009 年 6 月,《卫报》同样发起了一个众包生产的调查报道项目,内容是对 17,000 多份公开档案进行梳理。2011 年,《大西洋月刊》(*The Atlantic*)推出了 OpenWire 网站,杂志编辑邀请读者在这个在线空间中众包生产新闻。

这些项目看起来像是一次性的试验,或者是对网站新闻生产工作的一种辅助,实际上它们也确实如此。据我所知,任何一种规模的新闻机构都不能单纯依靠众包来生产新闻。造成这种困难的原因有很多。其中一个原因是,众包并不是一种易于催化的过程。它需要有一群愿意投入大量时间的业余人士作为核心群体,还需要有懂得促进并维持这种投入的记者。而这两类人往往都供不应求。还有一个原因是,众包的过程既无法预测,也难以控制。如果人们不想写关于市政厅的新闻,那么就不会有关于市政厅的新闻被生产出来。如果人们想要写最新的泳衣时尚,那么这些内容就会被生产出来。很少会有记者愿意让这种不可预测性来影响新闻采集的过程。就众包所需的时间和注意力而言,我们很难看出一个全部由众包生产的新闻网站如何能在经济层面存活。除了核心用户群体之外,还会有人经常访问这个网站吗?这个核心群体能够持续生产有吸引力的内容吗?这些问题之下还隐含了另一个问题：我们是否正在见证公共生活转向一种"后官僚制的秩序"？正如凯瑞（1989）提醒我们的那样，"新闻业是公共生活的表达"。只有在更为广阔的网络社会的语境之中，网络化的新闻业才能得以生长。如果无法回答这一更具广泛意义的问题，记者们可能也找不到眼前具体问题的答案。

与此同时，还有大量的新闻试验正在推进之中。奈特社区新闻网（kcnn.org）上就列举出了1000多个新闻生产的在线试验，肯定还有数百甚至上千个项目不在其列。造成这种创新井喷的原因有两方面。第一，尝试的成本非常低。任何一个有博客和梦想的人都可以创业。第二，再小的网站都有可能产生很大的影响力。乔希·马歇尔创办的talkingpointsmemo.com只聘请了十几名员工，但其流量已经和一份拥有上百名员工的中型地区性报纸差不多了。

这些试验表明，不论新闻业未来能否再次汇聚成一个完整的社会场域，新闻生产的过程已经发生了变化。原因很简单：与大众媒介环境相比，网络化的环境给记者带来了前所未有的问题。例如，在大众媒介环境中，记者需要吸引并维持一个成分混杂的、匿名的受众群体的注意力。他们使用了各种方法来解决这一问题。他们对报道的议题保持中立，担心自己偏向于某一部分受众。即使很多专业记者在某些领域有所专长，但他们在整体上还是倾向于采取一种"通才"的做法，以便将复杂的信息解释给那些对某些议题知之甚少的人。他们通常使用一种"为所有人写作而不为特定某人写作"的文体风格。

而在网络化的环境中,记者们需要解决的是完全相反的问题。记者首先需要吸引的是一小群极具热情的人。这些人会频繁登录网站并彼此互动,他们会评论帖子,甚至自己来发布内容。根据幂律,他们将完成网站中80%的互动内容,这些人对于超本地化网站或众包式新闻而言至关重要。他们所完成的工作将为网站吸引来更多原本没那么感兴趣的人。在线记者要解决的问题不是去吸引大众群体,而是要抓住这一小群拥有高度热情的人。

曾经有一个被称为"零号任务"(assignmentzero.com)的众包新闻试验,在这个案例中可以看到,记者在尝试解决这一问题的过程中,开始采纳并运用新的实践方法。零号任务项目始于2007年,它试图让业余人士和专业人士共同协作,用众包生产的方式来对众包生产的现象进行解读。专业人士在项目中扮演着编辑的角色。一开始,他们的做法和过去的编辑一样:先布置任务,再督促各位记者完成。有500多名业余人士对这一项目感兴趣,有一些人开始按照编辑的要求来完成自己的报道——这其中的大部分人想要成为专业记者。但大多数人却并未这样做,他们更想做的是与合作者互动。换句话说,他们更想要的是建立关系,而非提供信息。于是他们不停地给编辑发邮件以期对话,并对网站没有为他们提供一个可以与同伴们见面谈话的空间表示失望。最终,在一次激烈的会议讨论之后,专业人士开始意识到他们不应该像编辑那样工作,正如参与项目的编辑劳伦·桑德勒所说,他们应该要做的是"办一个家庭派对……在

iPod上备好歌单,搅拌好潘趣酒,调暗灯光,等到晚上八点,大家就都来了"(转引自 Carr, 2007; 还可参见 Howe, 2007)。换句话说,有些人极具热情却并不想要成为专业记者,当编辑尝试吸引并维持这些人的注意力时,他们终于认识到了建立关系的重要性。为了创造这些关系,他们开始想象自己是在举办派对。举办一场成功的派对需要很多技巧:邀请对的人、分发请柬、提供舒适的空间、招呼客人等等。把这些转换成新闻业的词汇即是:要和人们建立关系并帮助他们与其他人建立关系。这些技巧还包括:倾听并回应用户的需求、促进网站上的对话、让网站使用体验更为舒适顺手。在这些技巧当中,并不包括挖掘稀缺的信息,也不包括问责公职人员,更不包括擅长叙事或写作——这些曾是备受新闻业场域重视的传统实践方法。如今,面对新的需求,零号任务的编辑们发现,自己开始被新的实践方法所吸引。

新闻业可能再也不会重新成为一个完整的社会场域。正如我在导言部分所说,新闻总会存在,但不一定还由记者来生产,而且如果记者还在生产新闻,他们也不一定还身处新闻业之中。此外,新闻业场域的未来在很大程度上并不由记者来决定。相反,它取决于更为广泛的公共文化将会作出何种改变:政府机构是否会或在多大程度上会变得网络化,公共机构是否会或在多大程度上会以网络化的形式来组建等等。想要预测这些变化是不可能的事情,因此我们也不可能去预测新闻业的将来。但即使现在看来也非常明确的是,新闻的生产实践和消费实践都在发生变化。互联网上所形成的网络环境,为新闻生产者带来了新的问题。这些问题需要有新的解决方案——新的实践方法和新的规范、新的原则和新的认同。而这些解决方案正在一步步改变着新闻生产、新闻分发与新闻消费的方式。

第六章 担忧

一天，我和一名资深记者共进午餐，在我向他描述我所认为的新闻业未来时，他打断了我。"我问你一个问题，"他说，"你愿意生活在一个这样的国家吗？三十五年以后，你的孩子们再也看不到任何关于各种事件的公正记录了。"我想了一会儿该如何回答这个问题。他接着说："我是认真的。"我知道他是认真的。在每个我曾经到访的新闻编辑室里，记者们都朝我投来同样的问题。他们反复向我发问，如果没有了他们，谁来为无力者发声？谁来监督贪腐的政客？谁来展开调查挖掘信息？当他们问出这些问题时，我总是把他们想象成杰塞普上校，电影《好人寥寥》中由杰克·尼科尔森扮演的角色。有一次，一位记者向我不断强调，新闻业有着为公众服务的"核心使命"，接着又问出了这个问题："如果我们不做，那谁来做？"此时我仿佛听到杰塞普上校在大声宣告："你们需要我来守卫边防！"

没有人比亚历克斯·琼斯更清楚地描绘出了这种感受。他曾是《纽约时报》负责媒体领域的记者，如今是哈佛大学肖伦斯特新闻、政治与公共政策研究中心（Shorenstein Center on the Press, Politics and Public Policy）的主任。他出版了《正在逝去的新闻》（Losing the news, 2009）一书。在书中，他生动地描绘了记者们的种种担忧，其主题不断地重新回到新闻与民主的关联上来："必须要问，一种真正的、有活力的民主，是否离得开传统的、客观的新闻业"（p. 33）；"如果对于信息'铁芯'①的基本信心不复存在，那么民主最为重要的支撑就会被削弱"（p. 100）；"新闻这一行业也许会消失，如果它消失，我们都会因此而变得更为不幸一些"（p. 195）。翻译过来就是："你们需要我们来守卫边防！"

其他职业的人很少会使用这些宏大的词汇来描述自己。失业的软件开发者很少会去担心，要是没有了他们的工作，民主便会陷落。可是话说回来，软件开发行业也从来没有在权利法案中出现过。美国人经常把新闻业和民主关联在一起——不同时期有着不同的关联方式，但二者总是被联系在一起。它们之间的关系太紧密，以至于人们有时将新闻业看作民主健康水平的晴雨表。这也正是亚历克斯·琼斯和我的记者朋友们的想法。当新闻业开始在他们的眼前分解，他们便看见民主的衰落就在不远的前方。

他们的担心有没有道理？简而言之，有。"真正的革命就是这样的，"克莱·舍基（2009）作出了这样的判断，"旧事物被打破的速度超过了新事物出现的速度。"在肖伦斯特中心举办的一次活动上，舍基在和亚历克斯·琼

---

① 亚历克斯·琼斯在此书第一章中使用"铁芯"这个比喻来描述每天被生产的严肃新闻的总和。——译者注

斯交谈时提出了一个观点:"坏事正在发生。在不久的将来事情还会变得更坏,人们不愿正视这一点。现在的环境里可能早已埋下了恶化的种子。"我们正在面临"问责新闻业(accountability journalism)下跌的波谷",我们的目标应当是"减少波谷的深度,尽快让下跌停止"(Zuckerman,2009)。在正在分解的新闻业与未来将要诞生的事物之间,出现了一个缺口。这个缺口让记者们十分担忧。舍基想说的其实是:我们也同样应该感到担忧。

现在的问题是该如何处理这些担忧。许多与我交谈过的记者,都将这些担忧转化成了对传统新闻业的捍卫。这当然也是琼斯的想法。他在书的最后一章中写道,他想要"拯救新闻",这也就意味着"要找到一种能够维系专业新闻及其传统观念与标准的商业模式"(2009,p. 200)。

尽管可以理解,但是这种应对方法并没有太大的用处。首先,它不切实际。如上一章所示,传统新闻业,尤其是地方新闻和地区新闻,都难以适应在线环境。再多的焦虑都无法改变这一事实。其次,它也许还有误导性。想要重回传统新闻业的念头,意味着虽然记者们承认新闻业正在改变,却无视了民主的变化。在担忧者们所描绘的景象中,民主永远需要专业记者来为那些相对政治冷漠的公众过滤信息。即使这一点曾经确实如此,但它不一定总是准确的,到以后,它甚至有可能是不准确的。正如网络对新闻业的改造一样,它或许也正在改变民主实践的方方面面。在这样的情况下,民主可能会需要另一种类型的新闻业在公共生活中扮演新的角色。而担忧者们对过去的缅怀,恐怕会遮掩了这种可能性。

这些年来,还有不少新闻创业者作出了另一种回应。他们和传统记者一样有着许多的担忧,但他们止住了想要重建过去的冲动。相反,他们将这些担忧转变成了建设新的、联网式的公共服务新闻业(public service journalism)的动力。一份关于新闻创业的报告指出,在未来,记者不再是民主的孤独哨兵。相反,他们将会与民众协作,来共同实现新闻业的民主功能。很难说这种与民众协作的新角色是否会带来新闻业的根本转型,如上一章所说,这在一定程度上还将取决于网络是否改变以及如何改变公共生活的准则、实践与机构形式。然而,如果真的发生了根本性的变革,那么,颇具讽刺意味的是:那些对于传统新闻业消亡的种种担忧,确实能够帮助我们形成一个关于新闻业使命的全新论述。

梳理这些对于新闻业消亡的担忧十分重要,因为未来并不全都是正面的。我们想要留住传统新闻业的某些部分,即使它们也终将消失。对于这些担忧的回顾也是有用的,因为可以由此得见它们引发了哪些应对方式。而这些应对方式能够为我们在前几章中所勾勒的新闻业未来增添更多的细节,也为我们更好地理解正在发生的事情提供了语境。

新闻业与民主

记者不常认为自己是"理论家"。事实上,他们的自我评价刚好相反:他们自认为是务实、精明、脚踏实地的那种人。但我发现,他们中的大多数人都"随身携带"着一套理论,这是一组略加整理的观念,能够告知他们自己是谁、在做什么,以及为什么在做这些事。我还发现,这套理论并不艰深。如果你愿意讨好一名记者,向他询问一些天真的问题,你很容易就会听到这些理论。就拿那位和我共进午餐的记者来说,他担忧"公正的"新闻将不复存在。如果我问他,为什么我们需要关于各类事件的"公正记录"时,他一定会回答,因为只有这样公众才能知情。如果我接着问他,为什么公众必须知情,他也许会回答,因为公众有责任对新闻报道的议题作出正确的评判。如果我继续问他,为什么人们需要对这些议题作出正确的评判,答案显而易见:因为只有这样公众才可以引导公职人员的行为。就这样,你已经听到了一个关于新闻业与民主的初级理论!

这套理论认为,新闻业中介了政府——由公职人员所代表——与公众之间的关系。记者从政府那里获得信息(以文件、采访、新闻发布会等形式),然后将这些信息转换为新闻。他们把新闻传递给公众,公众则根据这些新闻形成关于时事的评判。然后,记者便将公众的评判聚合成"舆论",并将其传递给公职人员。有了舆论,记者便可问责公职人员是否在为公共利益服务。就这样,在一个复杂的现代社会中,一种"民有、民治、民享"的民主得以运行。按照此思路,如果记者不去扮演这一既定角色——如果他们不去从公职人员那里获取信息,或者人们不再消费新闻——那么民主就会陷入危险之中。

正如我在本书导言部分所说,这种关于新闻业的理论正是作为其源头的进步主义文化的表现(参见 Hofstadter, 1963; Gans, 1979; Schudson, 1998)。在这种文化中,组成现代公共生活的大型的、官僚制的、专家统治式的各类机构寻找到了它们存在的理由。社会需要大型的公共机构,因为进步主义者想要在最大范围内解决公共问题。这些机构必须是官僚制的,因为它们需要得到有效的管理和控制。技术官僚也是必需的,因为难以处理的公共问题需要用专业知识来解决。如詹姆斯·凯瑞(1989)所说,新闻业即是这种文化的"表现",新闻业模仿了进步主义的信念,比如认为政府应当处理大型的公共问题,即便无法解决,也要设法应对这些问题;还比如相信专业技术在上述过程中发挥着关键的作用。新闻业本身的结构与组织也同样是这类文化信念的表现:新闻业自身成为一种大型的、官僚制的、专家统治式的机构。

毫不夸张地说,记者们十分热切地接受了这种自我观念。在另一篇文章中,詹姆斯·凯瑞是这样描绘的:

> 新闻业有个神圣的词汇——这是其根本要义,如果没有了这个词,整个新闻业就会失去意义——那就是公众。但凡新闻业仍有主顾,这名主顾就是公众。新闻界以公众为名来为自己正名。其存在就是为了——或者总被认为是为了——告知公众、充当公众的耳目、保护公众的知情权、为公众的利益服务。新闻业的这些准则,起源并流转于新闻界与公众的关系之中。(对于记者而言)公众就是图腾和护身符,是效

忠的对象。(1987, p. 5)

既然这种自我认同占据了如此核心的位置,那么当下的形势让记者们这般焦虑便不足为奇了。公职人员不再默认记者是公众的代表。有了互联网,他们可以绕过记者直接与民众对话。此外,大多数公众不再相信记者能够提供不偏不倚的报道。借助互联网带来的自由,许多人开始和政治观点相似的人聚集在一起。更多的人则完全不再关注新闻。总而言之,这套理论开始摇摇欲坠。

批评家们会在此处打断我,声称这套理论本来就不曾有过现实的直观对应。大量文献都能证明这一观点。穆雷·艾德曼(Murray Edelman, 1988)称新闻报道是一种"对政治景观的建构",政治精英们争相定义现实,而不是去告知公众。W. 兰斯·班尼特(W. Lance Bennett, 1983)认为,新闻报道是个人化的、戏剧化的、碎片化的。在他看来,新闻不仅没有告知公众,还经常引导人们采用"常见的刻板印象和既定的思考模式"(p. 98)。在《没有公民的民主》(Democracy without Citizens)一书中,罗伯特·恩特曼(Robert Entman, 1989)观察到新闻界一边被政治精英削弱,一边又被商业精英侵蚀,因此,它几乎不再能够告知公众真相。当然,这些批评并无新意。在20世纪20年代,沃尔特·李普曼(Walter Lippmann, 1920, 1922, 1925)就提到过以上大部分的观点,也是在同一时期,关于新闻业的这套理论正在成形。李普曼这样写道:"问题的根源在于政治的内容过于广泛,牵涉到方方面面。新闻从远方来;它慌张狼狈,混乱至极;它处理的是令人费解之事;它到来时,便被忙碌疲惫且别无选择的人所吸收。任何讲究证据的律师都会明白,这种信息该有多不可靠。"(1920,p. 38)

好几代学者的研究都证明了李普曼是对的。事实上,新闻业的那套理论从成形之初就已经崩解。大多数人在大部分时候都不看新闻。普通人对新闻不感兴趣也并不留意,不留意新闻的人对相关议题也就并不知情。而那一小部分真正关注新闻的人,又对新闻业理论提出了另一种挑战:他们的确消费了大量的新闻,但与此同时,他们也很有可能对公共议题有着既定的看法。在一个心理学家称之为"确认偏误(confirmation bias)"的过程中,这些既定看法会让他们更关注那些与自己先前观点一致的信息,而忽略其他的内容。可见,新闻很少起到告知作用,只是再次确认了这些人的既有观点。还有一个中间群体,他们偶尔会对新闻感兴趣,观点也没有顽固到会排斥新的信息。但是,他们并不会付出多少注意力,而只会留意那些"信息线索"——他们在新闻标题或导语中看到的信息片段——然后依此迅速形成判断。从数据上看,舆论就是由这个中间群体所决定的。问卷数据显示,不感兴趣和无知的人的观点都很随意,基本上可以相互抵消。而高度关注信息的人则很少改变既有的观点。那么,只有观点会发生变化的中间群体,才会扭转舆论的方向。但他们观点的形成,并不归功于新闻的告知作用。政治精英们也明白这个道理,因此他们努力地塑造信息线索,来影响各类议题的解释方式。新闻是一种重要的信息线索。政治传播的大部分实践都涉及对新闻的处理：首先是设定新闻的议程，其次是说服记者以支持自己政治立场的方式来架构问题。这样一来，政治精英们希望通过他们所提供的信息线索，让感兴趣但不太熟悉情况的中间群体了解议题，从而使舆论更加接近于他们的想法。

上述观点都在关于舆论、政治传播和新闻学的文献中得到了很好的证实（参见 Bennett and Entman, 2001; Delli Carpini and Keeter, 1996; Iyengar, 1991; McCombs, 2004; Neuman, 1986; Patterson, 2003; Zaller, 1992）。记者的这套理论——新闻业让公众知情，新闻业向公职人员问责，使其为公共利益负责——在这些研究中几乎没有得到支持。比起被舆论左右，公职人员对管理舆论的兴趣要大得多。很少有公众像该理论所想象的那样，是理性的信息消费者。而且，记者也很少代表公众来行事。更多时候，他们参与的是精英阶层的政治游戏。

这些文献全面地批判了记者们默认的这套民主理论，但并不是所有证据都支持这一观点。民调专家丹尼尔·扬克洛维奇（Daniel Yankelovich, 1991）在回顾几十年来的民意调查时发现，公众在许多问题上已经达成了明智合理的判断。例如，关于死刑的民意在20世纪80年代初开始变得稳定，并在之后的十年内基本保持不变。堕胎问题也是如此。虽然反堕胎群体已竭尽全力，但在几十年间，绝大多数人都赞同女性的选择权。在其他问题上——从环境问题到学校生理教育——民意都显示出类似的稳定性。本杰明·佩奇（Benjamin Page）和罗伯特·夏皮罗（Robert Shapiro）从扬克洛维奇的观点出发，提出了"理性公众"的理论。佩奇和夏皮罗认为,在某些条件下,公众在政治问题上的偏好完全可以是"合理的""负责任的",甚至是"理性的"(1992, p. 388)。要满足这些条件,就需要对相关议题的信息进行广泛且持续的传播。换句话说,新闻业需要在其中发挥关键的作用。尽管,不论是扬克洛维奇,还是佩奇和夏皮罗,都不确定这一制度是否能一直或经常起到作用。但是,对于那些长期存在于新闻报道中的某些重大问题而言,新闻业似乎确实做到了向公众提供充分的信息,使公众形成较为一致的政策偏好。

这就是说,在某些情况下,现实似乎很好地证实了记者的理论。这也意味着,如果在未来,新闻业不再发挥其原有的作用,我们就需要有些担忧了。

担 忧

人们开始担忧新闻业的未来,是因为报纸的数量及其雇佣的记者数量都在减少。2006年,日报报社大约共雇佣了55,000名记者。到了2010年,这一数字下降了25%,降至41,000,几乎与1975年的报社员工人数相当。根据"裁纸"网站的数据(2011年3月3日),同一时期,数百家报社要么倒闭,要么转型为只在线上发行。里克·埃德蒙兹(Rick Edmonds, 2010)估计,2006—2008年,新闻编辑室的年度支出减少了约16亿美元。可以毫不夸张地说,这是新闻业有史以来最急剧的一次缩减。

很多人开始担心,新闻业在公共生活中不再能发挥其应有的作用。要具体界定这种作用是很难的。除了第一修正案之外,美国的其他建国文件中并未提及新闻业,而且第一修正案提到的是所有人的发言权,这也表明建国者们并未将媒体与广义上的公民区分开来。然而,在20世纪早期,新闻业扮演过不少新的角色,这些角色曾经是由其他人(主要是政党和国会)来扮演的。这些角色至少包括以下几个方面:见证、核实、解释以及问责公职人员。新闻业的萎缩,让人们对新闻业是否能继续扮演这些角色产生了疑问。下面让我来逐一介绍它们。

见 证

任何记者都会告诉你,记者代表公众。至少,记者承担着见证公共活动和公共行动的责任——从市议会会议到法庭诉讼——他们代替无法参加的公民出席。随着记者人数减少,人们开始担心记者能否继续扮演这一最为基础的角色。越来越多的证据表明,这种担忧是有道理的。当报社开始解雇记者,报纸对市政府的报道就减少了。联邦通信委员会的一份报告(Waldman, 2011, p.231)指出:"有明确的迹象表明,报社的裁员,导致了对学校、医疗保障、市政府和其他重要议题的报道开始减少。纵然专线报道尚未被完全淘汰,但每位专线记者却需要负责更大范围的领域,以生产足够多的内容来'喂饱野兽'。"对州政府的报道也是如此。一次针对州议会新闻记者的普查(*American Journalism Review*, 2009)显示,负责全美各州议会报道的全职记者有352名,比六年前的数据下降了32%。负责新泽西州议会报道的记者人数从2003年的35名减少到了2009年的15名；负责加利福尼亚州议会报道的记者人数从2003年的40名降至2009年的29名。负责联邦政府报道的记者也减少了。皮尤研究中心2009年的一项研究发现，在过去十年中，在华盛顿设有记者站的报纸减少了一半。这意味着，举个例子，就不会再有日报记者专门负责农业部的新闻了(Enda，2010)。这也意味着许多国会代表都不会登上他们家乡报纸的版面(Dorroh，2009)。同样的事情也发生在外交事务报道领域。2003年，美国发动了伊拉克战争，而从那一年起，有18家报纸关闭了它们的海外记者站(Enda，2011)。简而言之，记者已不能见证到政府许多个层级中所发生的各类事件了。

核　实

记者人数的减少，也意味着公职人员开始有了新的自由来主导公共话语。皮尤研究中心的研究员在巴尔的摩地区开展了一项关于新闻生产的研究(Pew Research Center，2010b)，他们考察了该地区所有新闻机构在七天内生产的全部新闻。他们发现，新闻资源的"生态系统"非常宽泛，各式各样的人和机构都参与了新闻的生产。但这种多样性的结果是，政府得以在新闻生产周期中起到主导的作用。事实上，60%以上的政治新闻是由政府部门发起的，而且新闻机构原封不动发布政府新闻通稿的情况也并不罕见。仅有13%的新闻由记者发起，剩下的新闻则来自各个利益集团。研究人员推测，出现这种情况,是因为只有少数新闻机构拥有开展独立报道的资源,而那些拥有资源的新闻机构——如《巴尔的摩太阳报》——其记者人数也越变越少。这些记者被要求用更少的资源去报道更多的机构,因此很少有时间再去核实那些由机构所提供的信息。每一家都市报都存在着相似的状况。如果巴尔的摩地方政府有了更多的自由来主导公共话语,那么在美国的绝大多数主要城市,政府很可能也享有同样的自由。

解 释

伦纳德·唐尼和罗伯特·凯泽在《新闻中的新闻》(News about the News)(2002)一书中,将《罗利新闻与观察家报》(The Raleigh News & Observer)视作新闻业的希望之光。他们写道,《罗利新闻与观察家报》在"野心与执行力"方面"脱颖而出"(p.75)。七年之后,经济学家詹姆斯·汉密尔顿(2009)在文章中说,这份报纸已经陷入了困境。在2004—2009年期间,该报减少了近半数的员工。尽管依然野心勃勃,但它已心有余而力不足。费雷尔·吉洛里(Ferrell Guillory)指出了其中的一个后果。这份报纸一度有四名记者负责在北卡罗来纳州做健康报道,从制药业到杜克大学的研究人员都属于他们的报道范围。而现在,只有一名记者在负责上述范围的报道。在这种情况之下,这位记者不仅会错过许多健康议题方面的新闻事件,还需要在更短时间内报道更多内容,因此也就无法对相关议题作出深入解读。吉洛里认为,"由于记者们不太了解事情的来龙去脉,公共关系专员就得为他们提供相关的背景、语境和数据"(2009，p. 361)。吉洛里的结论与凯撒基金会关于健康新闻的一项规模更大的研究结论是相吻合的。通过内容分析和对健康新闻编辑的问卷调查,凯撒基金会的研究发现,如今健康新闻记者的培训机会比过去更少了,他们生产了更多"快进快出"的新闻、更少的解释性新闻或复杂的新闻报道(Schwitzer,2009,pp. 8-10)。联邦通信委员会的社区信息需求工作组发现,同样的情况也发生在科技、移民和环境等报道领域之中：

> 环境记者协会在 2004 年有 430 名报社记者。六年之后,这个数字变成了 256。环境记者协会执行主任贝丝·帕克说："在环境报道领域,记者们需要花费多年时间来搭建起相关的知识基础——它要是没了,就得再有一个长期的重建过程。"《巴尔的摩太阳报》的环境记者提姆·惠勒说："这儿的工作周期和以前不一样了,我们现在更像是通讯社记者。我的工作就是'喂饱野兽'。"(Waldman,2011,p. 54)

问 责

电视剧《火线》(*The Wire*)的创作人、《巴尔的摩太阳报》的前犯罪新闻记者大卫·西蒙(David Simon, 2009)回忆说,当年他在报道犯罪新闻时,警察局的官员经常拒绝向他提供信息：

警察局长们觉得,他们有责任强调自己负责的辖区没有发生过犯罪事件;警官们也认为,自己有权力在不报告的情况下逮捕和拘留公民;侦探和巡逻员则坚信,如果透露与案件相关的具体细节,可能会让重犯得以逃脱。每个人都有不少好理由,他们认为与罪案相关的任何细节都不应该被报道出来。

但西蒙的工作就是确保这些信息见报,让公职人员为其行为负责。因此,西蒙每天都和这些公职人员斗智斗勇。这场战斗已经打响,而记者输了。举个例子,西蒙说,警局现在拒绝透露对巴尔的摩公民使用过武器的警察名单——记者不可能在缺少这些信息的情况下对该部门追责。

很难绝对地说,问责新闻的减少导致了更多的政治腐败。但研究人员发现这二者之间存在关联。一项由美洲开发银行委托的研究(Adserà et al., 2003)发现,在许多国家,报纸的读者数量与政治腐败的程度有强相关性。布鲁内蒂和韦德通过另一组数据得出结论:"各国的新闻自由水平与腐败程度之间"存在着"很强关联"(Brunetti and Weder, 2003, p. 1820)。简而言之,对公职人员的新闻监督越多,政治的腐败程度就越低。因此,举个例子,当《洛杉矶时报》减少了对城郊社区的报道时,加利福尼亚州贝尔市(一个位于洛杉矶市郊的小城)的官员们就给自己开出了高额的薪水——仅市执政官的工资就超过了

80万美元。但当时已经没有人能将此事告知当地的市民了。

负责核实、解释、揭露和提供信息的本地记者减少之后,腐败加剧只是其后果之一。另一个后果是公民对公共生活的参与度降低了。早有许多研究证明了新闻消费与政治参与或公民参与之间的关系(参见 Livingstone and Markham,2008;Shah et al.,2007)。简而言之,民众消费的新闻越多,就越有可能参与投票、加入公民团体、投身于志愿活动以及参与其他政治和公共活动。当可供消费的新闻变少,公共参与度也会随之下降。这正是山姆·舒尔霍夫-沃尔(Sam Schulhofer-Whol)和米格尔·加里多(Miguel Garrido)在一项涉及《辛辛那提邮报》(Cincinnati Post)的研究中得出的结论(2009)。2007年邮报关张之后,《辛辛那提问询报》成为该地区仅有的一家日报。接下来的几年里,参选市议会、市委会和校董会的候选人越来越少。在职者有了更大的可能赢得连任。此外,在选举中投票或向政治活动捐款的人数也变少了。还有其他研究也支持了上述研究的结论(Trounstine, n.d.)。而《辛辛那提邮报》是一份发行量仅为27,000份的小报。令人担心的是,当大型报纸倒闭之后,伴随而来的可能会是公民参与度的进一步大幅下降。

除了对政治腐败加剧、对政治参与度或公民参与度下降的具体担忧之外,观察家们还对新闻业在公共话语中的缺席存有隐忧。这些担忧源于以下事实:随着新闻业的急剧萎缩,它正在被网络上大量的娱乐消息、观点及娱乐化评论所取代,而这些都是根据消费者的个人口味来定制的。托马斯·帕特森（Thomas Patterson，2007）在一项基于 162 家新闻网站用户流量的研究中发现，类似于赫芬顿邮报（huffingtonpost.com）这样的"非传统"新闻网站，其用户增长速度要远远高于传统（日报）的新闻网站。此外，"非传统"新闻网站倾向于发布更多的娱乐新闻和评论文章，而较少发布硬新闻。事实上，帕特森发现，大多数情况下，这些网站根本没有生产硬新闻的能力（即没有足够多的记者）。另一个研究重复了帕特森的结论。皮尤研究中心对巴尔的摩新闻生态系统的研究（Pew Research Center，2010b）发现，日报和地方电视台生产了该地区绝大多数的新闻信息。这些信息随后在一个由博客、推特和当地利基网站所构成的"回音室"（echo chamber）中被消化。这项研究说明，互联网在生产大量的信息，但其中只有很少的新闻。亚历克斯·琼斯警告说："我们正在稳步成为一个吃得过饱但营养不良的国家……我们被媒体内容撑到浮肿，还面临着社会性糖尿病的大流行。"（2009，p.184）

　　观察家们担忧，网络环境中的信息库将会向有害的一方倾斜。首先，它将充满影射、谣言和错误的信息。这种说法（会出现更多的错误信息）是一种经验性的论断，而我们没有好的方法来验证它。与过去的报纸相比，网络公共话语中出现的不可靠信息会更多吗？这很难说，我并没有看到过关于这一问题的学术研究。然而，当乔治·沃克·布什（George W. Bush）政府提出误导性的——也有人说是错误的——理由以支持与伊拉克开战的决议时，是主流媒体而不是网络媒体让这些论断在未经证实的情况下被传播开来。此外，报纸还经常发布不准确的信息,而其中只有一部分在后来被纠正过来(参见 Maier,2005)。尽管在过去,有一支规模不小的记者队伍是为了"弄清事实真相"而存在的,但我们并不清楚他们是否真的比后来的博客作者、公民记者和遍布互联网的利基网站要做得更好。

网络化的公共领域还存在着其他三种偏向。第一种是,与大众媒介的公共领域相比,网络化的公共领域会朝更有党派性的观点倾斜。研究小群体传播(small-group communication)的学者早已发现,在与志同道合的人互动时,人们往往会采纳更为极端的观点(参见 Isenberg, 1986)。他们把这个过程称为"群体极化"(group polarization)。举个例子,如果一个人已经对全球气候科学持怀疑态度,那么当他在小团体中和观点相似的人互动之后,他原来的想法就有可能变得更为极端——比如,相信这只是为了让公众觉得全球气候变化很危险的某种阴谋。网络上的群体极化现象似乎更为常见。在网络上,人们更倾向于和观点相似的人互动,去消费那些能证实他们既有观点的信息。事实上,法学家凯斯·桑斯坦(Cass Sunstein,2007)将互联网称为"极端主义的温床"(p.69),并在此基础上呼吁重建"公共利益的中间方"——那就是新闻业(p.217)。

发生在威斯康星州麦迪逊市的一件事说明了网络化的公共领域中可能存在的第二种偏向。根据刘易斯·弗里德兰(Lewis Friedland)及其合作者的描述(2007),这件事涉及关于扩建一所学校的三次公投。这所学校位于城中的贫困地区,该地区居民以非裔美国人为主。他们观察到，公投得到了本地各方机构的强烈支持，其中包括了地方企业、教师工会、学校董事会和两家地方报纸。这些机构几乎主导了关于此事的公共辩论，因此大多数人都预测公投一定会通过。但公投没有通过。其失败原因来自一个主要由上层中产阶级白人组成的反对派。这一团体由一个持不同政见的学校董事会成员领导，已经潜伏了一段时间了。它从前没有获得太多支持，主要是因为其观点在主流政治圈中没有受到过太多的关注。但是，随着互联网的出现，这个团体发现了一个能够分享观点并协调行动的另类平台。通过一个博客（schoolinformationsystem.org，SIS），该团体开始吸引更多的追随者，也进行了更多的宣传，最终导致了其政治力量的增强。通过这种方式，一个"有组织的少数派"就能够"向更广泛的公众发表意见，动员足够的支持，以在公投中击败两家媒体和一群重要的公众人物"（Friedland et al., 2007, p.56）。

从理论上讲，任何希望对公共辩论产生影响的少数群体，都可以享有这些好处。然而，显而易见的是，那些拥有资源基础（金钱、时间、政治专长）并享有较高社会经济地位的少数群体，能比其他群体更好地利用这些机会。从社会经济地位与所属种族的相关性来看（美国的情况就是如此），这些群体的成员也很可能是白人。在过去，新闻业所强调的"为伤痛者疗伤，让安逸者不安"，至少削弱了种族和阶级优势在公共辩论中的作用。新闻业的存在，使得政治精英们需要用与公共有关的词汇来架构各类议题。以麦迪逊市的这一事件为例，支持扩建学校的人就将他们的主张架构为一种消除社会不平等的"公共责任"。随着公共辩论转移到网络上，这一过滤程序便不复存在；少数群体可以推出更多符合其自身利益的框架。而中上阶层的白人最能利用好互联网提供的这些机会，因此公众辩论的框架将会更有可能符合这一群体的利益。比如在麦迪逊市，SIS 上的框架中就包括了反对增加财产税。令人担忧的是，在未来，互联网将加剧这些不平等，而信息环境也会朝向更为富有的人倾斜。

互联网还有可能让信息环境产生第三种偏向，即朝向政治精英的利益倾斜。这种说法似乎有些自相矛盾。毕竟，难道不正是互联网把个人从政治精英的操纵中解放了出来吗？是，也不是。有一种观点认为，新媒体实际上增强了政治精英操控公共话语的力量。确实如此。在过去，初级与次级群体——家庭和朋友圈、宗教团体等——削弱了政治精英塑造舆论的能力。这是伊莱休·卡茨（Elihu Katz）和保罗·拉扎斯菲尔德（Paul Lazarsfeld）（1955）提出的两级传播理论的主要观点。该理论认为，媒体上的信息，要通过社群中的"意见领袖"流向个人。此外，政治精英还需要和记者进行协商，所以，新闻业也同样起到了限制其塑造舆论能力的作用。

然而，正如兰斯·班尼特和雅罗尔·曼海姆（Jarol Manheim）（2006）指出的那样，自 20 世纪 50 年代以来，美国社会已经出现了很严重的分裂。与其说它是一个大众社会，不如说它是一个"个人生活方式"社会。在这个社会中，人们与他人的联系变少了，开始更为注重个人追求（参见 Giddens，1991）。新的通信技术使人们能够更好地控制自己的信息环境,从而也加速了这种转变。这些技术还让各类营销人员——包括政治营销人员——都能够与消费者建立起直接的联系。例如,伊莱·帕雷瑟(Eli Pariser,2011)发现,不同的电脑在谷歌上搜索相同的内容,会得到不同的结果,因为谷歌的算法会根据用户的个人兴趣自动调整结果。班尼特和曼海姆认为,在政治传播中,原本的"两级"流动正逐渐变成"一级"流动:从政治精英直接流向消费者个体。他们总结说:"这种传播的依据,是目标受众自己提供的利益、偏好和需求等数据,正因如此,在预测和回应每个受众的个性化需求时,这种传播可能会比同辈群体中的交流更为有效。"(2006,p. 226)换句话说,这种传播可能会增强政治精英管理舆论的能力。

所有这些担忧的背后,潜藏着的是一种总体性的恐惧:人们担心,新闻业的消失就等于共同体的消失。这种担忧看上去似乎只是新闻工作者自以为是的夸张幻觉。新闻业根本没那么重要,它的消失不可能产生如此深远的影响。但是,有一个观点一定是成立的,那就是新闻业是民主共同体的支柱。例如,黑格尔就有一句关于早期现代报纸的名言:"清晨读报,是一种现实主义的晨祷。一个人调动心绪来感知世界,他要么面朝上帝,要么面朝世界本身。前者与后者给人一样的安全感,因为这样一个人能知道自己身处何处。"[1]黑格尔的结论是在一个迅速世俗化的社会背景中提出的,在这个社会,宗教似乎不能再像以前那样把个人与个人、个人与共同体结合在一起。那么在现代社会,公共的纽带是如何得以维系的呢?从 18 世纪以来,这个问题一再出现(参见 Delanty,2003;

Tönnies，1957)。黑格尔提供了一个答案:新闻业。在他看来,新闻的用处在于提供了公共的仪式,从这些仪式中可能会产生新的公共连接。这一关于新闻业社会角色的观点相当普遍。亚历西斯·德·托克维尔(Alexis de Tocqueville)有着相似的论述,他称:"报纸产生联系,联系产生报纸。"(1969，p. 518)约翰·杜威(John Dewey)则说,当"自由的社会调查与充分而动人的沟通艺术结合在一起"时,"伟大的共同体"便会诞生(1927，p. 184)。这种想法也出现在本尼迪克特·安德森(Benedict Anderson)对于民族主义历史的梳理中,他认为读报构成了一种新的"弥撒仪式",共同体的形象由此"根植"于现代公民的头脑之中(1983，p. 43)。这一观点还在詹姆斯·凯瑞关于新闻业的"仪式观"论述中扮演了核心角色。凯瑞认为阅读新闻就像是"参加一场弥撒,你在这其中学不到什么新的东西,但它却描绘并证实了一种特定的世界观"(1989，p. 20)。许多著作都提到了这一观点,它们从新闻业中寻找到了集体想象、传统与认同的原材料(参见Chaney，1993；Katz and Dayan，1992；Liebes and Curran，1998)。此外,记者对于自身的想象也以此为依托。科瓦齐和罗森斯蒂尔(2001，p. 18)认为,"新闻业"这一概念与"共同体"以及"民主"的概念密切相关,这一观点代表着新闻行业的普遍想法。

以上回顾的这些问题——新闻业的衰退意味着更多的腐败、更少的公共参与以及支离破碎、带有偏向的信息环境——归根结底来自这样一种担忧:新闻业的消失会导致民主社群的消失。没有新闻＝没有民主。

应　对

182　　担忧者们描绘了一幅暗淡的未来图景。贪腐现象猖獗,而公众对此要么并不了解,要么不够关心、不愿加以理会。党派人士主导了公共辩论。有钱有势的集团利用政府充实自己的腰包,再向其他人施以小恩小惠。这样的社会有点像是没有蝙蝠侠的哥谭市。

　　这些年来,召唤蝙蝠侠的信号灯一直打在新闻界的夜空,不少创业者都回应了这一信号。驱动他们完成大部分工作的是这样一个问题:为公共利益服务的新闻业是否还能幸存?我的答案是"很有可能",但并不知道可能性有多大。据我所知,目前还没有关于新闻业创新举措的普查。这么多人在这么多地方开展试验,这样的普查本身就很难完成。不过,可以肯定地说,大量创业活动的展开都围绕着新闻业的核心民主功能:问责、公民参与、公共对话。

　　有不少人在努力重建问责新闻业。全国各地都有这类创业者,他们在努力让政府变得更加公开透明,让每个人都能监督政府的活动。这类工作大多开发出新的工具,让更多人能够获取和使用政府的数据库。例如,Craigslist 的创始人克雷格·纽马克(Craig Newmark)创建了一个叫作"阳光基金会"的组织,该组织提供一系列在线工具,让国会的工作变得更加透明公开。其中有一个项目叫作 Transparency Data,它将所有联邦和州政府对国会候选人的捐款数据库与其他联邦拨款和专项资金的数据库进行了关联。而《纽约时报》的互动新闻编辑亚伦·菲尔福（Aaron Pilhofer）与 ProPublica 的埃里克·乌曼斯基（Eric Umansky）和斯科特·克莱因（Scott Klein）一起合作创办了网站 DocumentCloud.org。这个网站能够根据文件中提到的日期、人物和地点来对文件进行分析和归类。用户可以上传任意数量的公共文件，由此快速追踪人物之间的关系，制作事件的时间线，并绘制出跨地区互动关系的地图。还有一个由多家新闻机构合作的项目 The Panda Project，它利用本地的公共数据库提供类似的服务，最近还获得了"奈特新闻挑战赛"（Knight News Challenge）的奖项。另一个获得此奖项的项目 Overview 则是由美联社发起的，它创建了一套开源工具，可以用来搜索和可视化数据库中的信息。

  部分创新项目借助的是民众的力量。例如，位于康涅狄格州纽黑文市的营利性公司 SeeClickFix 就创建了一款移动应用程序，让用户可以记录下自己社区的各种问题（从路面不平到犯罪事件），并将信息报送给相关政府部门；用户之间还可以通过 Twitter 和 Facebook 来互动。当地媒体可以将此应用程序嵌入到自己的网站上，用来记载和讨论公共问题。另一个叫作 EveryBlock 的项目则将计算机的力量（以住房、犯罪、建筑许可、交通违章等相关公共数据库的形式）和民众的力量（以用户生成信息的形式）结合在一起，绘制出可视化的社区信息地图。用户可以点击其所在的社区，在地图上标记出任何相关的内容，包括最近一周发生的犯罪事件或是最受欢迎的餐厅。

还有另一组工具，能够让人们在这些新闻类项目中更好地实现共同参与。麻省理工学院公民媒体中心开发了一个叫作"开放技术与科学公共实验室"（Public Laboratory for Open Technology and Science，PLOTS）的项目，它可以让人们以众包的方式参与到环境科学的调查之中。它推出的第一个计划叫作"草根绘图"（grassroots-mapping），让数百人通过风筝和气球，参与构建美国墨西哥湾原油泄漏事件的空中地图。尽管 PLOTS 的工作主要集中在科学领域，但它的各类创新也深深影响了新闻业，这一点得到了奈特基金会的认可——它在 2011 年向该组织颁发了"奈特新闻挑战赛"的奖项。加拿大的一个组织 OpenFile 也创建了一套类似的工具，但只用于新闻工作。在它的网站上，用户只需创建一个文档，就可以开始撰写一篇关于任意主题的报道。文档建成之后，用户可以再上传视频、照片或评论。同时，OpenFile 的编辑会和社群合作，使故事更加丰满，并指定一名（从数千名自由撰稿人中挑选出的）记者来完成报道。一家营利性公司 Ideascale 则用社群的概念来积极推广它的众包工具。在其虚拟空间中，用户可以提出如何解决问题的想法，社群中的其他人可以对该想法进行分类和评分。Storyful 和 Storify 是这个想法的不同版本。Storyful 的用户可以用网络上的相关博客文章、视频、图片、Facebook 帖子和推文来写出一篇报道。Storify 的工作原理也基本相似。它的开发者创建了一个搜索引擎，其用户可以汇总相关推文、博客文章、视频、Facebook 帖子和其他社交媒体上的素材，由此写出一篇报道。从这些工具可以看出，参与

网络化的新闻生产可能是一种激发和提高人们对公共生活的兴趣和参与度的途径。 *184*

还有一些创业者试图解决公共对话的问题。总部设在马萨诸塞州的非营利性组织 Localocracy，为当地的社区居民创建了一个虚拟的"公地"，使其可以就共同关注的问题交换意见。这个软件按照主题来组织对话，以确保用户能看到关于同一个问题的全部观点，并将"赞成"和"反对"的意见并排展示出来。罗得岛州普罗维登斯市的非营利性组织 Uncaucus 也创建了一个相似的网站，用来帮助市民更充分地参与到 2010 年的市长选举中去。网站管理者先是发布了这一公职的职位说明，再征集社区中各成员的职位申请，最后组织了一场市民对申请人的虚拟面试。

我还可以举出更多的例子，但是我认为这个观点已经表达到位了。对于过去的担忧，成为未来新闻创新的主要燃料。OpenFile 的编辑们不仅仅是在发明一种新的新闻形式。正如其网站上的"关于我们"页面所说，他们正在"把公民和报道其社区的记者联系起来，让我们能更好地了解有哪些议题正在影响我们生活和工作的地方"。克雷格·纽马克之所以资助新闻实验，不是因为他是个新闻迷，而是因为他相信"可信的媒体是民主的免疫系统"——他也把这句话写在了 craigconnects.org 网站的"关于我们"页面上。

当然，没有任何实验能保证一定成功。事实上，我所讨论的很多试验都有可能会失败。对于任何创新领域都是如此：许多创业者都在尝试，但大多数人并不会继续，只有少数成功者能成为别人的样板。想要解决现有问题的工作方案还处于起步阶段——维基百科（Wikipedia）始于 2000 年，Craigslist 也在同一时期出现；Facebook 诞生于 2004 年，YouTube 在 2005 年出现，我在前文中提到的创新项目也都是 2008 年之后的事——可以预见接下来会有一个大浪淘沙的过程。话虽如此，我们仍有理由相信，人们还会继续探索以网络化的形式来发展为公共利益服务的新闻业。毕竟，我们不会再回到一个技术与信息匮乏、彼此间缺少联动的时代了——随着时间的推移，这些都只会变得越来越多。接下来人们作出的许多努力，将会致力于填补新闻业分解之后所留下的民主空隙。

需要明白的是，这些努力并不是在重塑过去。相反，它们是在以新的、网络化的形式来解决老问题。我在本书其他地方描述过网络的属性，而本章所提到的各类创新则是对其更为详细的补充。网络的首要逻辑是：在互联网上，每个组织都能够迅速地发布信息，并彼此协作无间。鉴于此，一个组织不需要很大的规模也能产生实质的影响。实际上，组织的规模越大，弹性便越小。在网络化的环境中，规模反倒会成为一种障碍。本章所讨论的几个实验性项目，员工人数都不是很多。例如，Storify 就只有三名员工和一名实习生。网站 DocumentCloud.org 也是三名合伙人在业余时间创办的，他们后来又聘用了两名员工负责网站的日常工作。SeeClickFix 的团队也仅有九人。作为一种网络之间的联网（network of networks），互联网似乎更青睐小而精的属性。

正因为规模小,网络化的组织必须依靠组织之外的人来完成一部分甚至是大部分的工作。很显然,一个小型组织无法为所有人提供报酬,不然他们可以直接雇佣更多员工、扩大组织规模。所以,大部分参与者都在无偿地为组织提供帮助。他们的参与动力来自追求"内在"的回报,比如友情、兴趣或声望。比如,那些愿意参与PLOTS 的项目,用气球和风筝来追踪墨西哥湾原油泄漏事件的人,他们之所以这样做,是因为对这一主题感兴趣,或者是出自朋友的邀请,又或是对科学充满热情。那些给 Uncaucus、Storify、Localocracy 等其他网络化的新闻论坛投稿的人,也是出于类似的内在动因。那么,对于网络化的新闻组织而言,它们需要投入大量的精力来创造并维持其成员之间的情谊、友爱、义务以及责任;简而言之,他们必须创造出一种社群意识。

换句话说,曾经由记者独自承担的民主职能,将会越来越多地由民众来履行。许多为新闻业命运担忧的人乐于见到这种景象,但他们很少会对其主要后果之一也同样表示乐观:让民众参与就意味着放弃对新闻生产的控制权。在过去的一个世纪里,记者们的做法与之完全相反。他们控制着哪些信息可以发布、何时发布、以何种形式发布,而这一切还是在由编辑的指令所塑造的官僚制结构中来完成的。但社群中的居民不是专业记者或组织雇员,他们只是普通人和他们的朋友们。正如杰夫·何奥所说,他们在一起工作时"不能被指挥,只能被引导"(2009,p. 182)。

这就意味着,如果民众对一个故事不感兴趣,不论编辑或记者觉得它有多重要或多有趣,它都不会成为一篇报道。相反,如果民众想要转向某个方向,就像鱼群一样,记者也很难阻挡。就以 Digg 网站为例——这是一个可以分享在线内容的网站,其核心功能是一个用户评价系统。用户可以在网站上张贴他们在网络上找到的故事、视频和照片的链接,其他用户再为其投票,得票最多的素材会出现在页面的顶部。2011 年 8 月 1 日,关于"美国债务上限"的新闻占据了主流媒体的版面,而 Digg 网站顶部的链接则是以下内容:一篇对 HTML5 的报道、一篇关于网络音乐审查的文章,以及一张由半裸模特拍摄的 Calvin Klein 内衣广告。在网络化的新闻业中,记者将控制权让给了民众,而民众只会去往他们想去的地方。

可以理解,这一事实让许多传统记者变得犹豫不决。但我们必须同时认识到,尽管在网络化的新闻业中,大部分产能都来自民众,但记者仍在其中扮演着举足轻重的角色。如果我们仔细思考网络是如何改变新闻生产的,记者的重要性便显而易见。根据"80/20 法则",在网络上,并非每个人都愿意参与到新闻生产中来,只有少数人会将大量的时间和精力投入其中,而其他人的投入则微乎其微。例如,根据估算,在维基百科这个在线百科全书网站上,10% 的用户完成了 90% 的工作。Storyful、Storify、OpenFile 及其他网络化的新闻机构也同样如此:在围绕着这些网站所形成的社群中,一小部分的成员生产了大部分的内容。这并不一定是一个问题,但它也的确带来了一些改变。最明显的问题是:如果每个人愿意承担的工作量不一样,那么整个任务就需要被分解为不同的大小。例如,在 OpenFile 网站上,一个充满热情的人可以创建一个关于某报道主题的新文档,这是一个相当大的投入。然而,这个开放的文档也允许不那么热情的人参与,完成较轻的任务。Storyful 也是如此,热衷于某个主题的人可能会使用它来完成汇总推文、博客文章、视频和照片这类耗时的工作。他们的自愿投入便允许了其他人只做出较小的贡献——比如,只提供一个视频或一篇博客文章的链接。用这种分配方式来组织工作,利用的是互联网增量累加的特性。网络的常态就是,所有的内容都处于不断的更新之中。

那么现在的问题是,谁来负责分解任务?民众需要能催化社群、以群落细分的方式组织工作,并在任务完成之后将其拼凑成型的人。换句话说,他们需要记者。这一点有时会被新闻从业者忽略。当他们听到"众包新闻业"时,他们会觉得这就意味着"没有专业人士的新闻业"。但事实并非如此。如果没有了编辑与社群的互动,没有记者将社群的工作整合成新闻报道,OpenFile 就不会成功。由 Localocracy 召集的对话同样需要主持人。而 Storify、Storyful 和 Ideascale 这类工具也可以为专业记者提供帮助,从民众的作品(以推文、播客文章、照片和视频的形式)中筛选出最佳素材,并将其组织成扣人心弦的故事。即使是最热情的众包拥护者也承认这一点,杰夫·何奥总结道:"当民众补充了记者的工作,而不是试图模仿它时,我们都能得到更好的服务。"(2009, p. 220)

利用民众的力量来辅助记者工作的做法非常新,因此它的全部影响还尚待明确。不过,可以确定的是,它似乎改变了记者在新闻生产中的角色。在传统新闻业中,记者把自己视为信息的过滤器和内容(故事、视频、照片等)的生产者。多位与我交谈过的报纸记者,都认为自己首先是写东西的人。即使是新的"多媒体"记者,也大多认为自己的主要任务是生产内容。但从前面的例子可以看出,在用网络化的方式工作时,记者仍然要生产内容,但他们同时还要做很多别的事情。他们要召集社群、促进参与、主持论坛、写软件代码,还要汇总其他人的工作;此外,他们还需要一刻不停地互动、互动、互动。

正如我们在前几章中所看到的,许多传统记者仍然无法接受或不愿接受这些新的做法。很多时候,他们甚至都不认为这些新的做法还是在做新闻。然而,他们的担忧并未阻碍这些变革的进程,后者在现在看来已经势不可当。无论记者怎么想,民众的时代已经到来。

为了更好地理解新闻业的新角色,我们不妨先退一步来思考。一个世纪以来,记者们一直认为自己的职责是告知公众,而这似乎并不是网络化的记者现在正在做的事情。在 OpenFile 的模式下,用户完成了大部分的报道和内容,那记者在做什么?他们最主要的工作是:催化、组织并协助那些因为某篇报道而聚集起来的民众。不论是一个人还是一群人,这些民众对于相关主题的了解都不亚于记者。记者的作用体现在,他们促进了民众的参与、整合了民众的工作,并将最终的成果写成了完整的报道。在 Everyblock 的模式下也是如此,它是一个让热衷于邻里关系的人可以找到彼此的平台。记者创建了一个数据库,每个人都可以在上面轻松添加或查找信息,还可以汇总结果并加以呈现。和在 OpenFile 上一样，Everyblock 的记者也担任着召集者和组织者的角色——他们把民众的工作变成作品，并使其对他人也能发挥出实际的效用。

这些新模式表明，新闻业的新职责在于吸引（engaging）公众的参与。我们可以仔细考虑一下"engage"这个词的具体含义。首先，这意味着网络化的记者要尝试"吸引他人的注意力"——这是其常用的含义。很显然，一名网络记者如果无法得到社群的关注，那她在这个职位上也不会有长久的发展。但是这个词还有其他的含义，这些含义也同样可以用来描述网络化的新闻实践。《牛津英语词典》还提供了以下四种定义：

  1."保证""约束自己"或"承诺"。这种用法的例子有："我在酒店里'订'好了房间"（承诺要租房）；"他'订'婚了"（有婚约）；"我明天有'约'"（答应要去某处）。这样使用时，engagement 一词中体现出一种道德层面的责任感。

  2."缠绕""混淆"或"互锁"。这是该词汇的物理含义。莎士比亚在《哈姆雷特》中写道："啊，越想挣脱，被诱陷的灵魂就越受'缠牵'!"更常见的用法是，我们说一个齿轮已经"啮合"在车轮上，或者某人正在"交谈之中"。这样使用时，engagement 一词涉及是否"协定一致"的含义。

3."与之交战"。这种用法的例子是:"军队今天与敌军'交战'。"这一定义所包含的意象有:划分战线、产生冲突,以及"我们"与"他们"的交战。

4."雇佣或雇用"。这种用法的例子是:"我'雇用'了这个人来提供服务。"指安排某个人工作,或给他一些事情做。

在描述网络化的新闻业时,以上所有的含义都被调动了起来。想要让公众参与,记者就要先吸引他们的注意。她还要作出道德和伦理层面的承诺——只有这样,她才能为社群创造条件。仅这一点,就让网络化的新闻实践与传统新闻实践截然不同。顾名思义,一名网络化的记者是一位积极的社群成员。她投入其中,并不是中立或公正的。她要和公众"打成一片"——和他们对话、争论,建立起共识与分歧的领域。这些交流有时候看起来会像是在交战。读过政治博客的人都知道,在线交流有时看上去就像是在战斗,但这就是一个社群构建认同、确立边界的方式。最后,吸引公众参与还意味着让人们投入到工作与服务之中。众所周知,不会有足够多网络化的记者来完成传统记者曾经负责的所有工作。正因如此,网络化的记者必须让其周围的社群发挥他们的作用。

总之,网络化记者的职能是吸引公民的参与,他们所扮演的角色与传统记者已截然不同。

网络化的新闻业与民主

这种新角色是否意味着新闻业将出现更为彻底的变革？回想一下，主流的新闻理论认为，记者应当告知公众，使其能对时事作出评判，由此，公众便可以参与到民主的过程中来。借用第四章的内容，这就是新闻业中的构成性规则，它定义了新闻业的目标。网络化的新闻业是否改变了新闻与民主的等式？它是否不仅改变了新闻工作者的做法，还改变了新闻业的目标？

这个问题至关重要，但目前还无法回答。无法回答首先是因为新闻业的变革才刚刚开始，其次因为网络对公共生活的影响尚未明确。

有一些证据表明，网络并未显著改变公共生活的核心维度。例如，网络的确降低了公众参与的成本，但并未改变政治参与或信息消费的内在心理机制。十多年来的研究表明，互联网在提升人们的公共知识或政治参与水平方面收效甚微（参见 Boulianne，2009）。即使是现在，大多数人在大多数时间里都不关注公共事务；在大部分正式的政治活动（参与投票、签署请愿书、加入组织等）中，参与者也多为受教育程度高、经济条件好的人（参见 Brundidge and Rice，2009）。互联网扩大了那些可能影响政治进程的精英群体的数量和类型，但它却并未开启一个参与式民主的时代——这样的改变若要发生，还需要新闻业对其在民主过程中的角色展开新的设想。

正式的政治机构——从市政厅到国会——的结构也

没有出现太大的变化。尽管网络化的时代已经来临,但正式的政治机构仍然是庞大且官僚化的,这一方面来自立法和宪法方面的原因,另一方面也是因为官僚制的确能更有效率地履行政府职能(参见 Bimber, 2003, pp. 106-7)。从理论上看,互联网让公众能够在表达意见之外采取更多的行动;但实际上,正式政治机构的组织形式使之难以达成。这表明,公众在公共生活中的角色依然相对被动,因此,新闻业也将继续在权力的核心地带充当公众的代言人。

网络化社会的出现,也并未减少已成建制的政治团体的数量。这些团体大多规模庞大、推行官僚制,由各类专家组成,长久以来已在政治系统中根深蒂固。它们自然不愿意放弃自身在政治系统中的优越地位,而且它们也有不少资源来确保其位置的稳固(参见 Pierson, 2000)。这些团体有能力防控他人的侵扰,这一点也有可能削弱网络对公共政治的影响。

最后,在很多时候,政客们仍然需要抓取大众的注意力,而大众媒体正是实现这一目标的最佳工具。以国家选举为例,国家公职人员的选举候选人更愿意塑造舆论,而不是鼓励公民采取行动。通过大众媒体来发布政治广告,就更符合他们的诉求。同样,当政府官员想要让广大公众都关注某个特定议题时,他们也会产生相似的想法。总统如果想让公众多关注医保问题,大众媒体就为他提供了一个比网络更为有效、更加可控的平台。

因此,网络化新闻业的新职能,只是对原新闻业场域的基本理论提出了适度修正的要求:记者与其社群成员合作来生产新闻,公民以此为依据来评判时事,由此,公众便可以参与到民主的过程中来。诚然,与过去相比,如今的政治系统更加支离破碎、党派分明,民粹主义倾向也更为明显,但是在一些关键方面,它仍然与当初孕育于其中的进步主义文化紧密相连。大多数政策决定仍然来自由技术官僚所组成的官僚机构,公众也仍然只能够对这些决定发表意见,新闻业则在这二者之间进行中介与协调。尽管像 DocumentCloud 或 Storify 这样的新工具可能会改变新闻实践,也可能会改变记者在新闻生产中所扮演的角色,但它们似乎并不会改变新闻业的根本宗旨。

也有其他证据表明,公共生活可能正在发生更为根本性的转变。舒德森(2010)指出,互联网并不是新闻变得碎片化的原因。他写道:"正是因为有民权运动、女权运动、学生争取民主社会组织(Students for a Democratic Society)和参与式民主的意识形态,还有数百个新出现于华盛顿的非营利性机构和倡导组织,以及围绕着《全球概览》(*Whole Earth Catalog*)杂志聚集起来的反主流文化爱好者们,现在才会出现这样的情形。"(p. 103)这些变化可能预示着公共生活会发生根本性的转变,也预示着新闻业的根本性转变。新闻业之所以变得更加碎片化,更为强调协作性与参与性,正是因为公共生活变得更加碎片化、更为强调协作性与参与性。

舒德森还谈到了一种"碎片化"的现象:在正式的政府机构内部和周围,出现了大量的"政治观测站"

(political observatories)。这其中包括了以华盛顿为据点,为相关研究提供资助并监测政府活动的非营利性组织、倡导组织和利益团体。它们制定了新的规则,增设了新的机构,旨在提升政府的开放性、透明度和参与度。制定新规则的例子是,它们要求国家环保局在实施新政策之前要有一个公众评议期,还要求政治选举必须公开其财务捐款明细。增设新机构的例子是,现在每个内阁级联邦机构都设有监察处。根据1978年通过的《监察长法》的规定,监察长要负责向国会报告其所在机构的内部运作情况。舒德森将其与政府数据库所带来的开放性(参见 Noveck,2009)结合起来,认为这是在为一种新的协作式新闻业模式埋下种子。他写道:"政治观测站并不能取代记者。但是对于记者来说,观测站是越来越有价值的合作伙伴。他们对发展公共信息作出承诺——这恰恰使民主成为可能。"(2010,p.107)

地方政府和地区政府的发展趋势则提供了另一些证据。越来越多的文献表明,地方政府正在迅速变得更为开放,也越来越强调参与性(参见 Briand,1999;Fung,2004;Gastil and Levine,2005;Putnam and Feldstein,2003;Sirianni and Friedland,2001)。市执政官和市长们召集了各类主题论坛、专题研究组、公民陪审团、公民会议和贤者议会(wisdom councils)——这里只是列举了几个能够在政府活动中纳入更多公众参与的审核程序。这些运动的规模有多大,目前还不清楚,但仅每年召开的全国性主题论坛就有20,000个,这在一定程度上说明了其规模。[2] 正如马特·莱宁格(Matt Leighninger,2006)

在报告中说的,开展这些工作的动力,并非出自对参与式民主的理想主义追求,而是出于最实际的原因:政府中的技术官僚判断他们无法只靠自己来解决社区的问题。无论是学校系统的衰落、医疗服务的提供还是种族关系,这些问题解决起来都非常复杂,需要公众的参与。

尽管在过去的十五年里,参与式民主的例子层出不穷,但公民文化还未发生巨变。公民组织者在招募广泛的公民基础和保持长期主动性等方面都遇到了一些问题,然而,也许互联网的群落细分化会有助于克服这些问题。正如查德威克(Chadwick, 2012)观察到的,在过去,参与只有是或否两种选择——公民要么完全投入其中,要么完全不予理睬。相比之下,在线参与就灵活得多。查德威克写道:"民主创新拥有了高、中、低门槛的各类工具,它们可以在不同的网络环境中并存。"(p. 19)一位公民也许愿意在某一个论坛上做大量的工作,而在另一个论坛上却很少发言。互联网让她可以作出这样的选择。此外,互联网还让群体工作的整合变得更加容易,从而让各项活动得以长期持续并保持势头——即使是在个体公民不能持续参与的情况下。

展望未来十年或二十年,网络化的新闻业所表达的,可能将会是一种新型的公共生活中的普遍感受。在这种新型的公共生活中,公民将在公共问题的解决过程中发挥更为积极的作用。

这将如何改变新闻业的宗旨?或许,这样的新闻业会更接近于 20 世纪八九十年代公共新闻运动的愿景。当时的公共新闻主要是在中小型日报中发展起来的,也有少数电视台和广播电台参与其中。根据刘易斯·弗里德兰和桑迪·尼科尔斯（Friedland & Nichols，2002）的研究，到了 2002 年，美国及海外已经出现了 600 多个以公共新闻为主题的新闻试验、十多本倡导这一实践的专著，以及 70 多项考察其成效的学术研究。舒德森因此认为，公共新闻学所代表的是"这一代新闻业内部对新闻实践所作出的最为深刻的批判"（1999，p. 118）。

坦尼·哈斯（Tanni Haas，2007）指出，尽管公共新闻学开展了丰富的实践，却从未发展出一套一致的公共哲学。但至少，公共新闻记者们在一个原则上达成了共识，那就是新闻业的宗旨在于帮助公民解决公共问题。一位著名的公共新闻记者科尔·坎贝尔（Cole Campbell）将此列为他的首要信念："新闻业是一项解决问题的事业，而不是探求真相的事业。"（1999，p. 14）对于不少公共新闻记者而言，这个想法已经成为一种信条。几乎所有对公共新闻学的总结都会在开篇提到，新闻业的总体目标是改造出一个充满活力、强调参与性的民主社会。正如杰伊·罗森（Jay Rosen）所说，公共新闻的目标是"帮助社群就其问题采取行动，而不仅仅是指出其问题所在"（1999b，p. 22）。公共新闻运动以解决问题为导向，这一态度来自它的哲学根源，即约翰·杜威的实用主义传统（Perry，2003；Rosen，1999a）。此外，这也是公共新闻对公共领域所持立场的自然结果。如果说记者的职责是激发公共对话，那么接下来的问题自然是"目的何在？"答案是，这是为了帮助公众就公共问题采取行动——借用罗森的书名——这是"新闻的使命"①。

在当时,大多数传统记者坚决不认同这一关于新闻业的理论。事实上,到了 21 世纪初,就其想要实现的意图和目标而言,公共新闻已经消亡(参见 Haas,2007;Nip,2008)。然而,或许通过网络化的新闻业,这一新闻传统将得以重现。鉴于新闻业与更为广泛的公共文化之间的呼应关系,从某种意义上讲,其成功与否并不取决于记者。尽管如此,如果网络化的新闻业沿着这条道路继续发展,这不仅将改变新闻业在公共生活中所扮演的角色,还将改变新闻业的宗旨。照此理论,记者将与社群成员共同协作来生产新闻,而公民们将对其共同面对的公共问题采取行动。这将成为一场真正的新闻业革命。

独一无二的革命

那些担心传统新闻业会衰败的人也许是对的。网络化的新闻业可能无法填补传统新闻业衰败之后所留下的全部空隙,而我们也都会因此变得更为不幸一些。在不久的将来,发生这种情况的可能性似乎非常大。越来越多的证据表明,新闻业的衰败会带来政府可信度的下降和公共讨论的劣质化。然而,从长远来看,担忧者可能是错误的。记者们才刚刚开始弄清楚如何运用民众的力量来为公共利益服务,他们的创新充满活力、非常急切。随着时间的推移,说不定有些新闻试验可以证明,民众能履

---

① 杰伊·罗森的著作名为《记者的使命》(What Are Journalists For?),于 2001 年在耶鲁大学出版社出版。——译者注

行至少一部分原本由新闻业承担的民主职能。此外,还有另外一种可能。担忧者们似乎忽视了正在发生的真正变化。民主自身可能也在发生变化——它也许会变得更为分散、更加碎片化、更强调参与性。如果这种情况发生,新闻业可能会发展出一种全新的、担忧者们未曾设想的民主目标。

很显然,对于网络化的新闻业而言,无论哪种情景变为现实,其社会角色都会与过去截然不同。网络化的记者会寻求公众的参与,而不是向公众提供信息。他们会投入到社群事务之中,而这种投入是传统新闻业难以接受的,甚至是明令禁止的。我们不得而知,这场"未完成的革命"——借用布鲁斯·宾伯(Bruce Bimber,2003,p. 22)的说法——是否预示着新闻业与社会将发生更为深远的变化。但无论如何,这一定是一场独一无二的革命。

第七章 结语

从严格意义上来说,新闻业不是在消亡,而是在分解。未来依旧会有记者,他们依旧会在商业化的新闻机构中工作。但是新闻业场域不再具有内聚力和一致性,而记者也不再控制着它的边界。

在地区性日报工作的记者——他们曾经是新闻业的中坚力量——深刻地感受到了这种损失带来的痛苦。这些年来,我看着他们表达了愤慨、沮丧、愤怒和困惑。他们猛烈地抨击报社老板和企业老板,抨击公众、博客、政府,还有他们自己。他们尝试开展越来越大胆的试验,以挽救自己的工作和职业。但他们所做的一切都没有奏效,他们所做的一切也都不会奏效。有些一流的新闻机构将会幸存,甚至蓬勃发展,但余下的那些将会萎缩,还有一些会完全消失。

许多和我交谈过的记者都认识到了这些趋势。在我到访过的每一间新闻编辑室里,他们都在我走之前把我拉到一旁,问我一堆问题。这是我们的错吗?我们本来还可以做些什么?还有,这种情况还要持续多长时间?

或许可以用我对他们的回答来为

这本书画上句号。

前两个问题是相关的。记者们本来的确可以再做些什么，因此他们至少要为现在的处境承担一部分的责任。例如，在20世纪90年代，他们本来可以对新媒介作出更准确的评估。我曾经和一位20世纪90年代在《圣荷西水星报》工作的记者聊天。《水星报》当时正位于数字革命的地理中心，它成了这场革命的最佳信息来源之一，也以此闻名于业界。然而，这位记者朋友却对我说，这家报纸"错过了互联网"。他描述了这样一个场景，有一天在选题会上，有人向大家传阅了一份新闻通稿，上面说报社附近新成立了一家公司。这家公司名叫"Craigslist"。传阅新闻稿的人觉得，这家公司或许会引起报社的关注。毕竟，他提到，它似乎和报纸的分类广告做着类似的事情。会议室里的人都纷纷点头，有人评论了一两句，但接下来他们又回到第二天报纸的准备工作中去了。从此以后，我的记者朋友再也没听到报社的人们提起过"Craigslist"这个词。《水星报》的记者们专注于报道数字革命，却忽略了这场革命对自身的影响。整个新闻界也都是如此。

记者们本来还可以少一些抵触，多一些创新。我把他们当时的反应称作"是的，但是"综合征。我曾经和几十位记者聊起他们职业的未来。聊天途中，不少人都会一次又一次地说出"是的，但是……""是的，我知道必须转向线上，但是咱们先别忽视原本的价值观""是的，我懂了，但是我们不能不做X，Y或者Z""是的，我明白你的意思，但是……"这些"是的，但是……"将记者们的精力带向了错误的方向,它们没有把记者推向未来,而是让他们停留在过去。这样一来,他们便不再花心思讨论新闻的未来。这并不是说,更有成效的讨论就能挽救这个行业,但它们也许能帮助记者更清楚地看到正在发生的变化,并作出更加迅速的反应。

最后,记者们本来还可以是更为明智的风险评估者。这里我想到的是《先驱报》的记者。他们对传统有过巨大的投资,这些投资也值得保护。然而,到了 2008 年,该报开始考虑采取一系列相当激进的措施:缩小报纸的规模,取消美联社的订阅,不再用彩色印刷,以及裁减报社三分之一的人员。到了这个时候,什么都不做的风险似乎要比变革的风险更大了。但是,报社的大多数记者都没有看到天平已经发生了倾斜。他们仍然坚信,未来的道路就是保住报纸、保护他们对于传统实践方法和价值观的投资。他们想当然地作出了错误的评估。如果当时有更多的记者能够明智地评估风险,那他们或许在那时就明白,只有彻底且果断的改变才是理性的选择。

但话说回来,记者们对行业现在的处境并不负有全部的责任。无论他们怎么做,互联网的出现都会让记者越来越少。在信息产业中,现代都市报社这种大型官僚机构本来就受到网络世界的排斥。"向上管理"的做法也并不由记者来负责,要不要承担新债务,要不要对新技术进行战略投资,或者要求更高的利润率,这些都由不得他们做主。而且,并非只有记者认为,各类新型实践——比如写博客、发推特、聚合、策展,还有主持对话——都不算是新闻业。社会各界,特别是记者经常与之打交道的专家和政府官员也都这么认为。新闻业的变化,在一定程度上还取决于其周围社会的变化,尤其是政治方面的变化。

因此,当记者们问我这些问题时,我的回答是:他们本来的确可以做得更多,也因此他们对行业现在的处境负有部分的责任——当然我的语气很委婉。但接下来,我还会告诉他们,其他因素也发挥了作用,而这些是他们无法控制的。

至于新闻转型需要多长的时间,我们可以回顾一下新闻业最近的一次根本性变革。从19世纪80年代开始,党派报刊体系便逐渐被现代化与专业化的商业报刊体系所取代。这个过程大约花了四五十年时间。直到20世纪30年代,现代新闻业才得以形成。而网络化的新闻业至今只有十到十五年的历史。换句话说,它与现代新闻业在1900年左右所处的阶段差不多。在当时,有许多后来被称作现代新闻的实践方法和价值观就已经被发明出来了。它们与其他实践方法和价值观共存,有些是早已存在的,有些是新出现但后来又消失了的。在接下来三十年的时间里,记者们披荆斩棘,挑拣并组合起一套后来被称作现代新闻业的价值观与实践方法。这一切都是不断摸索的结果。创业者遇到了问题,于是尝试各种解决方案;有些成功了,有些没有。另一些创业者复制了那些成功的解决方案,那些失败的则弃之不用。随着时间的推移,能够解决普遍问题的成功方案便被确定下来、编纂成册、形成制度。网络化的新闻业也是如此。创业者正在面临网络化的环境所带来的问题。他们在尝试各种解决方案，其中有些会成功，有些不会。要判断哪些会成功，哪些值得被复制，还需要时间。而要将这些方案编纂成册并形成制度，就得花费更多时间了。

尽管新闻编辑室里遍布悲观和沮丧，但这将是新闻业历史上的一个振奋人心的时刻。对于和我一样感兴趣的观察者而言，我们可以目睹这个时代最伟大的故事之一：一个社会场域的分解以及场域中人们为了将它重新缝合起来的、手忙脚乱的疯狂努力。对于公民而言，这是一个新闻的黄金时代，人们从未拥有过更多的新闻及信息渠道。现在还是一个公民参与并主导公共场域的好时机。而对于有追求的记者而言，这更是难得的机遇，他们可以创造自己的工作。

最后引用一句在新闻教育工作者中很流行的话。我们对学生说，是的，世事艰难，但还有比现在更好的时机去创造未来吗？我写这本书主要就是为了所有学新闻的学生们，希望它能够为他们解释过去、指引将来，鞭策他们施展才能、不断创新。

注　释

导论

［1］除了下文列出的出处之外，本段提到的其他数据来自美国报业协会（www.naa.org）。由卓越新闻项目（Project for Excellence in Journalism）制作的"媒体现状"报告（www.journalism.org）也是了解行业经济趋势的另一个重要资源。关于报纸收入下降到1965年的水平，其出处是雷恩·奇图姆（Ryan Chittum）于《哥伦比亚新闻评论》(*Columbia Journalism Review*)发表的文章《报业广告收入水平与1965年相当》(2009年8月19日)。艾伦·穆特对报纸股价的分析可在以下网址找到：https://newsosaur.blogspot.com/2010/01/hefty-cost-cuts-fueled-surprise-news.html。被买断工龄或解雇的记者数量来自"裁纸"网站：http://newspaperlayoffs.com/。读者可以从下面这个网址找到报业最近的急剧下降趋势的可视化展示：www.mint.com/blog/trends/the-death-of-the-newspaper/?display=wide。

［2］我想要说明的是，当我说"互联网"时，我所指的是既包括组成了互联网"硬件"的线缆、计算机和路由器等基础设施，也包括构成了"万维网"（world wide web）的全部内容与应用程序。

第一章

[1]这些数据可在以下网址找到:www.naa.org/Trends-and-Numbers/Circulation/Newspaper-Circulation-Volume.aspx。

[2]各个代际的读报人数持续下降,这意味着如今报纸读者的平均年龄超过了50岁,而"千禧一代"中只有不到20%的人还有读报的习惯。参见艾伦·穆特的分析:http://newsosaur.blogspot.com/2009/01/how-long-can-print-newspaper-last.html。

[3]兰格维尔德的数据图表可在以下网址找到:www.niemanlab.org/images/Share-of-market-4908.PNG。

[4]显然,这种感觉在企业化报纸的高管当中很常见。2005年我进入第一家报社时发现编辑部的墙上挂着一条横幅,上面写着:"我们对读者兴趣的其中一个深刻理解是,我们对新闻的定义并不总是和读者相同。"

[5]卡罗尔的文章《在美国报业编辑协会沙龙的最后公告》可在以下网址找到:www.poynter.org/archive/2006/last-call-at-the-asne-saloon/;哈里斯在美国报业编辑协会年会的演讲可在以下网址找到:www.poynter.org/archive/2002/jay-harris-speech-to-asne/。

第三章

[1]库尔特·卢因(Kurt Lewin,1951)是第一个将自然科学中的场域理论应用于心理学和社会学研究中的人。皮埃尔·布迪厄(Pierre Bourdieu,1985)则在社会理论中普及了场域的概念,并将其运用于对社会动态的理解。将场域理论应用于新闻业研究参考的是罗德尼·本森(Rodney Benson)和艾瑞克·内维尔(Erik Neveu,2005)的编著。约翰·列维·马丁(John Levi Martin)的文章《什么是场域理论?》(2003)是对社会学中的场域理论的出色总结,其中还谈到了它的自然科学谱系。

[2]计算一下,这意味着大多数人每个月花在《先驱报》新闻网

站上的时间只有十分钟。根据皮尤研究中心卓越新闻项目在2011年发布的《媒体评估报告》，十分钟也是主流报刊的网站用户每月在网站停留的平均时间，参见：http://stateofmedia.org/2010/special-reports-economic-attitudes/nielsen-analysis/。学者们很晚才开始研究在线新闻使用习惯的数据是如何改变报道结构的，关于此主题的研究请参见 Anderson，2010；Boczkowski，2010；Usher，2011。

第四章

[1]佩顿在"新闻峰会"上的报告可在以下网址找到：http://jxpaton.wordpress.com/2010/12/02/presentation-by-john-paton-at-inma-transformation-of-news-summit-in-cambridge-mass/。

[2]当我和《公报》沟通调研事宜时，彼得斯坚持让我在本研究的后续发表中使用他的真实姓名和报纸的真实名称。史蒂夫·巴特瑞——彼得斯聘请的《公报》主编——也要求使用他的真实姓名。我尊重他们的意愿。但是，作为调研协议的一部分，报社其他员工的姓名都已作匿名处理。

[3]对巴特瑞实验的描述，来自对他本人和对彼得斯的个人采访，以及以下的内部备忘录和报告：彼得斯在美国报业协会的报告《媒体×变革》(2009年3月10日)；彼得斯对《公报》员工的报告《公司概况》(2009年5月11日)；彼得斯在GFOC员工会议上的报告(2009年3月2日)；巴特瑞的备忘录《公报未来展望》(2008年8月)；巴特瑞的备忘录《信息内容部》(2008年9月)；巴特瑞的备忘录《C3社区参与项目启动计划》(未标明日期)。

[4]你可能会注意到，信息内容部几乎没有提到传统的硬新闻。在巴特瑞的备忘录中，没有出现以市政厅、州政府、警察局等为主题的超级博客，它们也无法像以婚礼为主题的超级博客那样创收。当我向他指出这一点时，巴特瑞告诉我，这是因为硬新闻本身无法自负盈亏——它从来没有，也永远不会。"没有这类新闻的读者群……

人们对此不感兴趣",这并不是说这类新闻不重要。相反,在巴特瑞看来,公司的其他部门应当为它提供补贴,就像过去一样。

第五章

[1]地区性报纸无法吸引到足够多的读者,原因之一是读者能直接接触到那些为数不多但规模更大的全国性或国际性新闻机构了。在并不太遥远的过去,想要阅读《纽约时报》内容的唯一途径是订阅地方报纸,它们会刊载《纽约时报》的通稿。而现在已经完全不一样了,对全国性新闻和国际新闻感兴趣的读者已不再需要订阅地方报纸。这意味着,大型新闻机构如今在和地区性报纸直接竞争本地的消费者。这一观点的形成,我还要感谢艾伦·德科曼(Alan Deutschman)的帮助。

[2]例如,对这些网站的一项研究发现,大多数营利性地方新闻网站的年收入都不超过10万美元(McLellan, 2011)。

第六章

[1]尽管经常被引用,但这句话的准确出处很难找到。安德森(Anderson, 1983, p. 35)文中的引用可以追溯到爱森斯坦(Eisenstein, 1968, p. 42)的一篇文章。但是,尽管爱森斯坦提到了这个说法,但她并没有认定是黑格尔说的这句话。最近,巴克-莫斯(Buck-Morss, 2000, p. 844)追溯了罗森克兰兹(Rosenkranz, 1977, p. 543)用德文撰写的黑格尔传记。书中对这句话的引用来自黑格尔在1803—1805年之间写在笔记本上的随笔。

[2]关于这类运动的更多信息,感兴趣的读者可以访问"对话与审议联盟"(National Coalition for Dialogue and Deliberation)的网站(ncdd.org),"协商民主联合会"(Deliberative Democracy Consortium)的网站(www.deliberative-democracy.net),以及由哈佛大学的阿肯·冯(Archon Fung)和英属哥伦比亚大学的马克·沃伦(Mark Warren)所共同创建的项目 participedia.net。

参考文献

Abramowitz, A. (2009) *The 2008 Elections*. New York: Longman.

Adserà, A., Boix, C., and Payne, M. (2003) "Are you being served? Political accountability and quality of government," *Journal of Law, Economics,&Organization* 19, pp.445-90.

Alsop, J., and Alsop, S. (1958) *The Reporter's Trade*. New York: Reynal.

American Journalism Review (2009)"AJR's 2009 count of statehouse reporters"(April/May), available at: www.ajr.org/article.asp? id=4722.

Anderson, B. (1983) *Imagined Communities: Reflections on the Origin and Spread of Nationalism*. London: Verso.

Anderson, C. (2006) *The Long Tail: Why the Future of Business is Selling Less of More*. New York: Hyperion.

Anderson, C. (2009) *Free: The Future of a Radical Price*. New York: Hyperion.

Anderson, C. W. (2010) "Breaking journalism down: work, authority, and networking local news, 1997−2009," PhD thesis, Columbia University.

Archer, M. (1996) *Culture and Agency: The Place of Culture in Social Theory*.Cambridge: Cambridge University Press.

Bagby, M. A. (1991)"Transforming newspapers for readers,"*Pre-

sstime (April),pp.18-25.

Baldasty, G. J. (1992) *The Commercialization of News in the Nineteenth Century*. Madison: University of Wisconsin Press.

Bantz, C. R. (1985) "News organizations: conflict as a crafted cultural norm,"*Communication* 8, pp.225-44.

Barabási, A.-L. (2002) *Linked: The New Science of Networks*. Cambridge:Perseus.

Bardoel, J., and Deuze, M. (2001)"Network journalism: converging competences of old and new media professionals," *Australian Journalism Review* 23,pp.91-103.

Beniger, J. (1986) *The Control Revolution: Technological Change and the Origins of the Information Society*. Cambridge, MA: Harvard University Press.

Benkler, Y. (2006) *The Wealth of Networks: How Social Production Transforms Markets and Freedom*. New Haven, CT: Yale University Press.

Bennett, W. L. (1983) *News: The Politics of Illusion*. New York: Longman.

Bennett, W. L., and Entman,R. M. (eds) (2001)*Mediated Politics:Communication in the Future of Democracy*. New York: Cambridge University Press.

Bennett, W. L., and Mannheim, J. B. (2006)"The one-step flow of communication,"*Annals of the American Academy of Political Science* 608,pp.213-32.

Benson,R.(2006)"News media as a 'journalistic field': what Bourdieu adds to new institutionalism, and vice versa," *Political Communication* 23,pp.187-202.

Benson, R., and Neveu, E. (eds)(2005)*Bourdieu and the Journalistic Field*.Cambridge: Polity.

Benson, R., and Powers, M. (2010) *A Crisis of Imagination: International Models for Funding and Protecting Independent Journalism and Public Media* (a Survey of 14 Leading Democracies). Washington, DC: Free Press.

Benton,J.(2011)"Slip and slide: newspaper industry increases production of scary charts," available at: www.niemanlab.org/2011/03/slip-and-slide-newspaper-industry-increases-production-of-scary-charts/.

Bimber, B.(2003) *Information and American Democracy: Technology in the Evolution of Political Power*. Cambridge, MA: MIT Press.

Bimber, B., Flanagin, A. J., and Stohl, C. (2005)"Reconceptualizing collective action in the contemporary media environment," *Communication Theory* 15, pp.365-88.

Bird, E. (1992) *For Enquiring Minds: A Cultural Study of Supermarket Tabloids*. Knoxville: University of Tennessee Press.

Boczkowski, P. (2004) *Digitizing the News: Innovation in Online Newspapers*.Cambridge, MA: MIT Press.

Boczkowski, P. (2010) *News at Work: Imitation in an Age of Information Abundance*. Chicago: University of Chicago Press.

Bogart, L. (1991)*Preserving the Press: How Daily Newspapers Mobilized to Keep their Readers*. New York: Columbia University Press.

Botein, S. (1975)"Meer Mechanics" and the open press: the business and political strategies of colonial American printers, *Perspectives in American History* 9, pp.251-67.

Boulianne, S. (2009)"Does Internet use affect engagement? A meta-analysis of research," *Political Communication* 26, pp.193-211.

Bourdieu, P. (1971)"Intellectual field and creative project," in M. K. D. Young (ed.) *Knowledge and Control: New Directions for the Sociology of Education*. London: Collier Macmillan, pp. 161-88.

Bourdieu, P. (1985) "The genesis of concepts of habitus and of field,"*Sociocriticism* 2, pp.11-24.

Bourdieu, P. (2005) "The political field, the social science field, and field of journalism," in R. Benson and E. Neveu (eds) *Bourdieu and the Journalistic Field*. Cambridge: Polity, pp.29-47.

Bourdieu, P., Wacquant, L., and Farage, S.(1994)"Rethinking the state: genesis and structure of the bureaucraticfield," *Sociological Theory* 12, pp.1-18.

Boyer, D., and Hannerz, U.(2006)"Introduction: worlds of journalism,"*Ethnography* 7, pp.5-17.

Breed, W. (1955)"Social control in the newsroom: a functional analysis,"*Social Forces* 33, pp.326-35.

Briand, M.(1999)*Practical Politics: Five Principles for a Community that Works*. Urbana: University of Illinois Press.

Brundidge, J., and Rice, R. E.(2009)"Political engagement online: do the information rich get richer and the like-minded more similar?"in A.Chadwick and P. N. Howard (eds) *Routledge Handbook of Internet Politics*.New York: Routledge, pp.145-56.

Brunetti A., and Weder, B. (2003)"A free press is bad news for corruption,"*Journal of Public Economics* 87, pp.1801-24.

Buchanan, M. (2002) *Nexus: Small Worlds and the Groundbreaking Science of Networks*. New York: W.W. Norton.

Buck-Morss, S. (2000) "Hegel and Haiti," *Critical Inquiry* 26, pp.821-65.

Caggiano, J. (2011) "Online media guide — Washington State,"

Washington News Council, available at: http://wanewscouncil. org/omgwashington/.

Campbell, C. (1999) "Foreword: journalism as a democratic art," in T. Glasser (ed.) *The Idea of Public Journalism*. New York: Guilford Press, pp. xiii-xxx.

Carey, J. W. (1987) "The press and public discourse," *Center Magazine* 20, pp. 4-32.

Carey, J. W. (1989) *Communication as Culture: Essays on Media and Society*. Winchester, MA: Unwin Hyman.

Carr, D. (2007) "All the world's a story," *New York Times* (March 19), available at: www.nytimes.com/2007/03/19/business/media/19carr.html? scp=1&sq=&st=nyt.

Castells, M. (2010) *The Rise of the Networked Society*. 2nd edn, Malden, MA: Wiley-Blackwell.

Chadwick, A. (2012) "Recent shifts in the relationship between the Internet and democratic engagement in Britain and the United States: granularity, informational exuberance, and political learning," in E. Anduiza, M. J. Jensen, and L. Jorba (eds) *Digital Media and Political Engagement Worldwide: A Comparative Study*. Cambridge: Cambridge University Press.

Chaney, D. (1993) *Fictions of Collective Life: Public Drama in Late Modern Culture*. London: Routledge.

Charity, A. (1995) *Doing Public Journalism*. New York: Guilford Press.

Christensen, C. (1997) *The Innovator's Dilemma: When New Technologies Cause Great Firms to Fail*. Cambridge, MA: Harvard Business School.

Chung, D. (2007) "Profits and perils: online news producers' perceptions of interactivity and uses of interactive features," *Convergence: *The International Journal of Research into New Media Technologies* 13, pp. 43-61.

Columbia Journalism Review (1991) "Doing the Boca: an interim report from a reinvented newspaper" (May/June), p.15.

Compaine, B. M., and Gomery, D. (2000) *Who Owns the Media? Competition and Concentration in the Mass Media Industry*. 3rd edn, Mahwah, NJ: Lawrence Erlbaum.

Cook, T. E. (1989) *Making Laws and Making News: Media Strategies in the U.S. House of Representatives*. Washington, DC: Brookings Institution.

Cook, T.E. (1998) *Governing with the News: The News Media as a Political Institution*. Chicago: University of Chicago Press.

Cottle, S. (2009) "New(s) times: towards a 'second wave' of news ethnography," in A. Hansen (ed.) *Mass Communication Research Methods*. London: Sage, pp.366-86.

Cranberg, G., Bezanson, R., and Soloski, J. (2001) *Taking Stock: Journalism and the Publicly Traded Newspaper Company*. Ames: Iowa State University Press.

D'Andrade, R. G. (1984) "Cultural meaning systems," in R. Shweder and R. LeVine (eds) *Culture Theory: Essays on Mind, Self, and Emotion*. Cambridge: Cambridge University Press, pp.88-119.

Delanty, G. (2003) *Community*. London: Routledge.

Delli Carpini, M. X., and Keeter, S. (1996) *What Americans Know about Politics and Why it Matters*. New Haven, CT: Yale University Press.

Dewey, J. (1927) *The Public and its Problems*. New York: Henry Holt.

Doctor, K. (2010) "The newsonomics of the fading 80/20 rule," available at: www. niemanlab. org/2010/08/the-newsonomics-of-the-fading-8020-rule/? utm_source = feedburner&utm_medium = feed&utm_campaign = Feed3A + NiemanJournalismLab + 28Nieman+Journalism+Lab29.

Doctor, K. (2011) "The newsonomics of oblivion," available at: www.niemanlab.org/2011/03/the-newsonomics-of-oblivion/.

Domingo, D. (2008) "Interactivity in the daily routines of online newsrooms: dealing with an uncomfortable myth," *Journal of Computer-Mediated Communication* 13, pp.670-704.

Domingo, D., Quandt, T., Heinonen, A., Paulussen, S., Singer, J. B., and Vujnovic, M. (2008) "Participatory journalism practices in the media and beyond," *Journalism Practice* 2, pp, 326-42, available at: http://jclass. umd. edu/classes/jour698m/domingo.pdf.

Dorroh, J. (2009) "Statehouse exodus," American Journalism Review (April/May), available at: www. ajr. org/article. asp? id = 4721.

Downie L., Jr., and Schudson, M. (2009) "The reconstruction of American journalism," *Columbia Journalism Review* (October 19), available at: www. cjr. org/reconstruction/the _ reconstruction_of_american.php? page=all.

Downie, L., Jr., and Kaiser, R. G. (2002) *The News about the News: American Journalism in Peril*. New York: A. A. Knopf.

Durkin, J., Glaisyer, T., and Hadge, K. (2010) "Aninformation community case study: Seattle, a digital community in transition," *New America Foundation* (June), available at: http://mediapolicy. newamerica. net/.../An _ Information _ Community _ Case_Study_Seattle_Version1point1.pdf.

The Economist (2010) "Emperors and beggars: can technology help make online content pay?"(April 29), available at: www.economist.com/node/16010291.

Edelman, M. J. (1988) *Constructing the Political Spectacle*. Chicago: University of Chicago Press.

Edmonds, R. (2010) "Newspapers: news investment," in Pew Research Centre Project for Excellence in Journalism, *The State of the News Media 2010*, available at: http://stateofthemedia.org/2010/newspapers-summary-essay/news-investment/.

Eisenstein, E. (1968) "Some conjectures about the impact of printing on Western society and thought: a preliminary report," *Journal of Modern History* 40, pp. 1-56.

Eliasoph, N. (1988) "Routines and the making of oppositional news,"*Critical Studies in Mass Communication* 5, pp.313-34.

Emirbayer, M.(1997)"Manifesto for a relational sociology," *American Journal of Sociology* 103,pp.281-317.

Emirbayer, M., and Mische, A. (1998)"What is agency?" *American Journal of Sociology* 103,pp.962-1023.

Enda, J. (2010) "Capital flight," *American Journalism Review* (June/July), available at: www.ajr.org/article.asp? id=4877.

Enda, J. (2011) "Retreating from the world," *American Journalism Review* (December/January), available at: www.ajr.org/article.asp? id=4985.

Entman, R. (1989) *Democracy without Citizens: Media and the Decay of American Politics*. New York: Oxford University Press.

Epstein, E. J. (1973) *News from Nowhere: Television and the News*. New York:Random House.

Fallows, J. (1996) *Breaking the News: How the Media Undermine American Democracy*. New York: Pantheon.

Fancher, M. R. (2011)"Seattle: a new media case study,"in Pew Research Center Project for Excellence in Journalism, *The State of the News Media 2011*, available at: http://stateofthemedia. org/2011/mobile-survey/seattle-a-new-media-case-study/.

Ferguson, N. (2002) *Nexus: Small Worlds and the Groundbreaking Science of Networks*. New York: W.W. Norton.

Fishman, M.(1980) *Manufacturing the News*. Austin: University of Texas Press.

Folkenflik, D. (2009)"In rush to reinvent, media rivals become classmates,"*National Public Radio* (August 10), available at: www.npr.org/templates/story/story.php? storyId=111724595.

Fourcher, M. (2010)" AOL " sPatch revenue model makes no sense,"*Business Insider.com* (May 21), available at: www.businessinsider.com/aols-patch-revenue-model-makes-no-sense-2010-5.

Friedland, L., and Nichols, S. (2002) *Measuring Civic Journalism's Progress: A Report across a Decade of Activity*. Washington DC: Pew Center for Civic Journalism, available at: www. pewcenter.org/doingcj/research/measuringcj.pdf.

Friedland, L. A., Long, C.C., Shin, Y. J., and Kim, N. (2007) "The local public sphere as a networked space," in R. Butsch (ed.) *Media and Public Spheres*. Basingstoke; Palgrave Macmillan, pp. 43-57.

Fung, A. (2004)*Empowered Participation: Reinventing Urban Democracy*.Princeton, NJ: Princeton University Press.

Galbi, D. A.(2001)"Some economics of personal activity and implications for the digital economy," available at: www.galbithink. org/activity.htm#_ftnref25.

Gans, H. (1979) *Deciding What's News: A Study of CBS Evening News, NBC Nightly News, Newsweek, and Time*. New

York: Pantheon Books.

Gastil, J., and Levine, P. (eds) (2005) *The Deliberative Democracy Handbook: Strategies for Effective Civic Engagement in the Twenty-First Century*. San Francisco: Jossey-Bass.

Geertz, C. (1973)"Religion as a cultural system," in Geertz, *The Interpretation of Cultures: Selected Essays*. New York: Basic Books, pp.87-125.

Giddens, A. (1979) *Central Problems in Social Theory: Action, Structure, and Contradiction in Social Analysis*. Berkeley: University of California Press.

Giddens, A. (1991) *Modernity and Self-Identity: Self and Society in the Late Modern Age*. Stanford, CA: Stanford University Press.

Gissler, S. (1997)"What happens when Gannett takes over,"*Columbia Journalism Review* (November/December), p.42.

Glasser, T. (ed.) (1999) *The Idea of Public Journalism*. New York: Guilford Press.

Gluckstadt, M. (2009)"Can anyone tap the $100 billion potential of hyper-local news?"*Fast Company* (September 1), available at: www.fastcompany.com/magazine/138/get-me-rewrite-hyperlocals-lost.html.

Gordon, R. and Johnson, Z.(2011) *Linking Audiences to News: A Network Analysis of Chicago Websites*, Chicago Community Trust, available at: www.cct.org/sites/cct.org/files/CNM_LinkingAudiences_0611.pdf.

Guillory, F. (2009) "Weaker media, weaker health news reporting," *North Carolina Medical Journal* 360, available at: www.ncmedicaljournal.com/wp-content/uploads/NCMJ/Jul-Aug-09/Guillory.pdf.

Haas, T. (2007) *The Pursuit of Public Journalism: Theory, Practice and Criticism*. London: Routledge.

Hallin, D. (1994) "The passing of the 'high modernism' of American journalism," in Hallin *"We Keep America on Top of the World": Television Journalism and the Public Sphere*. New York: Routledge, pp.170-80.

Hallin, D., and Mancini, P. (2004) *Comparing Media Systems: Three Models of Media and Politics*. Cambridge: Cambridge University Press.

Hamilton, J. T. (2004) *All the News that's Fit to Sell: How the Market Transforms Information into News*. Princeton, NJ: Princeton University Press.

Hamilton, J. T. (2009) "Subsidizing the watchdog: what would it cost to support investigative journalism at a large metropolitan daily newspaper?" Duke Conference on Non-Profit Media, May 4-5, available at: http://sanford.duke.edu/nonprofitmedia/documents/dwchamiltonfinal.pdf.

Harp, D. (2007) *Desperately Seeking Women Readers: U.S. Newspapers and the Construction of a Female Readership*. Lanham, MD: Lexington Books.

Hermida, A., and Thurman, N. (2008) "A clash of cultures," *Journalism Practice* 2, pp. 343-56.

Hiar, C. (2010) "Writers explain what it's like toiling on the content farm," MediaShift (July 21), available at: www.pbs.org/mediashift/2010/07/writers-explain-what-its-like-toiling-on-the-content-farm202.html.

Hindman, M. (2011) "Less of the same: the lack of local news on the Internet," unpublished manuscript, School of Media and Public Affairs, George Washington University.

Hoftstadter, R. (1963) *The Progressive Movement*, *1900-1915*. Englewoods Cliffs, NJ: Prentice-Hall.

Howe, J. (2007)"Did Assignment Zero fail? A look back, and lessons learned," *Wired Magazine* (July 16), available at: www.wired.com/techbiz/media/news/2007/07/assignment_zero_final.

Howe, J.(2009)*Crowdsourcing*: *Why the Power of the Crowd is Driving the Future of Business*. New York: Random House.

Hughes, H.M.(1940) *News and the Human Interest Story*. Chicago: University of Chicago Press.

Humphrey,C. S. (1996) *The Press of the Young Republic*, *1783-1833*.Westport, CT: Greenwood Press.

Irwin, W. [(1911)1969] *The American Newspaper*. Ames: Iowa State University Press.

Isenberg,D. J. (1986)"Group polarization: a critical review and meta analysis," *Journal of Personality and Social Psychology* 50, pp.1141-51.

Iyengar, S. (1991) *Is Anyone Responsible?*: *How Television Frames Political Issues*. Chicago: University of Chicago Press.

Jacobs, R. (1996)"Producing the news, producing the crisis: narrativity,television and news work," *Media*, *Culture Society* 18, pp.373-97.

Joas, H.(1993)*Pragmatism and Social Theory*. Chicago: University of Chicago Press.

Johnstone, J. W. C. (1976)"Organizational constraints on newswork,"*Journalism Quarterly* 53, pp. 5-13.

Jones, A. (1989)"Issue for editors' meeting: news vs. profits," *New York Times* (April 12), p. 24.

Jones, A. (2009) *Losing the News*: *The Future of the News that Feeds Democracy*.New York: Oxford University Press.

Kaiser Family Foundation. (2010) "Generation M2: media in the lives of 8- to 18-year-olds," available at: www.kff.org/entmedia/8010.cfm.

Kaniss, P. (1991) *Making Local News*. Chicago: University of Chicago Press.

Kaplan, R. (2002) *Politics and the American Press: The Rise of Objectivity, 1865-1920*. Cambridge: Cambridge University Press.

Katz, E., and Dayan, D. (1992) *Media Events: The Live Broadcasting of History*. Cambridge, MA: Harvard University Press.

Katz, E., and Lazarsfeld, P. (1955) *Personal Influence: The Part Played by People in the Flow of Mass Communications*. Glencoe, IL: Free Press.

Kodrich, K. (1998) "How reporters react to Knight-Ridder's 25/43 project," *Newspaper Research Journal* 19, pp.77-94.

Kovach, B., and Rosenstiel, T. (2001) *The Elements of Journalism: What Newspeople Should Know and the Public Should Expect*. New York: Crown.

Kwitny, J. (1990) "The high cost of high profits," *Washington Journalism Review* (June), pp.19-29.

Lanham, R. A. (2006) *The Economics of Attention: Style and Substance in the Age of Information*. Chicago: University of Chicago Press.

Leighninger, M. (2006) *The Next Form of Democracy: How Expert Rule is Giving Way to Shared Governance - and Why Politics Will Never Be the Same*. Nashville: Vanderbilt University Press.

Lewin, K. (1951) *Field Theory in Social Science*, ed. D. Cartwright. New York: Harper & Brothers.

Liebes, T., and Curran, J. (eds) (1998) *Media, Ritual, and I-*

dentity. New York: Routledge.

Lippmann, W. (1920) *Liberty and the News*. New York: Harcourt, Brace, & Howe.

Lippmann, W. (1922) *Public Opinion*. New York: Macmillan.

Lippmann, W. (1925) *The Phantom Public*. New York: Harcourt, Brace.

Lipset S., and Schneider, W. (1987) *The Confidence Gap*. 2nd edn, Baltimore: Johns Hopkins University Press.

Livingstone, S., and Markham, T. (2008) "The contribution of media consumption to civic participation," *British Journal of Sociology* 59, pp.351-71.

Lowrey, W. (2011) "Institutionalism, news organizations and innovation," *Journalism Studies* 11, pp.64-79.

Maier, S. R. (2005) "Accuracy matters: a cross-market assessment of newspaper error and credibility," *Journalism and Mass Communication Quarterly* 82, pp.533-51.

Martin, J. L. (2003) "What is field theory?" *American Journal of Sociology* 109, pp.1-149.

McCombs, M. (2004) *Setting the Agenda: The Mass Media and Public Opinion*. Cambridge: Polity.

McGerr, M. (1986) *The Decline of Popular Politics: The American North, 1865-1928*. New York: Oxford University Press.

McLellan, M. (2011) "Emerging economics of community news," Pew Research Center Project for Excellence in Journalism, *The State of the News Media 2011*, available at: http://stateofthemedia.org/2011/mobile-survey/economics-of-community-news/.

Meaney, T. (2010) "Why demand media is just like KFC," available at: http://blog.arc90.com/2010/04/19/why-demand-media-is-just-like-kfc/.

Meyer, P. (2004) *The Vanishing Newspaper: Saving Journalism in the Information Age*. Columbia: University of Missouri Press.

Mindich, D. T. Z. (1998) *Just the Facts: How "Objectivity" Came to Define American Journalism*. New York: New York University Press.

Mindich, D. T. Z. (2004) *Tuned Out: Why Americans under 40 Don't Follow the News*. New York: Oxford University Press.

Morgan, F., and Perez, A. (2010) "An information community case study: the research triangle, North Carolina," New America Foundation, available at: http://mediapolicy.newamerica.net/publications/policy/the_research_triangle_north_carolina.

Mortenson, E. (2011) "As Portland media shrink, Metro joins a national trend by hiring a reporter to cover itself," *The Oregonian* (January 17), available at: www.oregonlive.com/environment/index.ssf/2011/01/as_portland_media_shrink_metro.html.

Morton, J. (2006) "Buying and selling newspapers," in J. A. Bridges, B. R. Litman, and L. W. Bridges (eds) *Newspaper Competition in the Millennium*. New York: Nova Science, pp. 49-60.

Mutter, A. D. (2010) "Newspaper ad sales head to 25-year low," *Reflections of a Newsosaur* (September 7), available at: http://newsosaur.blogspot.com/2010/09/newspaper-ad-sales-head-to-25-year-low.html.

Mutter, A. D. (2011) "Hyperlocals like TBD: more hype than hope," *Reflections of a Newsosaur* (February 24), available at: http://newsosaur.blogspot.com/2011/02/hyperlocals-like-tbd-more-hype-than.html.

Neuman, W. R. (1986) *The Paradox of Mass Politics: Knowl-

edge and Opinion in the American Electorate. Cambridge, MA: Harvard University Press.

Niles, R. (2010)"Why I am skeptical of Patch.com," *Online Journalism Review* (August 27), available at: www.ojr.org/ojr/people/robert/201008/1880/.

Nip, J. (2008)"The last days of civic journalism: the case of the Savannah Morning News,"*Journalism Practice* 2, pp.179-86.

Noveck, B. S. (2009) *Wikigovernment: How Technology Can Make Government Better, Democracy Stronger, and Citizens More Powerful*. Washington, DC: Brookings Institution.

Nye, J. (1997)"The decline of confidence in government," in J. Nye, P. D. Zelikow, and D. C. King (eds) *Why People Don't Trust Government*. Cambridge, MA: Harvard University Press, pp. 1-18.

The Oregonian (2009)"The demise of the *Seattle Post-Intelligencer*"(March 17).

O'Sullivan, J., and Heinonen, A. (2008)"Old values, new media: journalism role perceptions in a changing world," *Journalism Practice* 2, pp.357-71.

Ostrow, A. (2010) "Social networking dominates our time spent online"(August 12), available at: http://mashable.com/2010/08/02/stats-time-spent-online/.

Overholser, G. (1998)"State of the American newspaper, editor inc.,"*American Journalism Review* (December), available at: www.ajr.org/article.asp? id=3290.

Page, B. I., and Shapiro, R. Y. (1992) *The Rational Public: Fifty Years of Trends in Americans' Policy Preferences*. Chicago: University of Chicago Press.

Palser, B. (2010)"The hazards of hyperlocal," *American Journal-*

ism Review (September), available at: www.ajr.org/article.asp? id=4902.

Pariser, E. (2011) *The Filter Bubble: What the Internet is Hiding from You*.New York: Penguin.

Pasley, J. (2001)" *The Tyranny of Printers* ": *Newspaper Politics in the Early American Republic*. Charlottesville: University Press of Virginia.

Paterno, S. (1996) " Whither Knight-Ridder?" *American Journalism Review* (January/February), available at: www.ajr.org/article_printable.asp? id=3595.

Patterson, T. (2000) *Doing Well and Doing Good: How Soft News and Critical Journalism are Shrinking the News Audience and Weakening Democracy—and What News Outlets Can Do about It*. Faculty Research Working Paper RWP01-001, John F. Kennedy School of Government. Cambridge, MA.

Patterson, T. (2003) *The Vanishing Voter: Public Involvement in an Age of Uncertainty*. New York: Vintage Books.

Patterson, T.(2007) *Creative Destruction: An Exploratory Look at News on the Internet*. Cambridge, MA: Joan Shorenstein Center on the Press, Politics and Public Policy, available at: www. hks. harvard. edu/presspol/research/carnegie-knight/creative_destruction_2007.pdf.

Pedelty, M. (1995) *War Stories: The Culture of Foreign Correspondents*. New York: Routledge.

Perry, D. K. (2003) *The Roots of Civic Journalism: Darwin, Dewey, and Mead*.Lanham, MD: University Press of America.

Pew Research Center's Project for Excellence in Journalism (2009a)"The new Washington press corps: as mainstream media decline, niche and foreign outlets grow," available at: www.

journalism.org/analysis_report/new_washington_press_corps.

Pew Research Center's Project for Excellence in Journalism (2009b) *State of the Media 2009*, available at: http://stateofthemedia.org/2009/.

Pew Research Center's Project for Excellence in Journalism (2010a) *State of the Media 2010*, available at: http://stateofthemedia.org/2010/.

Pew Research Center's Project for Excellence in Journalism (2010b)"How news happens: a study of the news ecosystem of one American city,"available at: www.journalism.org/analysis_report/how_news_happens.

Picard, R.(2002) *Evolution of Revenue Streams and the Business Model of Newspapers: The U.S. Industry between the Years 1950-2000*, School of Economics and Business Administration, SeriesCDiscussion Paper,Tufts University.

Picard,R. (2008)"Shifts in newspaper advertising expenditures and their implications for the future of newspapers," *Journalism Studies* 9,pp.704-16.

Pierson, P.(2000)"Increasing returns, path dependence, and the study of politics," *American Political Science Review*, 94, pp. 251-67.

Presstime (1991)"Gannett's News 2000 project builds on community ties"(July), p.50.

Preston, P. (2008) "The curse of introversion," *Journalism Practice* 2,pp.318-25.

Putnam, R., and Feldstein, L. (2003) *Better Together: Restoring the American Community*. New York: Simon & Schuster.

Quandt, T. (2008)"(No) news on the world wide web? A comparative content analysis of online news in Europe and the United

States," *Journalism Studies* 9, pp.717-38.

Rainey, J.(2010)"On the media: trying to Patch into the hyperlocal news market," *Los Angeles Times* (April 24), available at: http://articles.latimes.com/2010/apr/24/entertainment/la-et-onthemedia-20100424.

Rauch, J.(2010)"How Tea Party organizes without leaders," *National Journal Magazine* (September 11), available at: http://conventions.nation-aljournal.com/njmagazine/cs _ 20100911 _ 8855.php.

Redman, E.(2010)"US: time spent on top news websites falls," available at: www.editorsweblog.org/multimedia/2010/02/us _ time_spent_on_top_news_websites_falls.php.

Reston, J. (1991) *Deadline: A Memoir*. New York: Random House.

Roberts, G., and Kunkel, T. (2002) *Breach of Faith: A Crisis of Coverage in the Age of Corporate Newspapering*. Fayetteville: University of Arkansas Press.

Robinson, S. (2011) "Convergence crises: news work and news space in the digitally transforming newsroom," *Journal of Communication* 61, pp.1122-41.

Rosen, J. (1999a) *What Are Journalists For*? New Haven, CT: Yale University Press.

Rosen, J. (1999b) "The action of the idea: public journalism in built form,"in T. Glasser (ed.) *The Idea of Public Journalism*. New York: Guilford Press, pp.21-48.

Rosen, J.(2009)"Sources of subsidy in the production of news: a list," available at: http://jayrosen.tumblr.com/post/243813457/sources-of-subsidy-in-the-production-of-news-a-list.

Rosenkranz, K. (1977) *Georg Wilhelm Friedrich Hegels Leben*.

Darmstadt: Wissenschaftliche Buchgesesellschaft.

Rosse, J. (1975) *Economic Limits of Press Responsibility*. Studies in Industry Economics, no. 56, Stanford University, Department of Economics.

Roth, D. (2009) "The answer factory: demand media and the fast, disposable, and profitable as hell media model," *Wired Magazine* (October 19), available at: www. wired. com/magazine/2009/10/ff_demandmedia.

Schiller, D. (1981) *Objectivity and the News: The Public and the Rise of Commercial Journalism*. Philadelphia: Temple University Press.

Schlesinger, P. (1978) *Putting Reality Together: BBC News*. Beverly Hills, CA: Sage.

Schnettler, S. (2009) "Astructured overview of 50 years of small-world research," *Social Networks* 31, pp.165-78.

Schudson, M. (1978) *Discovering the News: A Social History of American Newspapers*. New York: Basic Books.

Schudson, M. (1995a) "Question authority: a history of the news interview," in Schudson, *The Power of News*. Cambridge, MA: Harvard University Press, pp. 72-93.

Schudson, M. (1995b) "What is a reporter?," in Schudson, *The Power of News*. Cambridge, MA: Harvard University Press, pp.94-112.

Schudson, M. (1998) *The Good Citizen: A History of American Civic Life*. New York: Martin Kessler Books.

Schudson, M. (1999) "What public journalism knows about journalism but doesn't know about the public," in T. Glasser (ed.) *The Idea of Public Journalism*. New York: Guilford Press, pp.118-34.

Schudson, M. (2001) "The objectivity norm in American journalism," *Journalism* 2, pp.149-70.

Schudson, M. (2010) "Political observatories, databases & news in the emerging ecology of public information," *Daedalus* 139, pp. 100-9.

Schulfhofer-Whol, S., and Garrido, M. (2009) *Do Newspapers Matter? Short-Run and Long-Run Evidence from the Closure of the Cincinnati Post*, NBER working paper no. 14817, available at: www.nber.org/papers/w14817.pdf.

Schwitzer, G. (2009) *The State of Health Journalism in the U.S.* Menlo Park, CA: Kaiser Family Foundation, available at: www.kff.org/entmedia/upload/7858.pdf.

Searle, J. (1969) *Speech Acts: An Essay in the Philosophy of Language*. Cambridge Cambridge University Press.

Sewell, W. (1992) "A theory of structure: duality, agency, and transformation," *American Journal of Sociology* 98, pp. 1-29.

Shah, D. V., McLeod, D. M., Freidland, L., and Nelson, M. R. (2007) "The politics of consumption/the consumption of politics," *Annals of the American Academy of Political and Social Science* 611, pp. 6-15.

Sharples, T. (2009) "After the P-P's demise, will Seattle news live?" *Time Magazine* (March 17), available at: www.time.com/time/nation/article/0,8599,1885819,00.html.

Shaw, D. (1976) "Newspapers challenged as never before," *Los Angeles Times* (November 26), p. A1.

Shirky, C. (2008) *Here Comes Everybody: The Power of Organizing without Organizations*. New York: Penguin.

Shirky, C. (2009) "Newspapers and thinking the unthinkable," available at: www.shirky.com/weblog/2009/03/newspapers-andthinking-the-unthinkable/.

Sigal, L. (1973) *Reporters and Officials: The Organization and Politics of Newsmaking*. Lexington, MA: D.C.Heath.

Sigelman, L. (1973)"Reporting the news: an organizational analysis,"*American Journal of Sociology* 79,pp.132-51.

Simon, D. (2009) "In Baltimore, no one left to press the police," *Washington Post* (March 1), available at: www. washingtonpost. com/wp-dyn/content/article/2009/02/27/AR2009022703591.html.

Singer, J. (2004) " More than ink-stained wretches: the resocialization of print journalists in converged newsrooms," *Journalism and Mass Communication Quarterly* 81, pp. 838-56.

Sirianni, C., and Friedland, L. (2001) *Civic Innovation in America: Community Empowerment, Public Policy, and the Movement for Civic Renewal*. Berkeley: University of California Press.

Sloan, W. D., and Williams, J. H. (1994) *The History of American Journalism: The Early American Press, 1690-1783*.Westport, CT:Greenwood Press.

Smith, A. (1980) *Goodbye Gutenberg: The Newspaper Revolution of the 1980s*.New York: Oxford University Press.

Smith, C. (1977) *The Press, Politics, and Patronage*. Athens: University of Georgia Press.

Smolkin, R. (2006)"Adapt or die," *American Journalism Review* (June/July),available at: www.ajr.org/article.asp? id=4111.

Sparrow, B. (1999) *Uncertain Guardians: The News Media as a Political Institution*. Baltimore: Johns Hopkins University Press.

Squires, J. (1993) *Read All About It! The Corporate Takeover of America's Newspapers*. New York: Times Books.

Stelter, B. (2009)"When Chevron hires ex-reporter to investigate pollution, Chevron looks good," *New York Times* (May 10), available at: www.nytimes.com/2009/05/11/business/media/11cbs.html.

Stepp, C.S.(1991)"When readers design the news," *Washington Journalism Review* (April), pp.20-4.

Stepp, C.S. (2002)"Then and now,"in G. Roberts and T. Kunkel (eds) *Breach of Faith: A Crisis of Coverage in the Age of Corporate Newspapering*. Fayetteville: University of Arkansas Press, pp.89-116.

Sunstein, C.(2007) *Republic.com 2.0*. Princeton, NJ: Princeton University Press.

Swidler, A. (2006)"What anchors cultural practices?," in T.R. Schatzki, K. Knorr-Cetina, and E. von Savigny (eds) *The Practice Turn in Contemporary Theory*. London: Routledge, pp. 83-102.

Tapscott, D., and Williams, A. D. (2006)*Wikinomics: How Mass Collaboration Changes Everything*. New York: Portfolio.

Temple, J. (2011)"Week 49: Hawaii governor holds fake press conference," Honolulu Civil Beat (April 9), available at: www.civilbeat.com/articles/2011/04/09/10214-week-49-hawaii-governor-holds-fake-press-conference/.

Tocqueville, A. de [(1831-40)1969] *Democracy in America*, ed. J.P. Mayer,trans. G. Lawrence. Garden City, NY: Doubleday.

Tönnies, F.(1957)*Community and Society*, trans. C. P. Loomis. East Lansing: Michigan State University Press.

Toossi, M. (2002)"A century of change: the US labor force,

1950-2050," *Monthly Labor Review* (May), pp. 15-28, availableat: www.bls.gov/opub/mlr/2002/05/art2full.pdf.

Trillin C. (2003)"Newshound: the triumphs, travels, and movable feasts of R.W. Apple, Jr.," *New Yorker* (September 29),available at: www. newyorker. com/archive/2003/09/29/030929fa_fact1.

Trounstine, J. (n.d.)"Incumbency and responsiveness in local elections,"available at: faculty.ucmerced.edu/jtrounstine/low_info_draft4.pdf.

Tuchman,G.(1972)"Objectivity as strategic ritual: an examination of newsmen's notions of objectivity," *American Journal of Sociology* 77,pp.660-79.

Tuchman, G. (1978) *Making News: A Study in the Construction of Reality*.New York: Free Press.

Underwood, D. (1993)"The very model of the reader-driven newsroom?," *Columbia Journalism Review* (November/December), pp.42-4.

Usher, N. (2011)"Making business news in the digital age,"PhD thesis,University of Southern California.

van der Wurff, R. (2005)"Impacts of the Internet on newspapers in Europe," *Gazette: The International Journal for Communication Studies* 67,pp.107-20.

Waldman, S. (2011) *The Information Needs of Communities: The Changing Media Landscape in a Broadband Age*. Washington,DC: Federal Communications Commission, available at: www.fcc.gov/infoneeds report.

Weaver, D., and Wilhoit, G. C. (1986) *The American Journalist: A Portrait of U.S. News People and their Work*. 2nd edn, Indianapolis: Indiana University Press.

Weaver, D., and Wilhoit, G. C. (1996) *The American Journalist in the 1990s：U.S. News People at the End of an Era*. Mahwah, NJ：Lawrence Erlbaum Associates.

Wenger, E. (1998) *Communities of Practice：Learning, Meaning, and Identity*. New York：Cambridge University Press.

White, D. M. (1964) "The 'gatekeeper'：a case study in the selection of news," in L. A. Dexter and D. M. White (eds) *People, Society and Mass Communications*. New York：Free Press, pp.160-72.

Wiley, N. (1994) *The Semiotic Self*. Chicago：University of Chicago Press.

Williams, R. (1976) *Keywords：A Vocabulary of Culture and Society*. New York：Oxford University Press.

Yankelovich, D. (1991) *Coming to Public Fudgment：Making Democracy Work in a Complex World*. Syracuse, NY：Syracuse University Press.

Zaller, J. (1992) *The Nature and Origins of Mass Opinion*. New York：Cambridge University Press.

Zuckerman, E. (2009) "Clay Shirky and accountability journalism,"available at：www.ethanzuckerman.com/blog/2009/09/22/clay-shirky-and-accountability-journalism/.

索引

American Society of Newspaper Editors 美国报业编辑协会，53-66
Apple, Inc. 苹果公司，156-7
Apple, R. W. 雷蒙德·沃尔特·阿普尔，84-5，94
Assignment Zero 零号任务，165-6
Atlanta Journal-Constitution《亚特兰大宪章报》，50

Baltimore Sun《巴尔的摩太阳报》，175-6
Bantz, C. 查尔斯·班茨，16
Batten, J. 詹姆士·巴滕，54
Bell, California 加利福尼亚州贝尔市，177
Beniger, J. 詹姆斯·贝尼格，18
Benkler, Y. 尤查·本科勒，6-7，146，149
Bennett, J. G. 詹姆士·戈登·班尼特，11，66
Bennett, W. L. W. 兰斯·班尼特，171，180
Bimber, B. 布鲁斯·宾伯，151，194
Bird, E. 伊丽莎白·伯德，127-8，153
Boczkowski, P. 帕布洛·波茨考夫斯基，3
Bogart, L. 里奥·博加特，31-3
Bourdieu, P. 皮埃尔·布迪厄，141，146
Breed, W. 沃伦·布里德，19
Buttry, S. 史蒂夫·巴特瑞，27，118-21，125，127-9，130-4，

136, 200

Campbell, C. 科尔·坎贝尔, 193
Carey, J. 詹姆斯·凯瑞, 17-8, 23, 163-4, 170, 181
Carroll, J. 约翰·卡罗尔, 50-1
Chadwick A. 安德鲁·查德威克, 192
Chicago Tribune《芝加哥论坛报》, 49-50, 157, 160
Christensen, C. 克莱顿·克里斯坦森, 86, 118, 132
Chung, D. 德波拉·钟, 4
Cincinnati Post《辛辛那提邮报》, 177
Circle of Blue 蓝色循环, 153
convergence 融合, 134-5
Cook, T. 蒂莫西·库克, 67
Council on Foreign Relations 美国外交关系协会, 152-3
Craigslist 克雷格列表网站, 2, 53, 123, 148, 182, 184, 196
"crowd sourcing" 众包, 163-4, 186
culture 文化, 17-18, 23
　　model of/model for 关于……的模板/为了……的模板, 15, 23, 115-16, 125-6

Dallas Morning News《达拉斯早报》, 148
Demand Media 按需媒体, 153-4
Dewey, J. 约翰·杜威, 181, 193
Digg "掘客", 186
Doctor, K. 肯·多克特, 148, 157-9
DocumentCloud "云文档", 182
Domingo, D. 大卫·多明戈, 4
Downie, L. 伦纳德·唐尼, 49, 156, 175

Edelman，M. 穆雷·艾德曼，171
Eliasoph，N. 尼娜·埃利亚索，16
Entman，R. 罗伯特·恩特曼，171
Epstein，E. 爱德华·爱泼斯坦，66
Everyblock "每个街区"，183

Fallows，J. 詹姆斯·法洛斯，49-50
Fanning，K. 凯瑟琳·范宁，54
field theory 场域理论，93-4，139-40
Fishman，M. 马克·费什曼，66-7
Folkenflik，D. 大卫·佛肯非立克，22
Friedland，L. 刘易斯·弗里德兰，179-80

Galbi，D. 道格拉斯·加尔比，37
"Gang of 8" 八人帮，102-3
Gannett 甘尼特，38，42，46-8，163
Gans，H. 赫伯特·甘斯，15
Geertz，C. 克利福德·格尔兹，17，23，115-16，125-6
Giddens，A. 安东尼·吉登斯，20
Gissler，S. 西德·吉斯勒，48
Gordon，R. 里奇·戈登，160

Haas，T. 坦尼·哈斯，193
Hamilton，J. 詹姆斯·汉密尔顿，42-3，175
Harris，J. 杰伊·哈里斯，50-1
Hegel，G. W. F. 格奥尔格·威廉·弗里德里希·黑格尔，181
Heinonen，A. 阿里·海诺宁，4
Howe，J. 杰夫·何奥，163，185-7

Information Content Enterprise 信息内容部，119-23

Ingle，B. 鲍伯·英格尔，45

Internet 互联网，4，6-7，9，11，25-8，30，41，48，53，55，62，82，89，96-7，103，139，140-1，144-9，150-2，156，158，166，171，178-9，180，185，187，189-91，192，196

Irwin，W. 威尔·欧文，66

Jacobs，R. 罗纳德·雅可布，16

Jobs，S. 史蒂夫·乔布斯，156-7

Johnstone，J. 约翰·约斯通，19，45-6

Jones，A. 亚历克斯·琼斯，2-3，50，167-8，178

Journal Register 新闻纪事报公司，115-16

journalism 新闻业

 beat reporting 专线报道，11，13，20，24，41，63-4，66-9，71-9，82-3，92，96-7，113，135-6，143，174

 boundaries 边界，16-17，93，140-3，155，195

 community 社群，180-1

 culture 文化，11-24，48-53

  see also culture 参见文化

 definition 定义，5-6

 democracy 民主，169-73

 engagement 吸引……参与，188-9

 "field" 场域，93-4，141-55，166

  see also field theory 参见场域理论

 history 历史，11-15，18，75，93，126，197

 hyperlocal 超本地化，106

 objectivity 客观性，4，10-11，13，93-4，139，149

 progressivism 进步主义，18，170-1

public opinion 舆论，171-2，190

values 价值，90-1，95，105

virtuous cycle 良性循环，138，155-66

"watch-dog" "看门狗"，96

journalist 记者

career path 职业路径，92

definition 定义，5-6

gatekeeper 把关人，5，23-4，117，126-8

identity 认同，60，75，107，109，112-13，134，148

mobile 移动，98-9

socialization 社会化，19，58-9

Kaiser, R. 罗伯特·凯泽，49，175

Kaniss, P. 菲利斯·卡尼斯，33-4

Klein, E. 斯拉·克莱因，158

Knight Community News Network 奈特社区新闻网，164

Knight-Ridder 奈特·里德新闻公司，1-2，38

Kovach, B. 比尔·科瓦齐，50-3，181

Kunkel, T. 托马斯·昆克尔，49

Langeveld, M. 马丁·兰格维尔德，37

Leder, M. 米歇尔·莱德，162

Leighninger, M. 马特·莱宁格，192

Lippmann, W. 沃尔特·李普曼，171

Localocracy "在线城镇共同体"，184-5

Los Angeles Times《洛杉矶时报》，29，38，50，152，158，177

Louisville Courier《路易斯维尔快报》，30，38，47

Lowrey, W. 威尔逊·罗瑞，4

Madison, Wisconsin 威斯康星州麦迪逊市, 179-80
Manheim, J. 雅罗尔·曼海姆, 180
Marshall, J. 乔希·马歇尔, 150-1, 164
McCrohon, M. 麦克斯·麦克罗洪, 54
Meyer, P. 菲利普·梅耶, 34-5
Mindich, D. 大卫·明迪奇, 35
MSNBC 微软全国广播公司, 158
Mutter, A. 艾伦·穆特, 148

National Enquirer《国家问询报》, 94, 143, 153
network society 网络化社会, 140, 152, 162-4, 178-9, 190
networked journalism 网络化的新闻业, 162-4, 189-93
networks 网络, 139-40, 146, 154, 163, 168, 185-90
New York Times《纽约时报》, 3, 38, 84-5, 94, 143-4, 148, 157-8, 167, 182
Newmark, C. 克雷格·纽马克, 182, 184
Newspaper Association of America 美国报业协会, 118, 148
Newspaper Preservation Act 报纸保护法, 142
newspapers 报纸、报业
    advertising revenues 广告收入, 1, 37-8, 89, 147-8, 157
    circulation 发行量, 1, 31-7, 48, 53, 61-2, 88-9, 118, 147-8, 159
        generation attrition 代际流失, 34-5
        public culture 公共文化, 36
        suburbanization 郊区化, 33-4
        women 女性, 35-6
    computers 计算机, 39-41
    consultants 咨询师, 42, 44

corporatization 企业化，30，37-9，80-1，143-4
history 历史，11-15
layoffs 裁员，41，47-8，61，81，88-9，92，95，124，173-81
market penetration 市场渗透率，1，31-7
social process 社会过程，96
stock shares 股票，1
unions 工会，92
Nye, J. 约瑟夫·奈伊，36

Oakland Tribune《奥克兰论坛报》，34
The Olympian《奥林匹亚人报》，48
online news 在线新闻，97-9，105
 business model 商业模式，161-4
OpenFile "创建文档"，183-8
O'Sullivan, J. 约翰·欧苏利文，4
Overview "纵览"，182

Panda Project "熊猫计划"，182
Pariser, E. 伊莱·帕雷瑟，180
Paton, J. 约翰·佩顿，115-6，118
Patterson, E. 尤金·帕特森，45
Patterson, T. 托马斯·帕特森，177
Pearlstine, N. 诺曼·珀尔斯坦，54
Pedelty, M. 马克·比德尔特，16
Peters, C. 查克·彼得斯，27，117-19，131，133-4
Pew Research Center 皮尤研究中心，36，150，159，163，174-5，177
Philadelphia Inquirer《费城问询者报》，49-50
Picard, R. 罗伯特·皮卡德，37-8，147

Pierson, P. 保罗·皮尔森, 14
Pilhofer, A. 亚伦·菲尔福, 182
PLOTS "开放技术与科学公共实验室", 183, 185
Pogue, D. 大卫·波格, 157
power laws 幂律, 8, 146, 157-8, 165
Preston, P. 彼德·普雷斯顿, 59
Propublica "为了人民", 153-4, 158, 161, 182
public journalism 公共新闻, 193

Quandt, T. 索斯顿·昆特, 4

Raleigh News & Observer《罗利新闻与观察家报》, 175
Reston, J. 詹姆斯·瑞斯顿, 84
Roberts, G. 吉恩·罗伯特, 49-50
Rocky Mountain News《落基山新闻》, 22
Rosen, J. 杰伊·罗森, 161, 193
Rosenstiel, T. 汤姆·罗森斯蒂尔, 50-3, 181
Rosse, J. 詹姆斯·罗斯, 34
rules 规则
 constitutive and regulative 构成性和调节性的, 23-4, 116-17, 125-8, 131
 journalistic 新闻的、新闻业的, 15, 20-2, 25, 62, 65, 84-5, 154

San Francisco Chronicle《旧金山纪事报》, 34
San Francisco Examiner《旧金山考察家报》, 34
San Jose Mercury News《圣荷西水星报》, 34, 45, 50, 195
Schlesinger, P. 菲利普·施莱辛格, 66, 69
Schudson, M. 迈克尔·舒德森, 146, 149, 156, 193

Searle, J. 约翰·瑟尔, 23, 116, 126
Seattle Post-Intelligencer《西雅图邮讯报》, 159-60
SeeClickFix "看见、点击、修理", 183
Shirky, C. 克莱·舍基, 28, 146, 168
Sigal, L. 利昂·西格尔, 15, 66
Sigelman, L. 李·西吉尔曼, 19
Silverman, M. 马克·西尔弗曼, 47
Simon, D. 大卫·西蒙, 176
Singer, J. 简·辛格, 4
small worlds 小世界, 7-11, 145-7
 see also power laws 参见幂律
Smith, D. 道格·史密斯, 22
Smolkin, R. 雷切尔·斯莫尔金, 2
Squires, J. 詹姆斯·史奎尔, 49-50
"Still a Newspaperman"《依旧是报人》, 109-12
Storify "讲故事", 183, 185-7, 191
Storyful "有故事", 183, 186-7
Sturgeon, T. 西奥多·斯特金, 7
Sunlight Foundation 阳光基金会, 182
Sunstein, C. 凯斯·桑斯坦, 178
superblogging 超级博客, 123-33
Swidler, A. 安·斯威德勒, 117, 131

The Tennessean《田纳西人报》, 38
Tocqueville, A. de 亚历西斯·德·托克维尔, 181
Tuchman, G. 盖伊·塔奇曼, 13, 15, 68
TV journalism 电视新闻, 99-100, 102

Umansky, E. 埃里克·乌曼斯基, 182

Uncaucus "无派别", 184-5
USA Today《今日美国》, 157

van der Wurff, R. 理查德·梵·德·沃夫, 4

Wall Street Journal《华尔街日报》, 54, 85
"walled garden" "有围墙的花园", 156-7, 159
Washington Post《华盛顿邮报》, 38, 49, 153, 156-8
Weaver, D. 大卫·维沃, 46
Wenger, E. 爱丁纳·温格, 81
White, D. M. 大卫·曼宁·怀特, 5, 126
Wilhoit, D. 克利夫·威尔霍伊特, 45
Williams, R. 雷蒙德·威廉姆斯, 11
Williams, W. 沃尔特·威廉姆斯, 14-15

Yankelovich, D. 丹尼尔·扬克洛维奇, 172-3